道教典籍選刊

關尹子古注四種

張麗娟 點校

中華書局

圖書在版編目(CIP)數據

關尹子古注四種/張麗娟點校. —北京:中華書局,
2023.11
(道教典籍選刊)
ISBN 978-7-101-16360-5

Ⅰ.關… Ⅱ.張… Ⅲ.①道家②《關尹子》-研究
Ⅳ.B223.45

中國國家版本館 CIP 數據核字(2023)第 185827 號

責任編輯:劉浜江
責任印製:管 斌

道教典籍選刊
關尹子古注四種
張麗娟 點校
*
中華書局出版發行
(北京市豐臺區太平橋西里 38 號 100073)
http://www.zhbc.com.cn
E-mail:zhbc@zhbc.com.cn
三河市博文印刷有限公司印刷
*
850×1168 毫米 1/32 · 17⅜印張 · 2 插頁 · 330 千字
2023 年 11 月第 1 版 2023 年 11 月第 1 次印刷
印數:1-3000 册 定價:68.00 元

ISBN 978-7-101-16360-5

道教典籍選刊緣起

道教是我國土生土長的宗教，歷史悠久，可以溯源到戰國時期的方術，甚至更古的巫術，而正式形成於東漢時期。它是我國傳統文化的重要組成部分，對我國人民的思維方式、生活方式，對古代科學、技術的發展，都產生過重大影響，並波及社會政治、經濟等各方面。

道教典籍極爲豐富，就道藏而言，多達五千餘卷，是有待進一步發掘、清理和利用的文化遺産之一。爲便於國内外學術界對道教及其影響的研究，便於廣大讀者瞭解道教的概貌，我們初步擬訂了道教典籍選刊的整理出版計劃。其中既有道教最基本的典籍，也包括各種流派的代表作，有不少書與哲學、思想史關係密切。所有項目，都選用較好的版本作爲底本，進行校勘標點。

由於我們缺乏經驗，工作中難免有失誤之處，亟盼關心此項工作的專家和廣大讀者給以指導與幫助。

中華書局編輯部

一九八八年二月

總目録

前言

關尹子是先秦道家人物的重要代表，莊子把他和老子同稱爲「博大真人」，吕氏春秋將其思想主旨概括爲「關尹貴清」。從現有的古籍資料來看，先秦典籍中所記載的關尹在哲學上表現出重本即重道和清静無爲的特徵，主張無欲無積，擺脱外物的羈絆，柔弱甘爲人後，使内心保持虚静的狀態，通過忘情無爲、純氣之守，一其性，養其氣，含其德，以通乎物之所造，體認至精無形的道體等等。

然關尹之真實姓名並不清楚，相傳關尹姓尹名喜，爲函谷關令。據史記老子韓非列傳記載，老子出關，關令尹喜恭請老子留下道德五千言。後來，關尹之事迹漸漸仙化。劉向之列仙傳專設關令尹一篇，已將關尹位列仙班。葛洪神仙傳亦稱尹喜行老子之道，得以成仙。至唐宋之時，尹喜的事迹不僅出現在各種道教仙傳中，其仙號無上真人文始先生也大量出現在威儀類經書中，是道士進行科儀法事時念誦請降的神仙名號。

漢書藝文志記載關尹子九篇，屬道家類。列仙傳也記載關尹自著書九篇，號曰關尹子，但隋書經籍志、舊唐書經籍志、新唐書藝文志皆不著録。至宋朝，不少目録類書籍又開始記載關尹子九篇，如尤袤的遂初堂書目，在道家類收有關尹子，但其作者、卷數皆不載。宋史藝文志和宋史新編則將關尹子歸於劉向名下。陳振孫直齋書録解題推測關尹子書亡久矣，今本關尹子殆皆依託。對於今本關尹子的作者和成書時間，學界仍争議不斷，衆説紛紜。

今本關尹子共有九篇，分別是一宇、二柱、三極、四符、五鑑、六匕、七釜、八籌、九藥。全書圍繞「道」展開論説：開篇第一章總論道之特徵，次而講道建天地，再講聖人修道，四講精神魂魄生死在道，故繼言以心悟道，再講悟道之心能役天下的有形有數之體，而天地萬物的變化莫不遵循道，萬物皆由道生，最後通説學人求道的弊病，並給出良藥妙方。總的來説，今本關尹子以「道」爲核心，闡述了「道氣合一」的生命本源論、「虚無爲本」的修心悟道論、「養性爲宗」的内丹養生論和「聖人無我」的生命境界論，思想内容豐富鴻博，是繼唐代四子真經後的又一部重要真經，被尊稱爲無上妙道文始真經。後世更有祖述文始真人關尹子的文始派，以文始真經爲丹法要旨，被譽爲道法最高的内丹派别。

今本關尹子自兩宋流行於世後，不但爲道門中人所推崇，也受到衆多文人墨客的喜愛，形成了大量的輯校、品評、節抄和注釋類著作。這些著作中，有的僅摘録關尹子部分内容，如陶宗儀的關尹子節抄；有的是節選關尹子部分内容加以眉批，如歸有光輯評、文震孟參訂的評點關尹子；還有的是節選他人注文加以眉批，如楊起元的文始經品節，乃節選陳顯微文始經言外旨的部分内容，加注少量眉批而成。真正完整的關尹子注疏僅有四部，分别是陳顯微的文始經言外旨、杜道堅的關尹子闡玄、牛道淳的文始真經注和王一清的文始經釋辭。這四部注疏分别成書於南宋、宋末元初、元朝和明朝，代表了當時的哲學思想及道教思想發展的趨勢和歷程，具有重要的思想史價值。

一、文始經言外旨

陳顯微，字宗道，號抱一子，南宋維揚（今江蘇揚州）人，生卒年不詳，南宋寧宗、理宗時臨安（今杭州）佑聖觀道士。明正統道藏收存其著作有文始經言外旨九卷、周易參同契解三卷及其校正的神仙養生秘術一卷。另有立聖篇、顯微卮言及抱一子書等，均已亡佚。

文始經言外旨是現存最早的關尹子全文注本，約成書於南宋理宗寶祐二年（一二五四）。書本三卷，後分作九卷，收於正統道藏洞神部玉訣類。卷首有陳氏弟子王夷序，宣稱此書「或因言而悉旨，或轉語以明經，或設喻以彰玄，或反辭而顯奥，或句下隱義，或言外漏機，或指意於言前，或顯微於意外，大率多關尹子言外之旨」。另有劉向的進關尹子書，記載關尹子的流傳經過及校訂緣由，然其事不可考。陳顯微自序則指出，關尹子一書蓋爲道德經作傳，故學者當以關尹子與道德經參觀。陳顯微還論及關尹子九篇的寓意和編排的順序及原因。

陳注融攝三教思想，而以道家爲宗，其中的内丹學説尤爲突出。陳顯微認爲「學道有三品，上品者以神爲主」（卷之六），「神丹生於虛器之中」（卷之四），神丹煉成即可化形爲仙。在注釋中，陳顯微以造化的生生變易之理爲内丹的理論基礎，結合易學思想闡釋内丹修煉的步驟過程和火候掌握，並以易之卦象描述煉丹有成的聖人，表現出深厚的易學和内丹學功底。

文始經言外旨現存的版本較多，此次整理，以明正統道藏本爲底本，參校明正德二年（一五〇七）劉希古刊本文始真經言外經旨（簡稱劉希古刊本）、明萬曆十九年（一五九一）道書全集本文始真經言外旨（簡稱道書全集本）、明萬曆二十一年蔣時馨刊本文始真經言外經旨（簡稱蔣時馨刊本）、清嘉慶間阮元輯抄宛委別藏本關尹子言外經旨（簡稱宛委別藏本）和清道光二十四年（一八四四）金山錢氏據墨海金壺版重編增刊守山閣叢書本文始真經言外經旨（簡稱守山閣叢書本）。

二、關尹子闡玄

杜道堅，字處逸，號南谷子，生於南宋理宗嘉熙元年（一二三七），卒於元仁宗延祐五年（一三一八），當塗采石（今安徽當塗）人，著名道士。據趙孟頫隆道沖真崇正真人杜公碑、朱右杜南谷真人傳等文獻記載，杜道堅十四歲時得異書於異人，即嗜老氏學，著道士服，師石山耿；年十七，寄迹郡之天慶觀，師葛師中、陳元實；繼入茅山，披閱道藏，得宗師蔣玉海傳授大洞經法；後得南宋度宗接見，獲賜「輔教大師」稱號；入住吴興計籌山昇玄報德觀，此間道堅大興玄學，制建清規，甚得道徒擁戴，聲名日顯。至元十三年（一二七六），元兵南渡，杜道堅冒死請命，保一方百姓；至元十四年，杜道堅覲見元世祖忽必烈，世祖欣賞他的才幹，欲委道堅以執政，力辭不拜；至元十七年，被璽書東還，奉詔護持杭州宗陽宫、純真觀，仍兼昇玄觀；元成宗大德七年（一三〇三），授杭州路道録教門高士，奉旨改建披雲庵爲通玄觀；元仁宗皇慶元年（一三一二），宣授隆道沖真崇正真人；延祐五年，真人在宗陽仙逝，時年八十有二。

杜道堅一生著有道德玄經原旨、玄經原旨發揮、關尹子闡玄和通玄真經纘義。他最推崇老子一書，認爲道德五千言「包絡天地，玄同造化，君臣民物，罔不該備」，囊括了上下幾千年的天人之道，而關尹子指法瑩切，是「翻老子之言」，爲老子之脱胎。道堅指出，老子一書主要講「尊道貴德」，未能言及其他，而關尹子既直指道之道者，又備叙道之事者，内容包括丹道之法、空宗之理、格物致知之學，可謂老子的補充和集大成之作。杜道堅還説，「理性命三氏之學」在關尹子時代雖然並未出現，但關尹子一書已經有這些思想的萌芽。關尹子闡玄有兩個重要内容，一是心性論，二是皇道論，呈現出儒道交融的現實性特色。

關尹子闡玄僅有清乾隆四年（一七三九）曹炎抄本，續修四庫全書子部類影印收録，本次整理以此爲底本（子藏關尹子卷亦影印收録曹炎抄本一種，與續修四庫本所收字迹明顯不同，但抄寫樣式如每頁行數、每行起始位置基本一致，當爲同一系統。考慮到抄本的特殊性，今將此本列爲校本，簡稱子藏本）。又，曹炎抄本中大量使用了俗字如「孝」「万」「无」「于」「弃」等，現除特殊用法外，一律改作正體。

三、文始真經注

牛道淳，號神峰逍遥子，宋元之際全真教道士。因文獻資料缺乏，生平不詳。正統道藏收録他的兩部著作：文始真經注和析疑指迷論。析疑指迷論的卷首有大德二年（一二九八）劉道真序、大德三年王道亨序和元貞二年（一二九六）逍遥子自序，故道藏提要推測牛道淳爲宋末元初人。

文始真經注九卷，收於正統道藏洞神部玉訣類。道淳將經文九篇分作一百七十章，逐句注釋。其注雖然藴含儒道釋三教思想，但融通内丹和禪宗的成分較大。在文始真經直解跋引中，牛道淳把無上妙道比爲圓明皓月，「皓月圓明，普見千江之水；真空妙有，該通萬卷之經。因水見圓明，由經悟妙有。圓明以皓月爲本，妙有以真空爲源」，與惠能「本源清浄，覺體圓明」「圓明常寂照」之説相近。道淳又説，關尹子言意幽深難通，故詳箋直解而爲作注，學者循此注解即可「因指見月」「因解悟經」。其注以「見知雙泯，究悟俱忘」爲旨，述明心見性之道。

文始真經注有正統道藏本和明刊本兩個版本。此次整理，以前者爲底本，以後者爲校本。

四、文始經釋辭

王一清，安徽歙縣人，主要活動於明朝萬曆（一五七三—一六二〇）年間。其生平資料來源於燕都叢考所録玉皇廟内之明朝天啓碑的碑文和道德經釋辭、文始經釋辭、化書新聲的序文。王一清，號體物子，又號岫雲，出生於明嘉靖年間，幼習儒業，但科舉不中。因素喜讀道家書，遂有絶塵之志，乃戴黄冠，披鶴氅，遊歷東南各省。萬曆十八年（一五九〇）入武當山，披閲道藏，深不滿於諸家經注，常隱心痛之。萬曆十九年翩然上京師，奏皇太后，請道藏經。萬曆二十一年隨經南還，棲三公巖，潛心批注，著成道德經釋辭、文始經釋辭、化書新聲、西昇釋辭、陰符集注、悟真篇注、金丹四百字注（後四部今佚）。萬曆二十三年，王一清西遊關中，過蒲阪，遇山陰王譚，論多不合，遂著静餘十集四百八十篇，發明三教一乘之義。所著静餘十集不傳，但其三教一乘之義却常出現在其他論述之中。萬曆二十四年復來京師，棲白雲觀，蒙諸公資助，道德經釋辭、文始經釋辭和化書新聲得以刊行，並有當世名公縉紳姚孟昱、吴之鵬等爲之作序。萬曆二十九年，一清爲皇太后祈禳，禱之有應，榮昌公主爲之建玉皇廟，歷經二十載而成。

文始經釋辭卷首有吴之鵬撰寫的題注解文始經序和王一清自己撰寫的文始經釋辭叙、叙文始真人本傳、叙文始經九篇旨意，卷末有文始經字義音釋。其注解多有三教一乘之義，常引用儒佛言論闡釋道教思想，「成仙」與「作佛」並列，程子與莊周同席。比如，王一清引用孟子「盡其心者，知其性也。知其性，則知天矣」來表明心的主宰作用，化用莊子的「無聽之以耳而聽之以心」來强調心在聞道、修道中的重要作用，借用佛教的「涅槃」形容道的無生無死等等。其注釋旨在教人「超然物外，窮理盡性，以全天之與我者，安乎自然，頤真保和」（卷之五）。

文始經釋辭有故宫博物院藏本，二〇〇一年海南出版社影印收録於故宫珍本叢刊出版，本次整理以此爲底本（此本又見於北京大學圖書館藏明萬曆中刊四經，題爲文始真經釋辭）。

自十二年前撰寫博士論文起，本人即開始收集、整理國内外各種版本的關尹子、關尹子注本及相關的研究成果，參加工作後又申請了關尹子海内外傳播的研究項目，持續補充完善關尹子的集校和研究工作。本書整理這四個注本，力争爲學者研究宋、元、明道教思想提供可靠的文獻資料。然學識譾陋，雖傾力而爲，仍不免疏誤，不當之處，切盼讀者及專家學者批評指正。

文始經言外旨

〔南宋〕陳顯微　撰

目録

文始經言外旨序〔一〕

愚聞三教鼎立於天地間，如三光在天，相須爲明，不可偏廢也。三家經文，充府滿藏，其間各有精微極至之書。吾儒六經皆法言，而最精微者易也；釋氏大藏累千萬軸，最精微者楞伽也；道家大藏亦千萬卷，最精微者關尹子書也。三書之在三教，如三光之在三才。然三光雖明，人無眼目，無由見其明；三書雖妙，世無慧哲，無由知其妙。故三書雖存，旨昧久矣。傳曰：「苟非其人，道不虛行。」信哉！嗚呼！儒更三聖之後，易變而爲象數卜筮之書；釋傳四燈之後，楞伽變而爲象教之文；道歷秦漢而來，關尹子書付淮南方術家矣。況乎道隱小成，言隱浮僞，至人不常生，至言不常行，宜乎關尹子書祕而不傳於世矣。雖然，天地至靈之氣，發而爲文，載道之言，陰有神護，終不可泯，行之有時爾。易自孔子之後數千年，至陳希夷始傳心法。楞伽自瞿曇涅槃數千年，至達麼始傳于中國。今關尹子書自老子西征出關，亦數千年矣，抱一先生始發明此書玄奧。

〔一〕「文始經言外旨序」，宛委別藏本作「秘傳關尹子言外經旨序」，守山閣叢書本無此篇序文。

然此書句讀且難，況通其義耶？先生證悟道真，慈愍後學，乃探老、關骨髓，述成言外經旨，或因言而悉旨，或轉語以明經，或設喻以彰玄，或反辭而顯奥，或句下隱義，或言外漏機，或指意於言前，或顯微於意外，大率多關尹子言外之旨，故總其多者，目之曰言外經旨。是書也，真所謂剖大化之祕藏，增日月之光明，泄大易未露之機，述楞伽祕密之藴，即伏羲之本心，盡姬文之神思，探仲尼之精微，究諸佛之命脈，窮諸祖之骨髓，顯黄帝之機緘，露老聃之肺腑也。學者得見此書，誠爲不世之遇，豈可不知其幸耶？愚蒙師親授，得悟道真，無以報稱師恩，敬鋟于梓，傳之無窮，使天下後世志道君子得遇此書，言下打發，了悟道真，皆吾師抱一先生無窮之德施也。是書在處，當過於佛乘之經，陰有神天護持，豈可輕慢耶？學者當藏〔一〕拜莊誦如葛稚川可也。故爲之序。

有宋寶祐二禩長至日，門弟子希微子王夷再拜炷香謹序。

〔一〕「藏」，原作「蔵」，據書末葛仙翁後序改。

漢劉向進關尹子書

右新書著定關尹子九篇，護左都水使者光禄大夫臣劉向言：所校中祕書關尹子九篇，臣向校讎。太常存七篇，臣向本九篇。臣向輒除錯不可考、增缺斷續者，九篇成，皆殺青，可繕寫。關尹子名喜，號關尹子，或曰關令子，隱德行，人易之，嘗〔一〕請老子著道德經上下二篇，列禦寇、莊周皆稱道家。書篇皆寓名有章，章皆首「關尹子曰」四字。篇篇序異，章章義異，其旨同。辭與老、列、莊異，其歸同。渾質崖戾，汪洋大肆，然有式則，使人泠泠輕輕，不使人狂。蓋公授曹相國參，曹相國薨，書葬。至孝武皇帝時，有方士來，以七篇上，上以僊處之。淮南王安好道聚書，有此不出。臣向父德因治淮南王事得之，臣向幼好焉。寂士清人能重愛黃、老清浄，不可闕，臣向昧死上。

永始二年八月庚子，護左都水使者光禄大夫臣劉向所校關尹子書謹進上。

〔一〕「嘗」，原作「常」，據蔣時馨刊本改。

文始真經言外旨序

夫道本無名，老子曰：「有物混成，先天地生。吾不知其名，强名曰道。」既曰無名，而不知其名矣，則不可以言言也。如是，則聖人於道，惟當不立言，不立文字。然聖人欲曉天下後世，苟不强立其名以述其實，則所謂道者，將絶學而無傳矣。關令尹望雲氣，以候老子出關，邀而留之，師其道，而請立言以惠天下後世，則聖人慈愍後學之心至矣。及乎得老子之道，傳五千言之後，乃述是書，以曉天下後世，而露五千言之所未述之旨。然是道也，不可名言之道也，而是書也，所述無言之言也，則其言豈可以百家窺哉？宜乎莊子聞其風而悦之，自以其學出於關尹，而稱之爲古之博大真人也。列禦寇亦師之以傳其道焉。

嗚呼！至人不常生，至言不常聞。而關尹之書，自昔以來，祕傳於世，少有知者。雖聖明之朝，以莊、列二書名之爲經，而是書不傳，不得上達。使莊、列二子有知，豈不有愧於地下乎！莊子不云乎：「不離於宗，謂之天人；不離於精，謂之神人；不離於真，謂之至人。以天爲宗，以德爲本，以道爲門，兆於變化，謂之聖人。」今觀是書，則知關尹子咸備四者之道，宜其稱之爲博大真人矣。

自清濁兆分以來，未有立言垂訓、顯道神德、至精至微、至玄至妙如此書者也。葛稚川謂「擒縱大道，渾淪至理。先儒未嘗言，方士不能到」。惟其尊高也，故淺近者不能窺；惟其廣大也，故孤陋者不能造；惟其簡易也，故該博者不能測。學者望之不及，研之不得，契之不可，咀之無味，捫擷無門，探索無路，甚至指爲僞書，以爲出於漢儒之口。噫！是書也，莊列不能言，文程不能道，而謂漢儒能述之乎？自漢明帝時，西域之教始流入中國，而其書最精微者，楞嚴、楞伽、金剛、法華也。其所言之神通妙義，變化正魔，以至無我無人之説，悉先述於是書矣。然其言簡，其義詳，又非重譯之書所可比擬也。

關尹聖人，生周末之世，與孔子同時，一聖人皆親見老子，故其言間有一二與孔子同者，如「朝聞道，夕死可矣」之類，豈所聞所見亦有同得者乎？今觀是書首篇之言，似發明五千言之旨而爲道德經作傳也，學者當與道德經參觀之，庶幾心釋神悟於是書矣。若夫因是書感悟之後，而復隨世俗一曲之士，輕生誣謗，不生恭敬，侮聖人之言，則其人本以心之神靈者悟是書之旨，必復爲心之不神不靈者昧其性天而隨失其悟矣。是書之靈，必至如是。讀是書者，可不若葛稚川愛之、誦之、藏〔一〕之、拜之哉！今欲於强名之下强字表德，故述言

〔一〕「藏」，原作「蔵」，據書末葛仙翁後序改。

外經旨。

有宋寶祐二年歲在甲寅重陽日，抱一子陳顯微再拜炷香敬序。

抱一子曰：宇者，盡四方上下之稱也，故以「一宇」冠篇首。謂無是宇，則無安身立命之地。道則徧四方上下無不在焉，無是道，則天地造化或幾乎廢矣，故「一宇」者，道也。宇既立，不可無柱，故以「二柱」次之。柱者，建天地也，天地定位，聖人居中。聖人者，道之體也，聖人建中立極，故以「三極」次之。三才既立，四象位焉，故以「四符」次之。符者，契神之物也，故爲精神魂魄。五居數之中，心居人之中，故以「五鑑」居中，以明真心能照也。然無形則心無所寓，故以「六匕」次之。匕者，食也，食以養形，故形食一體。形久則化，故以「七釜」次之。釜者，變化萬物之器也。釜中不可無物，故以「八籌」次之。籌者，物也。物物可爲藥，藥可以雜治，故以「九藥」終之。九者，究也，盡也，物至於爲藥，功用極矣。然藥之功，復能活人，有復生之理，以明萬物皆具是氣是性，可以生物，不逐形盡也，故以藥終焉。今將九篇分爲三卷，以見自一生三，自三成九之義。至九則復變爲一，而無窮矣。原上、中、下三卷，今離爲九卷。

文始真經言外旨卷之一

抱一子陳顯微述

一宇篇宇者，道也。凡二十八章。

關尹子曰：非有道不可言，不可言即道。非有道不可思，不可思即道。天物怒流，人事錯錯然，若若乎回也，戞戞乎鬪也，勿勿乎似而非也。而争之，而介之，而哯之，而嘖之，而去之，而要之。言之如吹影，思之如鏤塵。聖智造迷，鬼神不識。惟不可爲，不可致，不可測，不可分，故曰天，曰命，曰神，曰玄，合曰道。

抱一子曰：老子曰：「道可道，非常道。名可名，非常名。」世之學者，罕見關尹子書，而多以百家之言及臆説解之，愈不能明老子之旨。關尹謂：「使有道不可言，則道與言爲二；惟不可言即道，則言與道爲一。」學者驟觀「非有道不可言」，多誤認爲有道可言。若有道可言，則當云「有道非不可言」，不曰「非有道不可言」也。今曰「非有道不可言，不可言即道」，是則翻老子之言，以明老子言外之旨也。此言翻之，則曰「非有道不可道，不可道即道」。既翻出「不可道即道」，則翻出「道可道非道」矣。「道可道非道」，即是老子「道可道，非常道」也。或者猶疑「可道」爲「口道」之「道」，愚又翻經言以曉之曰：如曰「空可空，非真空」，使其可空，即是有物，窒而不空之處，豈謂之真空乎？知「空可空，非真空」，則知「道可道，非常道」矣。或者喻曰，如心心，如性性，皆可用功以人爲，而道獨不可以人爲，故不可以道道也。向非翻言外之旨〔一〕，吾終世不能明老子之經旨矣。世人又多被「常」字轉了，將謂老子有非常之道，然老子立此「常」字者，政恐世人疑吾所謂道有異乎人也，殊不知此乃通天下之常道爾，猶强名曰道者，通天下之常名爾。是道也，通天徹地，亘古亘今，無往而不在，纔開口言，則去道遠矣，故曰二也，纔指此强名之名爲可名，則非名矣。惟不可名，故假常名强名之，猶曰「非有名不可名，不可名即名」也，是則不可言即道，不可名即名，即老子「可道則非常道，可名則非常名」之意也。然則老子大聖人也，其言如天之不言之言，非有大聖人如關尹子者，疇能復以不言之言發明其言外之旨哉？然關尹子既發明不可名言之旨矣，又恐世人謂道不可名言，則可以思而得之，故又曰「非有道不可思，不可思即道」，與上意

〔一〕「旨」，原作「言」，據守山閣叢書本改。

同。噫！可言可思皆人也，不可言不可思皆天也。然則人與天果可以異觀乎？曰「人皆可曰天」。然則人與天果可以同觀乎？曰「天物怒流，人事錯錯然」，有相若而回者，有相戛而鬭者，有相勿而似而非者，或争而日〔一〕以心鬭，或介而不交於物，或哯而呵叱之，或嘖而呼喚之，或去而離之，或要而合之。天物人事，不齊如此，豈可以同觀哉！今欲以人之言思及之，譬如吹影鏤塵，徒勞心耳。是道也，聖智造之猶迷，鬼神測之不識。惟其不可爲，故曰天不可致，故曰命不可測，故曰神不可分，故曰玄，合是四者，强名曰道。

關尹子曰：無一物非天，無一物非命，無一物非神，無一物非玄。物既如此，人豈不然？人皆可曰天，人皆可曰神，人皆可致命通玄。不可彼天此非天，彼神此非神，彼命此非命，彼玄此非玄。是以善吾道者，即一物中，知天盡神，致命造玄。學之，徇異名，析同實；得之，契同實，忘異名。

抱一子曰：老子言道，繼之以「常無，欲以觀其妙；常有，欲以觀其徼。同謂之玄，玄之又玄，衆妙之門」。關尹子恐學者徇異名、析同實，而並以天、命、神、玄四者異

〔一〕「日」，原作「目」，據宛委別藏本、守山閣叢書本改。

觀之,故於此章重言,即一物中可以知天盡神,致命造玄。物物皆然,人人本具。不可彼天此非天,彼神此非神,彼命此非命,彼玄此非玄也。是則或曰妙,或曰徼,或曰玄,亦物物皆然,人人本具。惟得之者,契其同有之實,忘其異謂之名,至於玄之又玄,可以入道矣。

關尹子曰:觀道者如觀水,以觀沼爲未足,則之河、之江、之海,曰水至也。殊不知我之津液涎淚皆水。

抱一子曰:觀道如觀水,則我與水爲二矣。所觀愈大,所岐愈遠。返照回光,則吾身自有沼河江海也。今之津液涎淚皆水,非吾身中之沼河江海之發見者乎?昧者不知耳。

關尹子曰:道無人,聖人不見甲是道、乙非道;道無我,聖人不見己進道、己退道。以不有道,故不無道;以不得道,故不失道。

抱一子曰:有人則我與人爲二,有我則我與道爲二。我不可有,道可有乎?我不可得,道可得乎?惟不有我者,然後能不無我。惟不得我者,然後能不失我。不有不無,不得不失,豈如事物之有成壞得喪哉?彼自執有所得者,烏足以語此!

關尹子曰:不知道,妄意卜者,如射覆盂。高之者,曰存金存玉;中之者,曰存角存羽；卑之者，曰存瓦存石。是乎？非是〔一〕乎？惟置物者知之。

抱一子曰：使置物者不置物於覆盂之下，則徒勞射覆者卜度矣。是則甲置物而乙射覆，爲兩人矣。今焉甲自置之而甲自射〔二〕之，而不知所置何物，何耶？以物欲爲盂，以識陰爲覆，雖有大智力，亦不能射此覆盂而〔三〕悟其置也，何則？併與置之時忘之矣，自疑以爲他人置之而我射之，卜度終身而不能得。一旦揭去物欲之盂，破除識陰之覆，而見其所置之物，方悟置之者非他人，而前日存金存玉、存角存羽、存瓦存石之想，皆妄意也。噫！覆盂之下，果何物乎？學者毋以爲未嘗置而昧之。

關尹子曰：一陶能作萬器，終無有一器能作陶者、能害陶者；一道能作萬物，終無有一物能作道者、能害道者。

抱一子曰：謂之器矣，焉能作陶，焉能害陶？謂之物矣，焉能作道，焉能害道？然器不作陶，謂之非陶則不可；物不作道，謂之非道則不可。況器不能害陶，而害陶者必器；物不能害道，而害道者必物。然器存則陶存，物在則道在。去是器，則陶安在

〔一〕「非是」，原作「是非」，據宛委別藏本、守山閣叢書本改。
〔二〕「射」，原作「覆」，據劉希古刊本、守山閣叢書本改。
〔三〕「而」，原無，據宛委別藏本、守山閣叢書本補。

哉？亡是物，則道安在哉？果能去是器乎？器成無盡。果能亡是物乎？物生無窮。惟不器器，謂之善陶；惟不物物，謂之善道。善陶者陶乎陶，善道者道乎道。陶乎陶者，不知其陶；道乎道者，不知其道。不知其陶者無器可作，不知其道者無物可成。器乎？物乎？陶乎？道乎？

關尹子曰：道茫茫而無知乎？心儻儻而無羈乎？物迭迭而無非乎？電之逸乎？沙之飛乎？聖人以知心一、物一、道一，三者又合爲一。不以一格不一，不以不一害一。

抱一子曰：見物便見心，無物心不現。見心便見道，無心道不現。或曰：「先達以無心是道，其說非乎？」又曰：「無心猶隔一重關，其說信乎？」曰：「見物便見心時，汝領會否？」曰：「會。」曰：「無物心不現時，心安在哉？」或者茫然自失。他日復問曰：「心可見乎？」曰：「心不可見，孰可見？」曰：「道可見乎？」曰：「汝以爲道與心一乎二乎？」曰：「心與道可一矣，物可與道與心一乎？」曰：「汝欲以不一者害一乎？」或者唯唯而退。

關尹子曰：以盆爲沼，以石爲島，魚環游之，不知幾千萬里而不窮也。夫何故？水無源無歸。聖人之道，本無首，末無尾，所以應物不窮。

抱一子曰：有首有尾者，應物易窮；無本無末者，應物不窮。傳曰：「如循環之無端，孰能窮之哉？」嘗疑夫太素之先有太始，太始之先有太初，是則道未嘗無本末也。太素者，質之始；太始者，形之始；太初者，氣之始。人能反本還源，自太素以至太初，如上百尺竿頭，至矣，盡矣，不可以復上矣。殊不知太初之外，更有所謂太易焉。太易者，未見氣也，是猶向百尺竿頭更進一步，方見太易，無首無尾，無源無歸，莫知所終，莫知所始者矣。雖然，學者向百尺竿頭如何進步？

關尹子曰：無愛道，愛者水也；無觀道，觀者火也；無逐道，逐者木也；無言道，言者金也；無思道，思者土也。惟聖人不離本情而登大道。心既未萌，道亦假之。

抱一子曰：愛、觀、逐、言、思，五者出於心，心生則五者皆生，心冥則五者皆泯。經曰：「五賊在心，施行於天。」世人有執一端以求道者，或以愛，或以觀，或以逐，或以言，或以思。起心動念，去道愈遥。惟聖人非不愛也，愛未嘗愛；非不觀也，觀未嘗觀；以至非不逐、言、思，而未嘗逐、言、思，故不離本情而登大道。聖人本情豈異於人哉？特心未嘗萌爾。

關尹子曰：重雲蔽天，江湖黯然，游魚茫然，忽望波明食動，幸賜于天，即而就之，漁釣斃焉。不知我無我而逐道者亦然。

抱一子曰：逐者木也，心已萌也。有心逐道，或遇異景異物，異祥異氣，異光異明，異見異趣，異靈異通，橫執爲道。是猶魚望波明食動，即而就之也。惟知我無我，則心無心矣，安事逐哉？或曰進脩亦逐也，精進亦逐也，皆非也。曰：爲學日益，故須精進，進〔一〕脩以成其德。爲道則日損，損之又損，以至於無爲。無爲無不爲，是名真精進。

關尹子曰：方術一作方士。之在天下多矣，或尚晦，或尚明，或尚弱，或尚强。執之皆事〔二〕，不執之皆道。

抱一子曰：修真練性，圓通覺輪，所尚不同。或觀音聲而尚晦，或定光耀而尚明，或運動而尚强，或寂静而尚弱。是數者，皆可以入道。然執之則非道也，事也。苟不執之，皆可以入道。執不執之間，相去遠哉！

關尹子曰：道終不可得，彼可得者，名德不名道；道終不可行，彼可行者，名行不名道。聖人以可得可行者，所以善吾生；以不可得不可行者，所以善吾死。

抱一子曰：道不可須臾離也，可離非道也。若夫可得可行，則可失可止；可失可

〔一〕「進」，原作「退」，據劉希古刊本改。

〔二〕「事」，原作「是」，據宛委别藏本、守山閣叢書本改。

止，則有時而離矣。惟不可得不可行，故須臾不可離。須臾不可離，則我在是，道在是矣。易曰：「顯道神德行。」道固自我以顯矣，而德行尤不可不神也。然聖人於道有所得者，皆德也；於道有所行者，皆行也。所以積德而不敢失德，累行而不敢失行。功滿三千，大羅爲仙；行滿八百，大羅爲客。此皆以可得可行者善吾生也。若夫不可得不可行者，安有所謂生，安有所謂死哉？此所以善吾死也。

關尹子曰：聞道之後，有所爲、有所執者，所以之人；無所爲、無所執者，所以之天。爲者必敗，執者必失。故聞道於朝，可死於夕。

抱一子曰：道果可聞乎？聞於心，而不聞於耳。道果可傳乎？傳於天，而不傳於人。天其可有所執乎？故爲者必敗，執者必失，皆人也。以是知朝不聞道於天，則人不真死於夕。

關尹子曰：一情冥，爲聖人；一情善，爲賢人；一情惡，爲小人。一情冥者，自有之無，不可得而示；一情善惡者，自無起有，不可得而祕。一情善惡爲有知，惟動物有之；一情冥爲無知，溥天之下，道無不在。

抱一子曰：文王之不識不知，孔子之無知，老子之能無知乎，皆聖人之冥情也。自有之無，蕩蕩乎不可名狀，豈可得而示哉？若夫顏、孟之仁善，桀、跖之暴惡，皆自無起有，昭昭乎不可得而祕也。一情善惡爲有知，動物皆然。一情之冥爲無知，無知則與太虛同體矣，故曰「溥天之下，道無不在」。

關尹子曰：勿以聖人力行不怠，即曰道以勤成；勿以聖人堅守不易，即曰道以執得。聖人力行，猶之發矢，因彼而行，我不自行；聖人堅守，猶之握矢，因彼而守，我不自守。

抱一子曰：時行則行，時止則止，聖人初何固必哉！時乎用九，則聖人自强不息，非勤也，因時而動，不容息也。時乎用六，則聖人利永貞，非執也，因時而靜，不容動也。易曰：「動靜不失其時，其道光明。」故學道有時節因緣，聖人初何所容心於動靜哉！善觀聖人者，觀其時而已矣。

關尹子曰：若以言行學識求道，互相展〔一〕轉，無有得時。知言如泉鳴，知行如禽飛，知學如擷影，知識如計夢。一息不存，道將來契。

抱一子曰：言行學識，可以進德修業，不可以求道，捨言行學識四者之外，孰從而求之哉？善求道者，不即四者，亦不離四者。知言如泉鳴，無是非之可辨；知行如禽

〔一〕「展」，宛委別藏本作「輾」。

飛，無善惡之可思；知學如擷影，無得失之〔一〕可驗；知識如計夢，無事理之可尋。是則有言忘言，有行忘行，有學忘學，有識忘識，則幾於道矣。曰：「然則道可求乎？」曰：「求則非求也，不求則真求也。」故曰：「一息不存，道將來契。」

關尹子曰：以事建物即難，以道棄物即易。天下之物，無不成之難，壞之易。

抱一子曰：以事建物，天下之人争趨之而不憚其難。蓋有爲之功，有可把捉，成之甚難而爲之甚易也。以道棄物，天下之人咸畏之而不知其易。蓋無爲之功，無可把捉，成之甚易而〔二〕爲之甚難也。大而建立世界，次而建邦立國，以至成家立身，莫不積德累功，日將月就，或經歲，或累年，或終身，或積世，不憚勞苦，庶可晞冀，信不易也！至于一行之差，一念之失，一動之非，一事之悮，則隳壞世界，喪覆邦國，破家亡身，可立而待。故曰「成之難，而壞之易」也。至於懸崖撒手，自肯承當，不假修爲，立地成道，至易也。非天下至剛至健之大丈夫，孰能與於此！

關尹子曰：一灼之火，能燒萬物，物亡而火何存？一息之道，能冥萬物，物亡而道何在？

〔一〕「之」，原無，據守山閣叢書本補。
〔二〕「而」，原無，據守山閣叢書本補。

抱一子曰：天下之物皆有形，有形則有我。若夫有形而無我者，惟火而然。何也？火不自立，附物而現，無我也。使不附于草木金石，火可安在哉！是則天下無復存火矣。然擊之金石，鑽之竹木，則火不期至而至矣。火果有乎？火果無乎？聖人以火喻道，噫，善喻哉！

關尹子曰：人生在世，有生一日死者，有生十年百年死者〔一〕。一日死者，如一息得道；十年百年死者，如歷久得道。彼未死者，雖動作昭智，止名爲生，不名爲死。彼未契道者，雖動作昭智，止名爲事，不名爲道。

抱一子曰：昔人謂「方生方死，方死方生」，蓋方生方死者，生非真生；方死方生〔二〕者，死非真死。今有生一日死者，生果真生乎？死果真死乎？以至十年百年，莫不皆然。何以知其真死？曰：「動作昭智者是也。」曰：「孰不動作昭智？」曰：「未死者，止名爲生；未契道者，止名爲事而已。」噫！安得真死者而與之語道哉？

關尹子曰：不知吾道無言無行，而即有言有行者求道，忽遇異物，横執爲道。殊不知

〔一〕「有生十年百年死者」，守山閣叢書本作「有生十年死者，有生百年死者」。
〔二〕「方死方生」，原作「方生方死」，據諸校本改。

捨源求流，無時得源；捨本求末，無時得本。

抱一子曰：言行可以進德，不可以進道。以言行求道，不惟不可得道，併與德失之矣。何則？彼求道者，過於求德，則過用其心。以善言善行爲不足爲，必求奇言異行，以爲跨德入道之蹊，必有異事契其異言，異物感其異行。學者不悟，横執爲道，未有不遭魔境，如道經佛書之所云者，豈止無時得源、無時得本而已哉？其害有不可勝言者矣。

關尹子曰：習射，習御，習琴，習樂，一作習奕。終無一事可以一息得者。惟道無形無方，故可得之一息。

抱一子曰：世事有爲，用力甚難，而人樂爲；大道無爲，用力甚易，而人不爲。何則？世事如射如御，如琴如棊，有物有則，可師可習〔一〕，故可漸爲之，非積歲累時不能臻其妙。大道無色無形，無數無方，不可師，不可習，不可漸造之，有一彈指頃立地成道者。或積歲累時不得，或一彈指頃得之，相去遠矣。此無他，有爲之功與無爲之功不同也。

〔一〕「習」，原作「息」，據劉希古刊本、守山閣叢書本改。

關尹子曰：兩人射相遇，則工拙見；兩人奕相遇，則勝負見；兩人道相遇，則無可示者，無工無拙，無勝無負。

抱一子曰：孔子見温伯雪子於魯，目擊而道存，無可示者，無可言者。世有主賓相見，勘辨正邪，以較高下淺深之學者，兩俱失之矣。安得兩眼對兩眼者，與之相視而笑哉？

關尹子曰：吾道如海，有億萬金投之不見，有億萬石投之不見，有億萬汙穢投之不見。能運小蝦小魚，能運大鯤大鯨。合衆水而受之，不爲有餘；散衆水而分之，不爲不足。

抱一子曰：以海喻道，可謂善喻矣。言其體，則金石汙穢、蝦魚鯤鯨，無所不納；言其用，則合受分散、善利善藏，無所不周。大哉海乎！大哉道乎！雖然，使海知有一物存留其中，知有一滴合散其中，則海之爲海殆矣。問海知乎哉？問道知乎哉？

關尹子曰：吾道如處暗。夫處明者，不見暗中一物；而處暗者，能見明中區事。

抱一子曰：處暗則不見我而見物。不見我則亡〔一〕我而身隱矣，見物則昭智而不昧矣。能亡我而昭智不昧，聖人之功也。若夫處明則見我，見我則見明，見明則不見

〔一〕「亡」，守山閣叢書本作「忘」。下一「亡」同。

暗中一物。是則衆人熙熙，如春登臺，我形俱顯，寵辱皆驚。昧於倚伏，而不覺不知者矣，奚取哉？

關尹子曰：小人之權歸于惡，君子之權歸于善，聖人之權歸于無所得。惟無所得，所以爲道。

抱一子曰：人皆有是權，顧所歸如何耳。權者，謂無一定之稱也。夫小人豈一定爲惡耶？能遷就爲善則君子矣。君子豈一定爲善耶？苟造次爲惡則小人矣。惟聖人權如虛空，歸無所得，學者於不思善不思惡之際，而求其權之所歸，亦幾矣。

關尹子曰：吾道如劍，以刃割物即利，以手握刃即傷。

抱一子曰：人患不達道。達道之人，斷天下事無難無易，莫不迎刃而解。蓋精神剛明，智慧照徹，物來自明，事至自判，不知其所以然而然也，豈容一毫人力於其間哉！若夫揆吾精神，察吾智慧，何剛何明，何照何徹？是猶以手握刃，不自傷者鮮矣。

關尹子曰：籩不問豆，豆不答籩；瓦不問石，石不答瓦，道亦不失。一作識。問與答與，一氣往來，道何在？

抱一子曰：道無問，問無應。是則人與人居，道與道會，有問有答，一氣往來耳。胡不觀諸籩豆瓦石乎？籩與豆終日講禮，而昧者不覩；瓦與石終日談道，而聾者不聽。然則籩之與豆，瓦之與石，有問有答乎？一氣往來乎？

關尹子曰：仰道者跂，如道者駸。皆知道之事，不知道之道。是以聖人不望道而歉，不恃道而豐，不借道于聖，不賈道于愚。

抱一子曰：道不可求也，求之者不得；道不可逐〔一〕也，逐之者不及；道不可恃也，恃之者不尊；道不可衒也，衒之者不貴。世之學者未造道也，仰而跂之，望而慊然，與夫師而資之，如而駸之，皆求之逐之者也。既造道矣，恃之而自豐，衒之而賈愚，皆不尊不貴者也。是則知道之事，不知道之道耳，於道何有哉？若夫聖人則不師而得，不逐而及，不恃而有，不衒而貴，前無聖人，後無愚者，獨往獨來。知我者稀，則我〔二〕貴矣。

文始經言外旨卷之一

〔一〕「逐」，原作「道」，據諸校本改。
〔二〕「則我」，原作「我者」，據諸校本改。

文始經言外旨卷之二

抱一子陳顯微述

二柱篇

柱者，建天地也。凡十二章。

關尹子曰：若椀若盂，若瓶若壺，若甕若盎，皆能建天地。兆龜數蓍，破瓦文石，皆能告吉凶。是知天地萬物成理，一物包焉，物物皆包之，各不相借。以我之精合彼之精，兩精相薄〔一〕而神應之。一雌一雄，卵生；一牝一牡，胎生。形者彼之精，理者彼之神；愛者我之精，觀者我之神。愛爲水，觀爲火。愛執而觀，因之爲木；觀存而愛，攝之爲金。先想乎一元之氣，具乎一物，執愛之以合彼之形，冥觀之以合彼之理，則象存矣。一運之象，周乎太空。自中而升爲天，自中而降爲地。無有升而不降，無有降而不升。升者爲火，降者爲水。欲升而不能升者爲木，欲降而不能降者爲金。木之爲物，鑽之得火，絞之得水；金之

〔一〕「薄」，劉希古刊本、守山閣叢書本作「搏」。

爲物，擊之得火，鎔之得水。金木者，水火之交也。水爲精爲天，火爲神爲地，木爲魂爲人，金爲魄爲物。運而不已者爲時，包而有在者爲方。惟土終始之，有解之者，有示之者。

抱一子曰：天地者，萬物父母也。萬物生於天地，而各具天地之體而微也，具是體則具是理。雖椀盂瓶盎，皆有天地；龜蓍瓦石，皆存吉凶。物之無情者尚爾，況血氣有情者乎？況人爲萬物之靈者乎？精神薄〔一〕應，形理愛觀，執存因攝，而生生不窮矣。非天下至達，其孰能與於此？人徒知神爲天而精爲地，而不知神火自地升，精水自天降。欲升不升者，爲木爲人；欲降不降者，爲金爲物。金木者，水火之交也，故各具水火之性。運而不已，四時生焉；包而有在，四方立焉。四時既生，四方既立，則大中成焉。大中成則土爲尊矣，故始之終之，解而分之，示而顯之，皆中土之功也。自夫大中之氣周乎太空，則天自中而升，地自中而降，而天地之形分矣。無有升而不降，無有降而不升。自上下下、自下上上〔二〕之精神也。故人之髮根在首，而四肢垂下，魂神自天而降也。草木之根茹在下，而枝莖向上，精魄自地而升也。禽獸橫生，則根在尾

〔一〕「薄」，劉希古刊本、守山閣叢書本作「搏」。

〔二〕「自下上上」，原作「自上上下」，據劉希古刊本、守山閣叢書本改。

矣。故雖具血氣之情，而雜金木之性，五行交雜，則蠢動蟲虫，異禀異根，有不可勝窮者矣。

關尹子曰：天下之人，蓋不可以億兆計。人人之夢各異，夜夜之夢各異。有天有地，有人有物，皆思成之，蓋不可以塵計。安知今之天地，非有思者乎？

抱一子曰：夢中天地人物，與覺時天地人物，有以異乎？無以異乎？皆思成之乎？非思成之乎？嬰兒未解思念之時，彼見天地人物，亦不知其爲天地人物也。謂之天地人物者，係乎識爾。嬰兒未識之時，能夢天地人物否乎？彼初見之，亦未識之，久而後凝心水印之，夢斯著矣。猶如玉石鱗角之中，有山川星月凝而結秀，則形狀具存也。然則鱗角有思乎？玉石有思乎？知鱗角玉石之思，則知天地之思也。

關尹子曰：心應棗，肝應榆，我通天地。將陰夢水，將晴夢火，天地通我。我與天地似契似離，純純各[一]歸。

抱一子曰：天地，形之大者也；人身，形之小者。自形觀之，則有小大之辨；自神觀之，則無離契之分。天之日月明暗，即人之精神盛衰。豈特陰夢水、晴夢火哉？地

[一]「各」，原作「合」，據諸校本改。

之五味藥食，即人之五臟好惡。豈特心應棗、肝應榆哉？我與天地一乎二乎？同歸乎？各歸乎？

關尹子曰：天地雖大，有色有形，有數有方。吾有非色非形，非數非方，而天天地地者存。

抱一子曰：生生者未嘗生，死死者未嘗死。是則天天者非天，地地者非地也。人徒見有形色數方者謂之天，而不知非形色數方者，能天天、能地地、能生生、能死死也。學者識認得真，體會得實，然後知不可以名言，不可以形似。昔人謂非心非物，離性離相，寒山子謂之天中之天，亦强名也，何可云謂哉？

關尹子曰：死胎中者，死卵中者，亦人亦物。天地雖大，彼固不知。計天地者，皆我區識。譬如手不觸刃，刃不傷手。

抱一子曰：識識易，去識難。稚年一見，皓首不忘。識之粘縛於人如此，可畏哉！彼死胎中、死卵中者，不見天地固矣。然在胎在卵之時，有識性乎？無識性乎？苟無識性，則胡爲而在胎在卵？然則在胎在卵之中，果有天地乎？果無天地乎？釋氏以識爲五陰〔一〕之最微者，以其難忘也。使無識則不生矣，不生則不中胎卵化濕之陰

〔一〕「陰」，原作「音」，據諸校本改。

矣。今日計有天地者，皆我區識自計之，天地何嘗期人之識哉？故曰「我不觸刃，刃不傷人」。

關尹子曰：夢中、鑑中、水中，皆有天地存焉。欲去夢天地者，寢不寐；欲去鑑天地者，形不照；欲去水天地者，盎不汲。彼之有無，在此不在彼。是以聖人不去天地，去識。

抱一子曰：天地有大恩於人，亦有大盜於人。知其盜，則不爲其所盜矣。天地本不盜人，而人自盜之，何則？胸中之天地萬物，始如夢見，中如鑑照，終凝於神水，至死不能忘，其爲盜豈勝言哉！然夢因寐，鑑因照，水因汲。汲者，取也。夢生於視，視生於取，取生於識。故曰「不去天地，去識」。言天地，則萬物在其中矣。

關尹子曰：天非自天，有爲天者；地非自地，有爲地者。譬如室宇舟車，待人而成，彼不自成。知彼有待，知此無待。上不見天，下不見地；内不見我，外不見人。

抱一子曰：天不自天，所以天長；地不自地，所以地久。使人不自人、我不自我，則可以同天地之長久矣。天地果待人而成乎？待人而成者，成夫人之胸中之天地爾。待固在彼，成不成在我。故不爲天地者，上不見天，下不見地；内不見我，外不見人。

關尹子曰：有時者氣，彼非氣者，未嘗有晝夜。有方者形，彼非形者，未嘗有南北。何謂非氣？氣之所自生者，如搖箑得風。彼未搖時，非風之氣；彼已搖時，即名爲氣。何謂非形？形之所自生者，如鑽木得火。彼未鑽時，非火之形；彼已鑽時，即名爲形。

抱一子曰：氣不能生氣，生氣者非氣也；形不能生形，生形者非形也。或曰：「氣不能生氣則不問，敢問形不能生形，則人與萬物以形生形，非乎？」曰：「枯木死屍亦形也，能生形乎？今人與萬物以形生形者，蓋有非形者存乎其中。雖金石草木，莫不皆然。故聖人獨以火而喻之，以明形之最精者猶若是，況形之粗者哉？非氣者，摇動則生氣；非形者，鑽磨則生形。氣者天也，有時也，有晝夜也；形者地也，有方也，有南北也。世有剋時日、擇方嚮，以求生氣生形者，焉知時在天地未判之先，方乃自然南嚮之位也哉？」

關尹子曰：寒暑温涼之變，如瓦石之類。置之火即熱，置之水即寒；呵之則温，吸之則涼。特因外物有去有來，而彼瓦石無去無來。譬如水中之影，有去有來，而所謂水者，實無去來。

抱一子曰：愚解參同契嘗曰：「天地不能晝夜也，以日月往來而爲晝夜；天地不能寒暑也，以日月遠近而爲寒暑也。」此言寒暑之常也。若夫盛夏寒風，三冬暴鬱，此不正之氣，非時之風，倏往忽來，非天地有爲也，客氣往來爾。故曰：「如水中之影，有去有來，而所謂水者，實無去來。」

關尹子曰：衣摇空得風，氣噓物得水。水注水即鳴，石擊石即光。知此説者，風雨雷電皆可爲之。盖風雨雷電皆緣氣而生，而氣緣心生。猶如内想大火，久之覺熱；内想大水，久之覺寒。知此説者，天地之德皆可同之。

抱一子曰：人之[一]精神魂魄，猶天之風雨雷電。風雨雷電出於天，而人且能爲之，而自己之精神魂魄，豈不能自生自養自保自鍊乎？知摇空得風，則鼓吾橐籥可以生氣；知噓物得水，則胎吾之氣可以化精；知注水則鳴，則鍊吾之精可以制魄；知擊石即光，則鍛吾之魄可以益神。是則觀天之道，執天之行，而陰符之制在氣，而氣之制在心。想火則熱，想水則寒；潛天而天，潛地而地。千變萬化，無不可爲矣。德同天地，信哉。

關尹子曰：五雲之變，可以卜當年之豐歉；八風之朝，可以卜當時之吉凶。是知休咎災祥，一氣之運耳。渾人我，同天地，而彼私智認而已之。

抱一子曰：五雲八風，有災有祥，皆一氣之運而預見休咎于天地者也。氣之爲氣，神矣哉！靈矣哉！而昧者不知也。一人感之，而五雲爲之變，八風爲之遷，盖有至

〔一〕「之」，原作「知」，據諸校本改。

靈至神者存乎其中。如是，則曰人曰我，曰天曰地，莫不貫通，而私智認爲己有，安知虚徹靈通大同之道哉？

關尹子曰：天地寓，萬物寓，我寓，道寓。苟離於寓，道亦不立。

抱一子曰：寓者，在己無居之謂也。昔人謂「人生天地之間，若白駒之過隙，忽然而已」，非寓而何？我寓則天地寓，天地非自成，待我天天地地而成也。故我寓則天地寓，天地寓則萬物寓。我與天地萬物皆寓矣，而道獨不寓而長存焉？則我與道爲二矣，道何立哉？其人存，則其道存；其人亡，則其道息。故苟離於寓，道亦不立。

文始經言外旨卷之二

文始經言外旨卷之三

抱一子陳顯微述

三極篇極者，尊聖人也。凡二十七章。

關尹子曰：聖人之治天下，不我賢愚，故因人之賢而賢之，因人之愚而愚之；不我是非，故因事之是而是之，因事之非而非之。知古今之大同，故或先古，或先今；知內外之大同，故或先內，或先外。天下之物，無得以累之，故本之以謙；天下之物，無得以外之，故含之以虛；天下之物，無得以難之，故行之以易；天下之物，無得以窒之，故變之以權。以此中天下，可以制禮；以此和天下，可以作樂；以此公天下，可以理財；以此周天下，可以禦侮；以此因天下，可以立法；以此觀天下，可以制器。聖人不以一己治天下，而以天下治天下，天下歸功於聖人，聖人任功於天下，所以堯舜禹湯之治天下，天下皆曰自然。

抱一子曰：天無爲而萬化成，聖人無爲而天下治。聖人何心哉？人徒見夫制禮作樂、理財禦侮、立法制器，周濟曲成而不遺，將謂聖人物物思之，事事計之，而以一己之智力，當天下之事物也。殊不知聖人本之以謙，含之以虛，行之以易，變之以權，因人之賢而賢之，因人〔一〕之愚而愚之，因是是之，因非非之，不以古今而先後其心，不以内外而輕重其事，而以天下治天下也。天下歸功於聖人，聖人不自以爲功而任功於天下。是道也，堯舜禹湯得之，故皆曰自然。

關尹子曰：天無不覆，有生有殺，而天無愛惡；日無不照，有妍有醜，而日無厚薄。

抱一子曰：聖人猶天也，物有生殺，天無愛惡；聖人猶日也，物有妍醜，而日無厚薄。是蓋聖人無爲無心之治也。

關尹子曰：聖人之道天命，非聖人能自道；聖人之德時符，非聖人能自德；聖人之事人爲，非聖人能自事。是以聖人不有道，不有德，不有事。

抱一子曰：聖人無我，故道以天命，不自有道也；德以時符，不自有德也；事以人爲，不自有事也。彼執有道有德有事者，庸人爾，焉能忘我哉！

關尹子曰：聖人知我無我，故同之以仁；知事無我，故權之以義；知心無我，故戒之以禮；知識無我，故照之以智；知言無我，故守之以信。

〔一〕「人」，原無，據諸校本補。

抱一子曰：聖人之五常，亦猶衆人之五常，夫豈異乎人哉？特衆人之五常，未能忘我，而聖人之五常，本於無我，此其所以異乎人矣。仁無我，則同天下之我以爲仁；義無我，則權天下之事以爲義；禮無我，則戒天下之心以爲禮；智無我，則照天下之識以爲智；信無我，則守天下之言以爲信。此其所以不可跂及歟？

關尹子曰：聖人之道，或以仁爲仁，或以義爲仁，或以禮、以智、以信爲仁。仁義禮智信，各兼五者，聖人一之不膠，天下名之不得。

抱一子曰：以仁爲仁，天下之人能與知而與行。至於以義、以禮、以智、以信爲仁，則非天下至聖，其孰能與此？何則？舉一常而五常備，互〔一〕换循環，各兼五者。視賢智之士，厚於仁而薄於義，智有餘而信不足者，大有徑庭也。易曰：「仁者見之謂之仁，智者見之謂之智。」然則聖人之道，混混淪淪，何可得而名狀哉？故曰「聖人一之不膠，天下名之不得」。

關尹子曰：勿以行觀聖人，道無蹟；勿以言觀聖人，道無言；勿以能觀聖人，道無爲；勿以貌觀聖人，道無形。

〔一〕「互」，原作「五」，據諸校本改。

抱一子曰：道無形、無蹟、無言、無爲，學者何從而求之哉？不已，則求諸聖人。聖人者，道之體也。然果可求之於聖人乎？求之於聖人者，不過言貌行能而已，愈失之矣。捨言貌行能之外，何從而觀聖人哉？善觀聖人者，觀其心而不觀其迹，然則聖人之心果可觀乎？果不可觀乎？果〔一〕異於吾心乎？果不異於吾心乎？前章有言曰「不借道於聖」，此之謂也。

關尹子曰：行雖至卓，不離高下；言雖至工，不離是非；能雖至神，不離巧拙；貌雖至殊，不離妍醜。聖人假此以示天下，天下冥此，乃見聖人。

抱一子曰：聖人本無言貌行能，不得已而假此以示天下。人徒見聖人言之工、貌之殊、行之卓、能之神，而謂道在夫四者之間，而有是非、妍醜、高下、巧拙之辯，愈不足以識聖人矣。學者冥此，而於四者之外觀之，斯善學矣。

關尹子曰：聖人師蜂立君臣，師蜘蛛立網罟，師拱鼠制禮，師戰蟻置兵。一作制兵。衆人師賢人，賢人師聖人，聖人師萬物。惟聖人同物，所以無我。

抱一子曰：衆師賢，賢師聖，聖師萬物，固矣。然則聖人果師蜂而立君臣、師蛛鼠

〔一〕「果」，原作「界」，據諸校本改。

螘而置網禮兵乎？聖人同物，置作無我。天下之物皆聖人之師也，物生自然，聖人師其自然而已矣，聖人何心哉！

關尹子曰：聖人之於衆人，飲食衣服同也，屋室舟車同也，貴賤貧富同也。衆人每同聖人，聖人每同衆人。彼仰其高、侈其大者，其然乎？其不然乎？

抱一子曰：聖人之處世，和其光，同其塵。惟恐自異於衆人，而其起居衣食、貧富貴賤，何敢異於人哉？使人仰其高、侈其大者，聖人之〔一〕所懼也。士成綺見老子而問曰：「吾觀子非聖人也，鼠壤有餘蔬，生熟不盡於前，而積斂無崖。」老子漠然不應。然則聖人之處世，豈容衆人之仰侈哉？

關尹子曰：聖人曰道，觀天地人物皆吾道。倡和之，始終之，青黃之，卵翼之。不愛道，不棄物；不尊君子，不賤小人。賢人曰物，物物不同，旦旦去之，旦旦與之，短之長之，直之方之，是爲物易者也。殊不知聖人鄙雜厠、别分居，所〔二〕以爲人，不以此爲己。

抱一子曰：聖人道則如絲之紛，事則如棊之布。聲倡倡之，聲和和之，事始始

〔一〕「之」，原無，據諸校本補。
〔二〕「所」，原無，據諸校本補。

之，事終終之；色青青之，色黄黄之；物卵卵之，物翼翼之。無愛道，無棄物。不尊君子，不賤小人。此則道如絲棼也。至於鄙雜衆物，厠別分居，或短或長，或直或方，物物不同，且且去取，井井有條，此則事如棊布也。聖人志於道，無心無我，故不爲物易；賢人志於〔一〕物，有心有人，故未免爲物所易。

關尹子曰：魚欲異群魚，捨水躍岸即死；虎欲異群虎，捨山入市則擒。聖人不異衆人，特物不能拘耳。

抱一子曰：莊子謂：「昔吾聞之大成之人曰：『自伐者無功，功成者墮，名成者虧。』孰能去功與名而還與衆〔二〕人？純純常常，削迹捐勢，無責於人，人亦無責焉。」此聖人不異衆人之説也。若夫遊於雕陵而忘其身，見異鵲之利而忘其真，虞人逐之，以吾爲戮，反走而三月不庭，此魚捨水躍岸、虎捨山入市之謂也。雖然，聖人處衆，雖不自異，物豈能拘之哉？

關尹子曰：道無作，以道應世者，是事非道；道無方，以道寓物者，是物非道。聖人竟

〔一〕「於」，原作「洛」，據守山閣叢書本改。劉希古刊本作「格」。

〔二〕「衆」，原作「還」，據諸校本改。

不能出道以示人。

抱一子曰：道本無爲，而以道應世者，是事也；道本無體，而以道寓物者，是物也。聖人終不能將出此道以示人，然則志道之士何從而得之哉？昔人謂使道可獻，人莫不獻之于其君；使道可進，則人莫不進之於其親；使道可傳，人莫不傳之於其子孫。惟其不可以出示於人，故得之者鮮矣。然則聖人終不傳於人乎？孔子不云乎：「吾無隱乎爾。」善觀聖人者，當於事物之外觀之。

關尹子曰：如鍾鍾然，如鍾鼓然，聖人之言則然；如車車然，如車舟然，聖人之行則然。惟莫能名，所以退天下之言；惟莫能知，所以奪天下之智。

抱一子曰：謂鍾爲鍾，人皆然之，謂鼓爲鍾，則人不測其言，所以退天下之言也。謂車車行，人皆然之，謂舟車行，則人罔測其行，所以奪天下之智也。是猶「犬可以爲羊，輪不輾地」之辯也，其可以言名乎？其可以智知乎？

關尹子曰：蝍蛆食虵，虵食鼃，鼃食蝍蛆，互相食也。聖人之言亦然，言有無之弊，又言非有非無之弊，又言去非有非無之弊，言之如引鋸然。惟善聖者不留一言。

抱一子曰：夫大道無説，善聖者不言。非無説也，不可説也。不可説而言之，則有弊。何則？言不出乎有無也，言有則無，言無則有，言非有則非無，言非無則非有，有無相吞，互相爲弊。猶虵蠹蝍蛆，互相吞食，如引鋸然，去來牽掣，是則有言不如無言也。然則聖人果不留一言乎？聖人之言滿天下，學者苟以聖人之言爲言，不惟不知言，併與聖人失之矣。

關尹子曰：若龍若蛟，若蛇若龜，若魚若蛤，龍皆能之。蛟，蛟而已，不能爲龍，亦不能爲蛇，爲龜，爲魚，爲蛤。聖人龍之，賢人蛟之。

抱一子曰：聖人能大能小，能智能愚，能垢能浄，能貴能賤，能壽能夭，千變萬化，無可無不可。賢人則不然，能大者不能小，能智則不能愚。昔孔子見老子，歸謂弟子曰：「吾乃今於是乎見龍。龍合而成體，散而成章，乘乎雲氣，而養乎陰陽。予口張而不能嗋，又何規於老聃哉！」子貢曰：「然則人固有尸居而龍見，雷聲而淵默，發動如天地者乎？賜亦可得而觀乎？」聖人龍之，賢人蛟之，其是之謂歟？

關尹子曰：在己無居，形物〔一〕自著。其動若水，其静若鏡，其應若響。芒乎若亡，寂乎若清。同焉者和，得焉者失。未嘗先人，而嘗隨人。

抱一子曰：在己不自居，自居則有我矣。能無我則形物自著，非我分别而著彼形

〔一〕「物」，原作「無」，據諸校本改。

物也。此静也，静極則動，而其動也如水之流。動已復静，而其静若鏡之瑩，是則雖有動静而何嘗動静哉？其應物也，若響之應聲，則吾如虚空虚谷矣。芒芴乎若未嘗有，寂湛乎徹底純清。同乎物而不自異，則與物和而不競也。驚其得而不自有，則與道忘而不失也。未嘗先人，常後而不先，不敢爲天下先也。而嘗隨人，和而不唱〔一〕，不得已而後動也。體用具存，權實畢備，此聖人之所以爲善聖歟？

關尹子曰：渾乎洋乎？游太初乎？時金已，時玉已，時糞已，時土已。時翔物，時逐物，時山物，時淵物。端乎權乎？狂乎愚乎？

抱一子曰：老子曰：「吾游於物之初。」孔子曰：「何謂邪？」曰：「心困焉而不能知，口辟焉而不能言。始終相反乎無端，而莫知乎其所窮。」謂之「渾乎洋乎？游太初乎」，豈不信然？至於如金在鑛，如玉藴石，則時金時玉也。道在瓦礫，道在屎溺，則時糞時土也。鶉居而鷇食，鳥行而無影，則時翔物也。呼我馬而謂之馬，呼我牛而謂之牛，則時逐物也。塊然如石，槁然如木，則時山物也。如鱗之潛，如魚之泳，則時淵物也。然則皆聖人之正行也，皆聖人之權變乎！大聖若狂，大智若愚，夫豈真狂真愚

〔一〕「唱」，劉希古刊本、守山閣叢書本作「倡」。

也哉？

關尹子曰：人之善琴者，有悲心，則聲淒淒然；有思心，則聲遲遲然；有怨心，則聲回回然；有慕心，則聲裴裴一作奕奕。然。所謂悲思怨慕者，非手非竹，非絲非桐。得之心，符之手；得之手，符之物。人之有道者，莫不中道。

抱一子曰：人之善琴者，得之心而符之手，得之手而符之物，而悲思怨慕之心，猶足以感絲桐而聲爲之變。而況有道之人，動止周旋無不中道，寧不感天動地、康時豐物哉！昔庚桑楚得老子之道，居畏壘之山，三年而畏壘大穰，其是之謂乎？

關尹子曰：聖人以〔一〕有言、有爲、有思者，所以同乎人；以未嘗言、未嘗爲、未嘗思者，所以異乎人。

抱一子曰：聖人終日言而未嘗言，終日爲而未嘗爲，終日思而未嘗思。特人不能測識耳，何以異於人哉？

關尹子曰：利害心愈明，則親不睦；賢愚心愈明，則友不交；是非心愈明，則事不成；好醜心愈明，則物不契。是以聖人渾之。

〔一〕「以」，原無，據諸校本補。下一「以」同。

抱一子曰：衆人昭昭，而我獨昏昏；衆人察察，而我獨悶悶。昭昭察察，則利害、賢愚、是非、好醜之心愈明矣，愈明則於親、友、事、物愈難睦交成契矣。惟聖人以無心渾之，則利自利，害自害，賢自賢，愚自愚，是自是，非自非，好自好，醜自醜。如是，則親無不睦，友無不交，事無不成，物無不契。聖人初何容心哉？

關尹子曰：世之〔一〕愚拙者，妄援聖人之愚拙自解。殊不知聖人時愚時明，時拙時巧。

抱一子曰：聖人有大巧而若拙，有大智而若愚。世之愚拙者，妄援聖人以自解，則愚者愈見其愚，而拙者愈露其拙，豈能自解哉？

關尹子曰：以聖師聖者賢人，以賢師聖者聖人。蓋以聖師聖者，徇蹟而忘道；以賢師聖者，返蹟而合道。

抱一子曰：有聖有賢之分者，跡也；未嘗有聖有賢之分者，道也。視聖人爲聖人，豈可跂及哉？是則徇蹟而忘道也。惟不知其爲聖，而以賢師資之，則智齊於師，庶乎忘其蹟而得其道矣。而古人猶謂智與師齊，減師半德。學者須負過師之智，則幾矣。

關尹子曰：賢人趨上而不見下，衆人趨下而不見上。聖人通乎上下，惟其宜之。豈曰

〔一〕「之」，原作「人」，據諸校本改。

離賢人衆人，別有聖人也哉！

抱一子曰：中人以上可以語上，故賢人趨上；中人以下不可以語上，故衆人不見上。皆偏也。聖人渾通上下，無所不趨，無所不見，在賢亦宜，在衆亦宜，和光同塵，所以異於賢人遠矣。

關尹子曰：天下之理，夫者唱，婦者隨；牡者馳，牝者逐；雄者鳴，雌者應。是以聖人制言行，而賢人拘之。

抱一子曰：聖人言滿天下，無口過；行滿天下，無怨惡。何則？任物理之自然，而君臣上下、父子兄弟、貴賤尊卑之間，感應貫通，出於口而行於身，譬如夫唱婦隨，牡馳牝逐，雄鳴雌應，莫不順其自然之理也，聖人初何容心哉！賢人制禮法以防人心，故不得不拘之，至有言行樞機榮辱之戒，善惡千里違順之幾，故學者不得不謹言行也。

關尹子曰：聖人道雖虎變，事則鱉行；道雖絲棼，事則棊布。

抱一子曰：前云「聖人龍之」，如易之乾卦，有大人飛龍之象；今云「虎變」，如易之革卦，有大人虎變之象。龍則言聖人之體，變化無常，飛潛莫測；虎則喻聖人之道，煥乎有文章之可觀，凛乎有威風之可畏。及乎行聖人之事，則愚夫愚婦亦可行之。而步履方拙如鱉，初無甚高難行之舉也。「道則絲棼〔一〕，事則棊布」者，以言其道若渾而難理，其事則有條而不紊也。

關尹子曰：所謂聖人之道者，胡然孑孑爾，胡然徹徹爾，胡然唐唐一作堂堂。爾，胡然臧臧一作藏藏。爾。惟其能偏偶萬物，而無一物能偶之，故能貴萬物。

抱一子曰：聖人之道如太虛，孑孑然無與爲偶，徹徹然無不洞貫，唐唐然充滿乾坤，臧臧然不容視聽。惟其能偏偶萬物而無一物能偶之，所以貴於萬物。老子曰：「有物渾成，先天地生。」巍巍尊高，其是之謂乎？

關尹子曰：雲之卷舒，禽之飛翔，皆在虛空中，所以變化不窮。聖人之道則然。

抱一子曰：聖人之道，如雲在太虛而卷舒不定，如禽在太空而飛翔無窮。使無此虛空以容之，則雲禽之變化飛翔窒矣。使聖人之道不得無方之神、無體之玄以運之，則聖人之變化窮矣。

文始經言外旨卷之三

〔一〕「棼」，原作「芬」，據諸校本改。

文始經言外旨卷之四

抱一子陳顯微述

四符篇 符者，精神魂魄也。凡十七章。

關尹子曰：水可析可合，精無人也；火因膏因薪，神無我也。故耳蔽，前後皆可聞，無人；知〔一〕崇，無人；一奇，無人；冬彫秋物，無人；黑不可變，無人；北壽，無人，皆精。舌即齒牙成言，無我；禮卑，無我；二偶，無我；夏因春物，無我；赤可變，無我；南夭，無我，皆神。以精無人，故米去穀則精存；以神無我，故鬼憑物則神見。全精者，忘是非，忘得失，在此者非彼；抱神者，時晦明，時強弱，在彼者非此。

抱一子曰：此言全精抱神之道也。精本無人，故當忘其是非，忘其得失，以全吾之精；神本無我，故當時其晦明，時其強弱，以抱吾之神。精，一也。水可分可合，一

〔一〕「知」，劉希古刊本、守山閣叢書本作「智」。

也；耳屬腎，雖蔽之前後，皆可聞，一也；水爲智，智崇，崇則自尊，一也；冬物歸根，一也；黑不可變，一也；北方主壽有我，一也；米去穀則精存，一也。一數奇，獨也，故皆曰「無人」也。神，二也。火因膏因薪，二也；舌屬心，即唇齒而能言，二也；火爲禮，禮卑則尊人，二也；夏物榮華，二也；赤色可變，二也；南主夭無我，二也；鬼憑物則神見，二也。二數耦，兩也，故皆曰「無我」也。無人，則在此者非彼；無我，則在彼者非此。知乎此，則知所以忘其是非得失，與夫時其晦明強弱之理矣。〔一〕

〔一〕這一段注文，劉希古刊本、守山閣叢書本作「抱一子曰：一水析之，置於金器、石器、瓦器，至於萬器，皆可也。萬器之水，復合爲一水，亦可也。其水或在器析而爲萬，或離器合而爲一。其內景之德，灼然無殊。故我之精散於事物，猶水之在衆器；收視反聽，猶合衆水而爲一。靈明絶待，窅然長存，故所見我獨，蓋精無人也。火因膏薪而後顯，非膏薪則外光不存。故我之神感而遂通，應物而現，非物感之，則寂無所向，故所見人同，蓋神無我也。詳而推之，近身遠物，莫不皆然。耳屬腎，雖蔽之，前後皆可聞，一也。智於五常應水，智崇一也。冬於時應水，冬凋秋物而歸根，一也。黑於色應水，黑不可變，一也。北於方應水，北壽，一也。一數奇，獨也，故皆曰無人。水之象也，精者水，故曰皆精。曰可聞、曰崇、曰奇、曰凋、曰不可變、曰壽，又皆無人有我也。舌屬心，即唇齒而成言，二也。禮於五常應火，禮卑，二也。夏於時應火，夏因春物而榮華，二也。赤於色應火，赤可變，二也。南於方應火，南夭，二也。二數偶，兩也，故皆曰無我。火之象也，神者火，故曰皆神。曰成言、曰卑、曰偶、曰因、曰可變、曰夭，又皆無我也。精無人，如粟中之有米，故曰米去殼則精存。神無我，如鬼無體，附物則見，故曰鬼憑物則神見。夫是非得失，因待而有。全精者既無人，則無所待，故忘是非、忘得失，猶米去殼而精存也。曰在此者我也，非彼者是非得失也。時晦明，時強弱者，隨時之宜也。抱神者既無我則常應常靜，猶鬼憑物而神見也，曰在彼者因時也，非此者無我也。學者知乎此，則知所以無人無我，全精抱神之道也」。

關尹子曰：精神，水火也。五行互生滅之，其來無首，其往無尾。則吾之精，一滴無存亡耳；吾之神，一欻無起滅耳。惟無我無人，無首無尾，所以與天地冥。

抱一子曰：精神，水火也。自水生木，木生火，火生土，土生金，金復生水，則互生也。自火剋金，金剋木，木剋土，土剋水，水復剋火，則互滅也。其來無首，其往無尾；滅已復生，生已復滅。則知精未嘗有一滴存亡，神未嘗有一欻起滅。惟無我無人，無首無尾，與天地冥契，則精神長存矣。

關尹子曰：精者水，魄者金，神者火，魂者木。精主水，魄主金，金生水，故精者魄藏之；神主火，魂主木，木生火，故神者魂藏之。惟火之爲物，能鎔金而消〔一〕之，能燔木而燒之，所以冥魂魄。惟精在天爲寒，在地爲水，在人爲精；神在天爲熱，在地爲火，在人爲神；魄在天爲燥，在地爲金，在人爲魄；魂在天爲風，在地爲木，在人爲魂。惟以我之精，合天地萬物之精，譬如萬水可合爲一水；以我之神，合天地萬物之神，譬如萬火可合爲一火。以我之魄，合天地萬物之魄，譬如金之爲物，可合異金而鎔之爲一金；以我之魂，合天地萬物之魂，譬如木之爲物，可接異木而生之爲一木。則天地萬物皆吾精、吾神、吾魄、吾

〔一〕「消」，守山閣叢書本作「銷」。

魂，何者死？何者生？

抱一子曰：精水一、合魄金四爲五，神火二、合魂木三爲五。精藏魄而神藏魂，是則四物雖居兩處，可以一五擒之。然魂木爲龍，魄金爲虎，使魂藏於神，魄藏於精，則二物分於二所，終不能相制。惟火能鎔金燔木，故神可以制魂魄。殊不知神寓於魂，如火附於木，而火二木三之五運於西北，制精鍊魄，使四象五行俱歸於土，實資神火之功也。故丹法始終全資火候者，火之功用大矣哉。至於合天地萬物之水火金木，皆爲吾之精神魂魄，譬如萬水可合爲一水，萬火可合爲一火，異金可鎔爲一金，異木可接爲一木，此則山河大地，皆吾法身之妙用也。安有所謂生，安有所謂死哉？

關尹子曰：五行之運，因精有魂，因魂有神，因神有意，因意有魄，因魄有精。五者回環不已，所以我之僞心流轉造化，幾億萬歲未有窮極。然核芽相生，不知其幾萬株，天地雖大，不能芽空中之核；雌卵相生，不知其幾萬禽，陰陽雖妙，不能卵無雄之雌。惟其來干我者，皆攝之以一息，則變物爲我，無物非我。所謂五行者，孰能變之？

抱一子曰：精神魂魄意五者，回環相生不已。則人之僞心輪迴四生六道，經幾億萬年未有窮極。何則？有此僞心，則有此僞意，有意則有魄，有魄則有精，有精則有魂，有魂則有神，有神則又有意矣。彼空中之核與無雄之雌，胡爲而不芽不卵耶？蓋精不存也。物則自清而入濁，故始因精而終成魄；神則自微而入妙，故始因意而終成神。蓋意土數五，而五與人俱生，故首與四肢及手足之指皆五也。使終能至神而不復生意，則遇物對境，當以一息攝之，則變物爲我矣。無物非我，則五行皆爲吾用，而不復有相生相滅之機。孰能變之哉？此永不輪迴、不受生之妙用也。學者欲知之乎？

關尹子曰：衆人以魄攝魂者，金有餘則木不足也；聖人以魂運魄者，木有餘則金不足也。蓋魄之藏，魂俱之；魂之游，魄因之。魂晝寓目，魄夜舍肝。寓目能見，舍肝能夢。見者魂，無分別，析之者分別。析之曰天地者，魂狃習也。夢者魄，無分別，析之者分別。析之曰彼我者，魄狃習也。火生土，故神生意〔一〕；土生金，故意生魄。神之所動，不名神，名意；意之所動，不名意，名魄。惟聖人知我無我，知物無物，皆因思慮計之而有。是以萬物之來，我皆對之以性，而不對之以心。性者，心未萌也。無心則無意矣，蓋無火則無土；無意則無魄矣，蓋無土則無金。一者不存，五者皆廢。既能渾天地萬物以爲魂，斯能渾天地萬物以爲魄。凡造化所妙皆吾魂，凡造化所有皆吾魄，則無有一物可役我者。

抱一子曰：愚解前章，謂物之自精至魄，從清入濁而魄盛則死矣，故曰「金有餘則

〔一〕「火生土，故神生意」，原無，據宛委别藏本補。

木不足」。若夫聖人自意生身，至於成神，則木有餘而金不足。魂有餘者多覺，魄有餘者多夢。覺之與夢，皆能分別者，非魂魄能自析之也，皆有真性存乎其中，而狃習既久，而能生此分別識也。惟聖人知我無我，知物無物，皆因心意計之，故對境忘識無意而對之以性。性者，心未萌也，無心則無意矣。一意不存，五行皆廢。斯能渾天地造化之所妙者，皆爲吾魂；渾天地造化之所有者，皆爲吾魄。是則萬物皆爲吾役，而不役於物矣。

關尹子曰：鬼云爲魂，鬼白爲魄，於文則然。鬼者，人死所變。云者風，風者木；白者氣，氣者金。風散故輕清，輕清者上天；金堅故重濁，重濁者入地。輕清者，魄從魂升；重濁者，魂從魄降。有以仁升者，爲木星佐；有以義升者，爲金星佐；有以禮升者，爲火星佐；有以智升者，爲水星佐；有以信升者，爲土星佐。有以不仁沉者，木賊之；不義沉者，金賊之；不禮沉者，火賊之；不智沉者，水賊之；不信沉者，土賊之。魂魄半之，則在人間。升魂爲貴，降魄爲賤；靈魂爲賢，厲魄爲愚；輕魂爲明，重魄爲暗；揚魂爲羽，鈍魄爲毛；明魂爲神，幽魄爲鬼。其形其居，其識其好，一本作名。皆以五行契之。惟五行之數，參差不一，所以萬物之多，盈天地間猶未已也。以五事歸五行，以五行作五蟲，可勝言哉？譬猶兆龜數蓍，至誠自契，五行應之。誠苟不至，兆之數之，無一應者。聖人假物以游世，五行不得不對。

抱一子曰：云、白，今之楷字也。楷字出於秦之程邈變篆爲隸而後有也，在當時字體與今不同。字，古之「云」字；皁字，古之「白」字。是則鬼爲魂，皁鬼爲魄。於古文則然，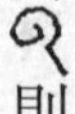則從虛，輕清故爲風。，古「風」字。皁則從身，重濁故爲氣。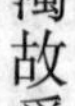，古「氣」字。然則古人製字，亦或有道焉。風屬木，氣屬金。木主升，金主降。以五常而升者，爲五星之佐；反五常而沉者，爲五行所賊。楞嚴所述升沉之報，與此同義。魂魄相半，則在人間。然常人止有三魂七魄，故魂多者爲貴、爲賢、爲明、爲羽、爲神，魄多者爲賤、爲愚、爲暗、爲毛、爲鬼。而其識其好，皆契五行。惟五行參差不一，故胎卵濕化、有色無色、有想無想等類衆生，盈天地間，生生不已也。然聖人本無我，不假於物則不能游世，如火不附木則無所託形。然物之在世，豈能堅久哉？聖人必以五行對之，然後生生不窮。如水火相剋却成既濟，金木相剋却成夫婦，皆對法也。是道也，如兆龜數蓍，至誠自契，誠若不至，則五行無一應者矣。

關尹子曰：三〔一〕者具有魂。魂者識，目者精，色者神。見之者爲魂，耳口鼻心之類。

〔一〕「三」，劉希古刊本、守山閣叢書本作「五」。

在此生者，愛爲精，爲彼生父本；觀爲神，爲彼生母本。愛觀雖異，識生。彼生生本，在彼生者。一爲父，故受氣於父，氣爲水；二爲母，故受血於母，血爲火。有父有母，彼生生矣。惟其愛之無識，如鎖之交；觀之無識，如燈之照。吾識不萌，吾生何有？

抱一子曰：目耳鼻口心，謂之五根；聲色香味事，謂之五塵；觀聽嗅嘗思，謂之五識。五根主於精，精有我無人之物也；五塵主於神，神無我即物而見也；五識主於魂，故曰魂識，盖根塵識三者具而後有魂也。父以精愛，母以神觀。愛爲水，觀爲火，水爲氣，火爲血。父精母血交，而識存乎中。此降本流末，生生不窮之理也。若夫愛無識而如鎖之交，觀無識而如燈之照，則吾識未嘗萌，吾生何嘗有哉？

關尹子曰：如桴叩鼓，鼓之形者，我之有也；鼓之聲者，我之感也。桴已往矣，餘聲尚在，終亦不存而已矣。鼓之形如我之精，鼓之聲如我之神。其餘聲者，猶之魂魄。知夫倏往倏來，則五行之氣我何有哉？

抱一子曰：精如鼓，神如聲，餘聲如魂魄，固矣。然則鼓不叩則不生聲，精不感則不生神。叩鼓以桴，桴亡，則雖有餘聲，終亦不存矣；感精以氣，氣亡，則雖有魂魄，終亦不存矣。是則五行之氣，倏往倏來。我本無有，而我之所有者，叩桴感氣者而已矣。

或問曰：「今欲聲聲不絶，鼓鼓長存，畢竟以何道感之？」曰：「請放下手中桴，方向汝説。」

關尹子曰：夫果之有核，必待水火土三者具矣，然後相生不窮。三者不具，如大旱、大潦、大塊，皆不足以生物。精水、神火、意土，三者本不交，惟人以根合之，故能於其中横見有事。猶如術呪，能於至無見多有事。

抱一子曰：世之術呪，能於無中見多有事，如張諧作五里之霧，左慈擲梁上之盃。三是道也，無出於精神意三者。合而爲之，如果之有核，必待水火土三者俱而後生。三者不交，則如大旱、大潦、大塊，不能生物。然三者本不能自交，惟人以根合之，如男女二根交精而生形也。然天有天根，地有地根，人有人根，而造化有造化之根，人能於造化之根上，以起天地之根，則能無中生有，而知變化之道矣。

關尹子曰：魂者，木也。木根于冬水，而華於夏火。故人之魂藏於夜精，而見於晝神。合乎精，故所見我獨，蓋精未嘗有人；合乎神，故所見人同，盖神未嘗有我。

抱一子曰：此章獨言木喻者，發明上章言根之旨也。盖木爲魂，爲人也，人之所以爲人，以魂識晝夜，隱見於精神之中而已矣。精一也，故魂識合精，則所見惟我獨；神二也，故魂識合神，則所見與人同。如木之根於冬而榮於夏，即魂之藏於夜而見於晝也。知夫木之根，則知魂之根矣；知夫魂之根，則知天地造化之根矣。

關尹子曰：知夫此身如夢中身，隨情所見者，可以飛神作我而游太清；知夫此物如夢中物，隨情所見者，可以凝精作物而駕八荒。是道也，能見精神而久生，能忘精神而超生。吸氣以養精，如金生水；吸風以養神，如木生火，所以假外以延精神。漱水以養精，精之所以不窮；摩火以養神，神之所以不窮，所以假内以延精神。若夫忘精神而超生者，吾嘗言之矣。

抱一子曰：人假精神以有生。善養精神者，能見精神而久生，陰符經謂「天有五賊，見之者昌」是也；能忘精神而超生，陰符經謂「人知其神而神，不知不神之所以神」是也。世有夢飛神而游太清者，亦有夢乘物而駕八荒者。此身此物，皆如夢如幻。夢而能之者，靈於神也；覺而不能者，拘於形也。惟能自見精神者，覺夢一致，可以飛神作我，可以凝精作物，是皆法之妙用也。至於吸氣吸風以益金木於外，漱水摩火以養精神於内，亦皆足以延精神，斯術之粗〔一〕者也。若夫忘精神而超生者，道也。是道也，隱然述于此書，又在夫人自得之而已矣。

關尹子曰：人勤於禮者，神不外馳，可以集神；人勤于智者，精不外移，可以攝精；仁

〔一〕「粗」，原作「租」，據諸校本改。

則陽而明，可以輕魂；義則陰而冥，可以御魄。

抱一子曰：聖人因人之常心之所固有者立爲五常，皆自然而然，非有牽强，故曰常也。人能循此常而行之至，可以集神攝精、輕魂御魄。蓋人之五神主此五常，猶天之五星主此五事也。火星主禮，禮主升，火亦升，神屬火。人勤於禮者，神不外馳，可以集神。其餘如木星主仁，金星主義，水星主智，而木輕、金冥、水降，所以能輕魂、御魄、攝精，莫不皆然。只言四者，四物具，則土在其中；四常具，則信在其中；四神具，則意在其中；四方立，則中在其中。孟子亦只言四端，而不及信，與此意同。

關尹子曰：蜣蜋轉丸，丸成精思之，而有蠉白者存丸中，俄去殼而蟬。彼蜣不思，彼蠉奚白？

抱一子曰：此章言感化之機，能動無情之物也。圓本無情，而蜣蜋轉而精思之，則蠉生圓中，俄去殼而化爲蟬。外鑪金丹生於金鼎神室之中，神室本虛器，全藉守鑪之人神識不昧，晝夜精觀。而神丹生於虛器之中，外丹既熟，而內丹亦就，化形而仙矣。參同契曰：「萬象憑虛生，感化各有類。」感化者，亦蜣精思之意耶？

關尹子曰：庖人羹蟹，遺一足几上。蟹已羹，而遺足尚動。是生死者，一氣聚散耳。不生不死，而人橫計曰生死。

抱一子曰：人以動物爲有生。今釜中之蝌已羹，而几上之遺足尚動，是則生者一氣之聚，死者一氣之散耳。彼非氣者，何嘗有聚散生死哉？人横計之耳。

關尹子曰：有死立者，有死坐者，有死卧者，有死病者，有死藥者，等死，無甲乙之殊。若知道之士，不見生，故不見死。

抱一子曰：世人不知我本無生，而見坐脱立亡者，以爲了達；見臥死病死者，以爲未了達。殊不知均一死耳，初無甲乙之殊。惟知道者，未嘗有生，故不見其生；未嘗有死，故不見其死。

關尹子曰：人之猒生死、超生死者，皆是大患也。譬如化人，若有猒生死心、超生死心，止名爲妖，不名爲道。

抱一子曰：老子謂「專氣致柔能嬰兒」，今問嬰兒曰：「汝生乎？」則不知也。「汝死乎？」則不知也。然則人之有猒生死心，非大患乎？有超生死心，非妖乎？

關尹子曰：計生死者，或曰死已有，或曰死已無，或曰死已亦有亦無，或曰死已不有不無；或曰當幸者，或曰當懼者，或曰當任者，或曰當超者。愈變情識，馳騖不已。殊不知我之生死，如馬之手，如牛之翼，本無有，復無無。譬如火水，雖犯火水，不能燒之，不能溺之。

抱一子曰：以馬之無手，牛之無翼，以況我之未嘗有生死也；以水犯水，以火犯火，以況我之入生死也。然則既曰如馬手牛翼之未嘗有矣，又何入哉？曰以未嘗有生而入死，以未嘗有死而入生，是則入亦無入，犯亦無犯。若夫以謂或有或無，或幸或懼，或任或超，愈變情識，而馳騖愈遠矣，安足以知此哉？

文始經言外旨卷之四

文始經言外旨卷之五

抱一子陳顯微述

五鑑篇 鑑者，心也。凡二十章。

關尹子曰：心弊一作蔽，下同。吉凶者，靈鬼攝之；心弊男女者，淫鬼攝之；心弊幽憂者，沉鬼攝之；心弊逐放〔一〕者，狂鬼攝之；心弊盟詛者，奇鬼攝之；心弊藥餌者，物鬼攝之。如是之鬼，或以陰爲身，或以幽爲身，或以風爲身，或以氣爲身，或以土偶爲身，或以彩畫爲身，或以老畜爲身，或以敗器爲身。彼以其精，此以其精，兩精相搏，則神應之。爲鬼所攝者，或解奇事，或解異事，或解瑞事。其人傲然，不曰鬼于躬，惟曰道于躬。久之，或死木，或死金，或死繩，或死井。惟聖人能神神而不神于神，役萬神而執其機，可以會之，可以散之，可以禦之。日應萬物，其心寂然。

〔一〕「逐放」，守山閣叢書本作「放逸」。

抱一子曰：聖人能神神，而不神于神；衆人神于神，而不能神神。能神神，則日應萬物，其心寂然；神于神，則心蔽事物，而爲鬼所攝。鬼亦神之純陰者也，故亦無我而附物身。既認物爲我身，則精存于物。物我相搏則神應之，故爲鬼所攝者，或能瑞異，或知吉凶。其人傲然，自謂得道，不悟魔攝，久致喪身，五行賊之，隨類死物。如釋教楞嚴所述二十五魔，一同是説也。在周末之時，釋教未入中國，已先述于是書矣。較之釋經，理詳而辭簡。然則關尹子書，豈一曲之士所能測識耶？

關尹子曰：無一心，五識並馳，心不可一；無虚心，五行皆具，心不可虚；無静心，萬化密移，心不可静。借能一則二偶之，借能虚則實滿之，借能静則動摇之。惟聖人能斂萬有於一息，無有一物可役吾之明徹；散一息於萬有，無有一物可間吾之云爲。

抱一子曰：聖人之心，能斂能散，斂則會萬有於一息，散則敷一息於萬有，初不待一之、虚之、静之也。苟用功於一，則不一矣；用功於虚，則不虚矣；用功於静，則不静矣。惟其不用功於一、不用功於虚、不用功於静，則此心未嘗二、未嘗實、未嘗動也。雖曰斂散，何嘗斂散哉？如是，則日應萬變，吾心寂然，無一物可役吾之明徹，無一物可間吾之云爲。聖人以五鑑明心，信乎其爲鑑矣。

關尹子曰：火千年，俄可滅；識千年，俄可去。

抱一子曰：火本無我。自清濁兆分而來，天下未嘗有自生之火也，必假人力鑽燧擊石而後生，列子曰「人生火」是也。夫火本無體，故雖燎爇千年，而俄頃可滅。惟識亦然。自胞胎賦形而來，此心未嘗先具此識也，蓋因根塵取受狃〔一〕習而後生，關尹子曰「物交心生識」是也。夫識本無方，雖計認千年，而俄頃可去。然則滅火易，不燃〔二〕難；去識易，不續難。傳曰：「得道易，守道難。」信哉！

關尹子曰：流者舟也，所以流之者，是水非舟；運者車也，所以運之者，是牛非車；思者心也，所以思之者，是意非心。不知所以然而然。惟不知所以然而然，故其來無從，其往無在。其來無從，其往無在，故能與天地本原，不古不今。

抱一子曰：心，火也；意，土也；思，亦土也。故所以思者，是意非心也。猶舟流因水，車運因牛，而心思因意也。昔人謂：「車不行，打車即是？打牛即是？」今夫心役於思，去心即是，去意即是？三教聖人皆主張無意，而不主張無心者，旨必有在也。學者當思念之時，推求意之所生，則不知其所以然而然，故其來無從，其往無在。如是，

〔一〕「狃」，原作「伊」，據諸校本改。
〔二〕「燃」，原作「然」，據宛委別藏本改。

則意未嘗有意。意未嘗有意，則思未嘗有思、念未嘗有念。而無思之思、無念之念，與天地之本原，不古不今，而長存矣。視夫斷思絶念，心如土木者異矣。

關尹子曰：知心無物，則知物無物；知物無物，則知道無物；知道無物，故不尊卓絶之行，不驚微妙之言。

抱一子曰：昔人有言曰：「若云他是聖，自己却成狂。」苟遇卓絶之行而尊之，聞微妙之言而駭之，則徇蹟而不見道矣。蓋道無古今，無聖狂，無言行，前無先達，後無作者。知乎此，則何者爲物，何者爲心哉？

關尹子曰：物我交心生，兩木摩火生。不可謂之在我，不可謂之在彼；不可謂之非我，不可謂之非彼。執而彼我之則愚。

抱一子曰：心，火也，一也。故物我交而後心生，兩木摩而後火生。彼有執以爲心在我或在彼，又以執以爲火在此或在彼者，不然則或以爲非我非彼者，皆愚人也，烏足以識心哉！

關尹子曰：無恃爾所謂利害是非。爾所謂利害是非者，果得利害是非之乎？聖人方且不識不知，而況於爾？

抱一子曰：利害心愈明，則親不睦；是非心愈明，則事不成。聖人方且不識不知，而況爾所謂利害是非者，果得而利害是非之乎？

關尹子曰：夜之所夢，或長于夜，心無時。生於齊者，心之所見皆齊國也，既而之宋、之楚、之晉、之梁，心之所存各異，心無方。

抱一子曰：邯鄲之夢，終身榮辱，不知歷幾寒暑矣，既覺則黄粱未熟，特片時爾。心豈有定時耶？楚人之子生長楚國，引而置之莊嶽之間數年，雖日撻而求其楚不可得矣。心豈有定方耶？世有執時執方以求心者，安足以識心哉！

關尹子曰：善弓者，師弓不師羿；善舟者，師舟不師奡；善心者，師心不師聖。

抱一子曰：輪扁斲輪之妙，父不可傳於子。得之心，應之手，豈可以師傳哉？然則逢蒙學射於羿，盡羿之道，果盡乎？曰：「使盡羿之道，則不思天下惟羿爲愈己也。」然學聖人者，自以爲盡聖人之道者，如鼠飲河，足猒其量爾。今善弓者師弓，善舟者師舟，以喻善心者師心，可謂善喻矣。弓則有矢的步力之可師，舟則有帆桅風水之可法。至於心，明則覺，昏則昧〔一〕而已，孰從而師之哉？雖然，學者於動静語默之間，向明覺昏昧處通得一線，則心之法有餘師矣。

〔一〕「昧」，原無，據諸校本補。

關尹子曰：是非好醜，成敗盈虛，造物者運矣，皆因私識執之而有。於是以無遺之，猶存；以非有非無遺之，猶存；無曰莫莫爾，無曰渾渾爾，猶存。譬猶昔游再到，記憶宛然。此不可忘，不可遺。善去識者，變識爲智。變識爲智之説，爾知之乎？曰：想如思鬼心慄，思盜心怖。曰：識如認黍爲稷，認玉爲石，皆浮游罔象，無所底止。譬覩奇物，生奇物想，生奇物識。此想此識，根不在我。譬如今日，今日而已，至於來日，想識〔一〕殊未可卜。及至來日，紛紛想〔二〕識，皆緣有生。曰想曰識，譬犀望月，月形入角，特因識生，始有月形，而彼真月，初不在角。胸中之天地萬物亦然。知此説者，外不見物，内不見情。

抱一子曰：天地萬物，古今萬事，在人胸中，如月形生於犀牛之角。彼犀不望月而想，則角無由而生月矣。月形既存于角中，則盡犀之形不可去也。以喻人之胸中，萬物萬事，忘不得、遣不得。如昔日曾游之景，再游則憶記宛然，皆識使然也。且如今日見某物某事，至於來日所見，殊未可卜。及乎來日，紛紛想識皆緣有生。若夫來日未至、事物未有之時，此想此識，根安在哉？然則今日想識皆妄想妄識，明矣。譬如無

〔一〕「識」，原作「試」，據諸校本改。
〔二〕「想」，原作「相」，據諸校本改。

鬼思鬼，無盜思盜，本妄想也，而能生慄生怖之妄情；認黍爲稷，認玉爲石，本妄認也，而能生真稷真石之妄識。然則覩奇物、見異事，何異夫妄情妄識耶？執而有之，即於心府，可謂不智矣。知乎此，則知變識爲智之説矣。變識爲智，則外不見物，内不見情。

關尹子曰：物生于土，終變於土；事生於意，終變於意。知夫惟意，則俄是之，俄非之，俄善之，俄惡之。意有變，心無變；意有覺，心無覺。惟一我心，則意者塵往來爾，事者欻起滅爾。吾心有〔一〕大常者存。

抱一子曰：識生於意，意生於心。善去識者，去其識之所生之母而已矣。譬如物生於土，則終變於土；識生於意，終變於意。事之是非善惡，雖以識分辨之，而莫不皆隨意變也。意在是非，則識隨而在是非；意在善惡，則識隨而在善惡。是則子隨母轉也。然意雖有變，心未嘗變；意雖有覺，心未嘗覺。知心無變無覺，則意如塵之往來，事如欻之起滅，皆不足以動吾心君。而我心惟一，蓋有大常者存焉耳。

關尹子曰：情生於心，心生於性。情，波也；心，流也；性，水也。來干我者，如石火

〔一〕「有」，原作「存」，據諸校本改。

頃。以性受之，則心不生，物浮浮然。

抱一子曰：後世言性者，皆曰「性生於心」，以心爲母、性爲子，謂如五常之性根於一心，皆未達夫真性之所以爲性。三教聖人發明性真，如出一口，而賢人膠之，此其所以未入聖域歟？孔子言「窮理而後盡性」，理者心也，與孟子言「盡其心者知其性，知其性則知天」意同。釋氏言「明心然後見性」，故直指人心，見性成佛；與今言「心生於性」，皆以性爲母、心爲子也。而尚恐學者未明，又以水喻之曰：「性，水也；心，流也；情，波也。」則本末次第歷然易辨矣。苟事物來干我，而以心應之，不亦勞乎？天下之事物無窮，吾心之精神有限，以有限對無窮，吾心殆矣。惟聖人以性受之，則心不生，而事物浮浮然，不能入吾之靈府矣。

關尹子曰：賢愚真僞，有識者，有不識者。彼雖有賢愚，彼雖有真僞，而謂之賢愚真僞者，繫我之識。知夫皆識所成，故雖真者亦僞之。

抱一子曰：人之賢者，可慕可重；愚者，不必慕不必重。事物之真者，易留意而難忘；事物之僞者，不甚著意而易忘。而謂彼賢愚真僞者，皆我之區識。苟知性識〔一〕，

〔一〕「皆我之區識。苟知性識」，劉希古刊本、守山閣叢書本作「皆識情使然也。苟知識情所使」。

則雖賢者亦愚之，雖真者亦僞之，則變識爲智而易忘矣。

關尹子曰：心感物，不生心，生情；物交心，不生物，生識。物尚非真，何況於識！識尚非真，何況於情！而彼妄人於至無中執以爲有，於至變中執以爲常。一情認之，積爲萬情；萬情認之，積爲萬物。物來無窮，我心有際。故我之良心受制於情，我之本情受制於物。可使之去，可使之來，而彼去來，初不在我，造化役之，固無休息。殊不知天地雖大，能役有形，而不能役無形；陰陽雖妙，能役有氣，而不能役無氣。心之所之，則氣從之；氣之所之，則形應之。猶如太虛，於一氣中變成萬物，而彼一氣不名太虛。我之一心能變爲氣爲形，而我之心無氣無形。知夫我之一心無氣無形，則天地陰陽不能役之。

抱一子曰：天地雖大，陰陽雖妙，能役有形氣者，不能役無形氣者。而我之一心，無形無氣，天地陰陽尚不能役，反受制於情，受役於物，何耶？於至無中執以爲有，於至變中執以爲常。因識生情，因情著物，物來無窮，造化無定，使去使來，不得自在。或者謂「我之一心能變爲氣爲形」，既爲氣矣，既爲形矣，役於五行，拘於陰陽，盛衰往來，初不在我，造化役之，安能自由哉？噫！如繪塑師，幻像鬼神，自生怖畏。殊不知我之一心本同太虛，太虛於一氣中變成萬物，而彼一氣不名太虛。昧者直以一氣名爲太虛，焉能逃天地陰陽之役哉？

關尹子曰：人之平日，目忽見非常之物者，皆精有所結而使之然；人之病日，目忽見非常之物者，皆心有所歉而使之然。苟知〔一〕吾心能於無中示有，則知吾心能於有中示無。但不信之，自然不神。或曰厥識既昏，孰能不信？我應之曰：「如捕蛇師，心不怖蛇。彼雖夢蛇，而無畏怖。」故黄帝曰：「道無鬼神，獨往獨來。」

抱一子曰：瞪目發勞，勞久精結，故忽見非常之物，與彼病目見空中花及第二月，無以異也。又有心有所慊，忽見冤尤之形，皆無中示有也。既見矣，孰能不信？如捕蛇之師，雖夢蛇不畏者，習慣如自然也。昔有人居山習定，而山精現怪異之形，變化百種，魔撓其人。其人閉目不視，曰：「汝之技倆有盡，我之不聞不見無窮。」山精退不復見。此即有中示無。惟不信之，自然不神也。若夫即吾心中可作萬物，而見嬰兒姹女、青龍白虎等物者，皆自我作之，有無在我，與忽見非常之物者異矣。然聖人覩此，猶且見如不見，何哉？黄帝不云乎：「道無鬼神，獨往獨來。」是也。

關尹子曰：我之思慮日變，有使之者，非我也，命也。苟知惟命，外不見我，內不見心。

抱一子曰：人之思慮日日不同，莫之致而致也，孰使之哉？命也。既曰命矣，則

〔一〕「知」，原作「之」，據諸校本改。

由我乎？不由我乎？使我命在天，則思慮不由我；若我命在我，則何思何慮？故外不見我，内不見心。

關尹子曰：譬如兩目，能見天地萬物，暫時回光，一時不見。

抱一子曰：此章當連前章爲一章。謂人有思慮，譬如兩目能見天地萬物。若能回光返照，則天地萬物一時不見。是則何庸思慮哉？但世人知此機者鮮矣。

關尹子曰：目視雕琢者，明愈傷；耳聞交響者，聰愈傷；心思玄妙者，心愈傷。

抱一子曰：此章亦與上章意連。謂目不能返照，而視雕琢者明愈傷；耳不能返聽，而聞交響者聰愈傷；心不能無念，而思玄妙者心愈傷。三章相續，其義始圓。

關尹子曰：勿以我心揆彼，當以彼心揆彼。知此説者，可以周事，可以行德，可以貫道，可以交人，一作立人。可以忘我。

抱一子曰：若以我心揆彼，則人之識見各各不同。人我既分，町畦斯判，安能周事哉？事且不周，況交人乎？況行德貫道乎？惟以彼心揆彼，此聖人無我之學也。如是，則何事不周，何人不交，何德不行，何道不貫哉！

關尹子曰：天下之理，小不制而至於大，大不制而至於不可制。故能制一情者，可以成德；能忘一情者，可以契道。

抱一子曰：學者但知防患於微，而不知制情於微。能制一情則可以成德，能忘一情則可以契道。是則德不難成，而道不難契也，特情之難制耳。一情雖微，苟不制而必至於大，大不制而至於不可制。其爲害豈勝言哉？天下之理，莫不皆然。〔一〕

文始經言外旨卷之五

〔一〕這一段注文，劉希古刊本、守山閣叢書本作「抱一子曰：天下之事，無不起於小而至於大。學者但知防患於微，而不知制情於微。能制一情，可以成德；能忘一情，可以契道。制一情者，謂情始萌即制伏之，使不至於爲惡，故可成德。忘一情者，情未萌也。情既未萌，則不待忘而忘之矣。情忘心空，故可契道也」。

文始經言外旨卷之六

抱一子陳顯微述

六匕篇匕者，食也；食者，形也。凡十六章。

關尹子曰：世之人以我思異彼思、彼思異我思分人、我者，殊不知夢中人亦我思異彼思、彼思異我思。孰爲我？孰爲人？世之人以我痛異彼痛、彼痛異我痛分人、我者，殊不知夢中人亦我痛異彼痛、彼痛異我痛。孰爲我？孰爲人？爪髮不痛，手足不思，亦我也，豈可以思痛異之！世之人以獨見者爲夢、同見者爲覺，殊不知精之所結，亦有一人獨見於晝者；神之所合，亦有兩人同夢於夜者。二者皆我精神，孰爲夢？孰爲覺？世之人以暫見爲夢、久見爲覺，殊不知暫之所見者，陰陽之氣；久之所見者，亦陰陽之氣。二者皆我陰陽，孰爲夢？孰爲覺？

抱一子曰：昔人有不識我而求我者，以色求之，不得；又以聲求之，不得；又於臭味覺意求之，俱不得。然後知我之爲我，視之不見，聽之不聞，摶之不得，而横執以爲我者，皆妄也，安識所謂真我哉！今夫世之人，以能思能痛者爲我，以不能思不能痛者爲非我，兩失之矣。能思能痛者果我乎？我本無意無念，思從何來？是則妄有緣塵，於中積聚狃習爲思，非我真有是思也。我本無相無體，痛從何起？是則妄有血氣，於中假合觸覺爲痛，非我真有是痛也。然則不能思不能痛者，果非我乎？爪髮不痛，手足不思，亦我也。夢中之天地萬物不思，夢中之人神鳥獸不痛，亦我也。豈可以人我異之？世之人以獨見暫見者爲夢，以同見久見者爲覺，亦兩失之矣。獨見暫見者果夢乎？我本無夢，蓋因陰因夜因寐與識相緣而有是夢也；我本無覺，蓋因陽因晝因寤與見相緣而有是覺也。然則同見久見者果非夢乎？神之所合，亦有兩人同夢於夜者；陰陽結習，亦有天地萬物久見於夢者。豈可以覺夢異之？人與我不異，覺與夢不殊。然後知徧虛空世界、天地人物，無一物非我之真，無一物是我之已而已矣。

關尹子曰：好仁者，多夢松柏桃李；好義者，多夢兵刀金鐵；好禮者，多夢簠簋籩豆；好智者，多夢江湖川澤；好信者，多夢山嶽原野。役於五行，未有不然者。然夢中或聞某事，或思某事，夢亦隨變，五行不可拘。聖人御物以心，攝心以性，則心同造化，五行亦不可拘。

抱一子曰：世人不能逃陰陽五行者，以心有所思而役於事物也。傳曰：「寇莫大於陰陽，無所逃於天地之間。」又曰：「五賊在心，施行於天。」是則五賊生於陰陽，而人之所思不著事即著物，事物不出於五行，所以爲五賊所役而不能逃也。是賊也，在陽則爲見，在陰則爲夢，在覺爲事，在夢爲物。如好仁者多夢松柏之類，皆役於五行。雖役於五行，而夢中忽聞別事，忽思他事，識見變遷，則夢亦隨變，五行亦不能拘。知夢中之五行不能拘，則若事若物皆可以御而役之，而不役於事物也。不役於事物，則陰陽五行烏能爲寇爲賊哉！聖人御事物不以思而以心，攝心不以念而以性，此其所以心同造化，而五行不可拘歟！

關尹子曰：汝見蛇首人身者，牛臂魚鱗者，鬼形禽翼者，汝勿怪。此怪不及夢，夢怪不及覺。有耳有目，有手有臂，怪尤矣。大言不能言，大智不能思。

抱一子曰：天不言，而日月運、四時行。天雖不言，而日月運、四時行，乃大言矣，聖人不思而得。聖人雖不思而能得，乃大智矣。今有人見夫未嘗見者，如蛇首人身之類，必以爲怪矣。不思夫形寢神息之時，忽有所夢，天地人物，從何而生？從何而見？世人習慣不以爲怪。細推詳研，吾之精神本自清明寧一，而化爲是夢，豈不甚可怪哉？知夢爲怪矣。今觀我之形，有耳有目，有手有臂，視聽動止，比之夢中所見一一有實，豈不尤可怪耶？況口之能言，心之能思，其爲怪有不可勝言者矣。或曰：「吾道與之貌，天與之形，雖具耳目手足，反爲思之不見其爲有也，如是則怪可去乎？」愚答曰：「道甚麽？」或者再舉前問，愚曰：「大言不能言，大智不能思。」或者呿然而退。

關尹子曰：有人問於我曰：「爾何〔一〕族何氏？何名何字？何衣何食？何友何僕？何琴何書？何古何今？」我時默然，不對一字。或人叩之不已，我不得已應之曰：「尚自不見我，將何爲我所？」

抱一子曰：人有真我，雖聖智未易自見也。人惟不能自見，故或以色求我，或以聲音求我，轉不可得而見矣。況問我以族氏、名字、衣食、友僕、琴書、古今哉？宜乎聖人默然不對。是不對也，乃所以深對也。或者不喻聖人之意，而叩之不已。夫叩之不已者，疑乎信乎？以爲信耶？彼之我即我之彼也，彼之彼即我之我也。彼彼不能相我，則我我不能喻彼矣。以爲疑耶？則我以不我對，而不對以我對；我以對非對，則以不對對。又何疑焉而叩之不已耶？聖人於是自其妄見而喻之，謂彼以見見我，不以不見見我，以見不見我見我之處，不以不見見我不見之所，乃應之曰：「尚自不見我，

〔一〕「何」，原無，據守山閣叢書本補。

將何爲我所？」噫！是亦〔一〕第二義矣。

關尹子曰：形可分可合，可延可隱。一夫一婦，可生二子，形可分；一夫一婦，二人成一子，形可合。食巨勝則壽，形可延；夜無月火，人不見我，形可隱。以一氣生萬物，猶棄髮可換，所以分形；以一氣合萬物，猶破唇可補，所以合形。以神存氣，以氣存形，所以延形；合形於神，合神於無，所以隱形。汝欲知之乎？汝欲爲之乎？

抱一子曰：學道有三品，上品者以神爲主，中品者以氣爲主，下品者以形爲主。以神存氣，以氣存形，所以延形；合形於神，合神於無，所以隱形。二者雖有徼妙之分，然皆以神爲主，上品也。以一氣生萬物，以一氣合萬物，如採祖氣、服元氣、閉胎息、襲氣母之類，皆以氣爲主，中品也。食巨勝則壽，無月火則隱，如服食金石草木，存意形中一處，皆以形物爲主，下品也。然三者之中，至清者神，至濁者形，半清半濁者氣。夫以至濁之形，猶可合可分，可延可隱，而況於氣乎？而況於神乎？學者欲知之、欲爲之，惟其志而已矣。

關尹子曰：無有一物不可見，則無一物非吾之見；無有一物不可聞，則無一物非吾之

〔一〕「亦」，原作「爾」，據諸校本改。

聞。五物可以養形，無一物非吾之形；五味可以養氣，無一物非吾之氣。是故吾之形氣，天地萬物。

抱一子曰：五物可以養形，五味可以養氣，則天地之間無一物非吾之形氣也。至於無一物非吾之見，無一物非吾之聞，則聞與見果何物耶？以爲形可聞見乎，則死屍胡不能聞見也？以爲氣可聞見乎，則吁呵胡不能聞見也？是則形氣之外別有物焉。爲之主張乎是，維持乎是，然則是物果安在哉？經不云乎：「恍恍忽忽，其中有物。窈窈冥冥，其中有精。」欲識是物，精神是也。然神無我也，即天地萬物之色以見吾神；精無人也，即天地萬物之聲以聞吾精。是故吾之形氣，天地萬物；吾之精神，萬物聲色。

關尹子曰：耕夫習牛則獷，獵夫習虎則勇，漁夫習水則沉，戰夫習馬則健，萬物可爲我。我之一身，內變蟯蛔，外烝蝨蚤，瘕則龜魚，瘻則鼠蟻，我可爲萬物。

抱一子曰：人之形本非我有，習於物則與物俱化，病於氣則與氣俱化。昔人有繪虎入神而化爲虎者，是習牛則獷之理也。昔人有患瘤，破之，其中皆蝨者，是則烝變蟯蛔之類也。習則與物俱化，病則與氣俱化。而世人執有其身，妄認爲己有者，又豈悟夫天地之委形哉？

關尹子曰：我之爲我，如灰中金，而不若鑛砂之金。破鑛得金，淘砂得金。揚灰終身，無得金者。

抱一子曰：不知我無我而盡智求我者，如揚灰求金，終身不可得也。知無我而不求我，則如金藏於鑛砂、玉蘊於石樸。昔人以喻水中鹹味、色裏膠清〔一〕，畢竟是有不見其形，可謂善喻矣。

關尹子曰：一蜂至微，亦能游觀乎天地；一蝦至微，亦能放肆乎大海。

抱一子曰：蠢動含靈，皆具是心，皆具是道。昔人謂焦冥蟲向蚊蟲眉睫上建立世界，蓋以形觀之則有巨細之分，以心論之則無小大之辨。故一蜂可游觀天地，一蝦可放肆大海，豈可以其形微而輕賤之哉？

關尹子曰：土偶之成也，有貴有賤，有士有女，其質土、其壞土者，人哉！

抱一子曰：人之遇人，有男女貴賤之相，而起愛惡尊卑之念者，分別於識而不照於智也。今遇土偶之人，亦有男女貴賤之相，而不起愛惡尊卑之念者，知其質爲土，而有僞之之智也。故前章有言曰：「知夫皆識所成，故雖真者亦僞之。」此變識爲智之妙

〔一〕「清」，劉希古刊本、守山閣叢書本作「青」。

用也。

關尹子曰：目自觀，目無色；耳自聽，耳無聲；舌自嘗，舌無味；心自揆，心無物。衆人逐於外，賢人執於内，聖人皆僞之。

抱一子曰：目逐於色，耳逐於聲，舌逐於味，心逐於物者，衆人也；目内視自觀，耳返聽自聽，舌收津自嘗，心攝念自揆者，賢人也。逐於外者固非，執於内者亦妄。先達有詩云：「雖然放下外塵勞，内又縈心兩何異？」是以聖人皆僞之。

關尹子曰：我身五行之氣，而五行之氣，其性一物。借如一所，可以取火，可以取水，可以生木，可以凝金，可以變土，其性含攝，元無差殊。故羽蟲盛者，毛蟲不育；毛蟲盛者，鱗蟲不育。知五行互用者，可以忘我。

抱一子曰：天地之間鳥獸蟲魚，莫不皆具五行之性〔一〕。比之人則有偏盛之稟耳，偏於火者爲羽，偏於金者爲毛，偏於水者爲鱗，朱雀在南、白虎在西之類是也。偏盛於此，則不育於彼。是知人與萬物各具五行，而五行之氣輪環互用，迴視我身，皆五

〔一〕「天地之間鳥獸蟲魚，莫不皆具五行之性」，劉希古刊本、守山閣叢書本作「人一身之中，具五行之炁。所主所應，岐之則五。其互相含攝，元一性也。如金鎔之得水、擊之得火，木絞之得水、鑽之得火是也。至於鳥獸蟲魚，莫不皆然」。

行之氣假合而成。而昧者執有此身，豈不惑哉！知此説者，可以忘我。

關尹子曰〔一〕：枯龜無我，能見大知；磁石無我，能見大力；鐘鼓無我，能見大音；舟車無我，能見遠行。故我一身雖有智〔二〕有力，有行有音，未嘗有我。

抱一子曰：枯龜磁石，鐘鼓舟車，皆物也，焉能有爲乎？所以見大知、大力、大音、大行者，物感之故也。人於事物未形之時，無思無爲，寂然何有？一旦〔三〕物感而動，事激而發，則智力音行見矣。智力音行雖見，乃事物也。於我何有哉？故曰「未嘗有我」。

關尹子曰〔四〕：蜮射影能斃我，知夫無知者亦我，則溥天之下，我無不在。

抱一子曰：通天地之間〔五〕一氣爾，豈有無、虚實能間之哉？世人執六尺之軀，以癢疴覺觸者爲我之有，以無知無覺者爲非我之有。且爪與髮我之實有也，何割之而不

〔一〕此段經文與注文，原無，據劉希古刊本補。
〔二〕「智」，道書全集本、蔣時馨刊本、宛委别藏本作「知」。下二「智」同。
〔三〕「一旦」，道書全集本、蔣時馨刊本、宛委别藏本作「倏爾」。
〔四〕此段經文與注文，原無，據劉希古刊本補。
〔五〕「天地之間」，宛委别藏本作「天下」。

痛？影非我之實有也，何蛾射而能斃我？世人〔一〕見之於著，不見之於微。知乎此，則知「無知者亦我」也。故曰：「溥天之下，我無不在。」

關尹子曰：心憶者猶忘飢，心忿者猶忘寒，心養者猶忘病，心激者猶忘痛。苟吸氣以養其和，孰能飢之？存神以滋其暖，孰能寒之？養五藏以五行，則無傷也，孰能病之？歸五藏於五行，則無知也，孰能痛之？

抱一子曰：人之飢寒病痛，皆出於妄心。若夫心憶猶能忘飢之類，是則以妄止妄之説也。苟知夫我之妄心皆出於五行，而以五行勝之，則妄心可以消釋矣。故吸氣以養和則可以忘飢，存神以滋暖可以忘寒，是則以金實土、以火勝水之術也。養五藏以五行可以愈病，是則生剋補瀉之法也。歸五藏於五行可以忘痛，是則形氣無我之道也。若夫不吸氣而飽，不存神而暖，不養五藏以愈病，不歸五行以忘痛，非天下至精至通之士，其孰能與於此？

關尹子曰：人無以無知無爲者爲無我，雖有知有爲，不害其爲無我。譬如火也，躁動不停，未嘗有我。

〔一〕「世人」，宛委別藏本作「是則」。

抱一子曰：此篇逐章言形食而論無我之説詳矣。聖人又慮學者執無我如木石，故於卒章重發明無我之妙用，以爲譬如火也，雖躁動不停，未嘗有我。若人達此妙用，雖終日言行施爲，不害其爲無我〔一〕。噫！莊子所謂深知無心者矣。

文始經言外旨卷之六

〔一〕「我」，原無，據劉希古刊本、守山閣叢書本補。

文始經言外旨卷之七

抱一子陳顯微述

七釜篇

釜者〔一〕，化也。凡十〔二〕三章。

關尹子曰：道本至無，以事歸道者，得之一息；事本至有，以道運事者，周之百爲。得道之尊者，可以輔世；得道之獨者，可以立我。知道非時之所能拘者，能以一日爲百年，能以百年爲一日；知道非方之所能礙者，能以一里爲百里，能以百里爲一里。知道無氣能運有氣者，可以召風雨；知道無形能變有形者，可以易鳥獸。得道之清者，物莫能累，身輕矣，可以騎鳳鶴；得道之渾者，物莫能溺，身冥矣，可以席蛟鯨。有即無，無即有，知此道者，可以制鬼神；實即虛，虛即實，知此道者，可以入金石；上即下，下即上，知此道者，可

〔一〕「者」，原無，據劉希古刊本、蔣時馨刊本、守山閣叢書本補。
〔二〕「十」，原無，據劉希古刊本、蔣時馨刊本、守山閣叢書本補。

以待星辰；古即今，今即古，知此道者，可以卜龜筮。人即我，我即人，知此道者，可以窺他人之肺肝；物即我，我即物，知此道者，可以成腹中之龍虎。知象由心變，以此觀心，可以成女嬰；知氣由心生，以此吸神，可以成鑪冶。以此勝物，虎豹可伏；以此同物，水火可入。惟有道之士能爲之，亦能能之而不爲之。

抱一子曰：易曰：「知變化之道者，其知神之所爲乎！」孟子曰：「聖而不可知之謂神。」今天下之學者，去聖逾遠，望道而未之見，覬其庶幾聖人者，絶代無聞焉，而況不可知之神。故言神者，例以孔子不語怪力亂神絶之，故知道之士絶口不言。至於生死之説，亦祕而不傳矣。且孔子果不言神乎？果不言生死乎？如曰「知死生之説」，如曰「陰陽不測之謂神」「鼓之舞之以盡神」，皆孔子之言也。今聖人於七釜一篇備言變化之道。蓋釜者，資水火以變物之器也。後世學者觀之，不驚其言者鮮矣，或者指爲異端僞書，宜哉莊子有言曰：「瞽者無以與乎文章之觀，聾者無以與乎鐘鼓之聲。豈唯形骸有聾瞽哉？夫知亦有之。」其是之謂歟？易不云乎：「天下之動，真夫一者也。」即以事歸道者，得之一息之理也；以道運事者，周之百爲，即能成天下之務，一致而百慮也。得道之尊獨者，可以輔世立我，即輔相天地之宜，聖人之大寶曰位也。道非時之所能拘，非方之所能礙，即通乎晝夜之道而知，不疾而速、不行而至之謂也。可以召風雨，侍星辰，則風以散之，雨以潤之，可謂祐神之謂也。可以易鳥獸，騎鳳鶴，席蛟鯨，制鬼神，則精氣爲物，游魂爲變，知鬼神之情狀之謂也。可以入金石，即兑爲金，艮爲石，山澤通氣，然後能變化成萬物之謂也。可以卜龜筮，即卜筮尚占，受命如響之謂也。學者能知乾坤一闔一闢謂之變，則知坎離交遇、水火相射、山澤通氣、雷風相薄〔一〕之機，然後知我之震兑即他人之肺肝，能入震兑之神，則可以窺他人之肺肝矣。我之魂魄即龍虎之精英，能凝魂魄之氣，則可以化腹中之龍虎矣。坎之中有嬰兒，離之中有姹女，能取坎中之實，以點離中之虚，則女嬰相見，各現其形。是道也，因運神火照入坎中，驅逐陰中之陽，飛騰而上，至神火本位，遇陽中之陰，擒制交結，如金烏搦兔，磁石吸針，二氣紐結而生變化，或現女嬰之像，或呈龍虎之形，變化萬端，飛走不定，往來騰躍，不出鼎鑪。當是時，則當鼓動巽風，助吾離火，猛烹極煅，鍊成真丹，凝成至寶道也。其中有觀心吸神二用，皆助火候之力者。釋氏之觀法觀心，似是而非；方士之服氣嚥津，棄本逐末。安識運神火以觀真心、鼓巽風以吸真神之妙用哉！丹成之後，自然可以伏虎豹，可以入水火。是皆性命之祕，間有形於易書者。易不云乎：「非

〔一〕「薄」，劉希古刊本、守山閣叢書本作「搏」。

天下至神至精、至變至通，其孰能與於此？」苟非其人，道不虛行，故曰「惟有道之士能爲之」。聖人欲顯諸仁、藏諸用，以盡内聖外王之道，故曰「亦能能之而不爲之」。

關尹子曰：人之力，有可以奪天地造化者，如冬起雷、夏造冰，死屍能行、枯木能華，豆中攝鬼、杯中釣魚，畫門可開、土鬼可語，皆純氣所爲，故能化萬物。今之情情不停，亦氣所爲，而氣之爲物，有合有散，我之所以行氣者，本未嘗合，亦未嘗散。有合者生，有散者死，彼未嘗合、未嘗散者，無生無死，客有去來，郵常自若。

抱一子曰：列子問：「至人潛行不窒，蹈火不熱，行乎萬物之上而不慄，何以至此？」關尹答曰：「是純氣之守也，非智巧果敢之列。」夫人拘於形，則不能變化。若夫鍊形爲氣，使形盡化氣，則聚成形而散爲氣矣，故能化萬物。今觀雲之變化，則知氣之變化也。且蜃之爲物，不靈於人，而猶積氣之久，可以化樓閣人物以爲海市。至於鷹化爲鳩，豹變爲虎，蜣化爲蟬，魚化爲龍，鳥獸蟲魚尚能奪天地之造化，人反不若。何耶？以六欲七情内賊其天真，五行六塵外鑠其神氣。雖間有知道者，能制精葆神，鍊形化氣，而作輟不常，十寒一曝，求其純乎化氣，雖億兆人中而求一人不可得矣。是道也，賢愚貴賤皆可爲之。其道不遠，今之情情不停，皆此物也，蓋有非此物者存乎其中。學者知乎此，則知吾之所以行氣者。知所以行氣，則知所以鍊氣。知所以鍊氣，則知所以化氣成醇矣。是實也，不隨氣合，不隨氣散，不逐形生，不逐形死，故曰「客有去來，郵常自若」。

關尹子曰：有誦呪者，有事神者，有墨字者，有變指者，皆可以役神御氣，變化萬物。惟不誠之人，難以〔一〕自信，而易於信物，故假此爲之。苟知爲誠，有不待彼而然者。

抱一子曰：誠者，可以動天地，感鬼神。故或誦呪事神，或墨字變指，皆可役神御氣，變化萬物。不誠之人，不自信其虛，而易於信外物。故聖人假此變化，以啓其信心，使其苟知其爲誠，則不待彼爲之，而自能爲之矣。〔二〕

關尹子曰：人一呼一吸，日行四十萬里，化可謂速矣。惟聖人不存不變。

抱一子曰：天地之大，不可以程度計。今云「一呼一吸，日行四十萬里」，則人一晝一夜，凡一萬三千五百息，日行五十四億里，爲一周天。昔人以表影長短驗日之行

〔一〕「以」，劉希古刊本、守山閣叢書本作「於」。

〔二〕這一段注文，劉希古刊本、守山閣叢書本作「抱一子曰：人之精神何所不至哉！惟昧者不自知爾。世有誦呪、事神、墨字、變指之類，人以爲神靈。蓋信於物而不自信也。殊不知彼之神者、靈者，皆我之至精至誠，役之御之而能靈也。化書云：『神猶母也，氣猶子也。以神召氣，如母召子，孰敢不至？』此亦神御氣之道也。苟知爲我之精誠，豈區區信於物也哉」。

度遠近，亦以世之尋文爲準，既可以尋文計，則可以步里計矣。愚妄以謂日行四十萬里，豈得無奇？是蓋總其大數耳。若果有奇，則恐滿五千五億里之數，則與易之天地之數五十有五合矣。日月五星，離合順逆，聖人皆能測而爲曆，而昧者莫不見、莫能知也。故陰符經曰「天下莫不見，莫能知者」是也。夫速莫速於大化，昔人謂揭天地以趨新，負山嶽以捨故，造化無斯須不移也，萬物無暫忽不變也。山川日更矣，而世人以爲如昨；時世日新矣，而世人以爲如故。今交一臂而失之者，皆在冥中去矣。故向者之我，非復今我；今日之我，非復故吾矣。是則我與今俱往矣。而昧者不知，横謂今日所遇可係而存，安知一息之頃，而大化已行四十萬里哉？惟聖人不逆化而存，亦不順化而變，故曰「不存不變」。億者，謂萬萬爲億。

關尹子曰：青鸞子千歲而千歲化，桃子五仕而心五化。聖人賓事去物，豈不欲建立於世哉？有形數者，懼化之不可知也。

抱一子曰：有形有數者必化，在聖人不欲苟免也。何則？既謂之形，必有數焉，非我所有也，天地之委蛻也。天地且不能停化，而形豈能違化哉？雖然，聖人假衆物以游世，對五行以寓形。應萬事不敢爲天下先，故不爲主而爲賓也；御萬物而不爲萬物所役，故立於獨而無待也。爲賓則如寄，謂來去自如耳；無待則無耦，謂存亡不二耳。如是，則若形若數豈能拘哉？而聖人猶不欲久立於世者，視[一]此形軀爲吾大患，懼化之不可知也。青鸞子，古之得道之士也，住世千歲而千歲化，即此意也。若夫桃子五仕而心五化者，如孔子行年六十而六十化，曾子再仕而心再化意同。

關尹子曰：萬物變遷，雖互隱見，氣一而已。惟聖人知一而不化。

抱一子曰：此章意連上章。謂有形之物雖互隱見，而一氣在天地間未嘗化也。一氣猶且不化，況吾之非氣者哉！何謂非氣？氣之所自生者，前篇已詳述之矣。聖人此章明吾之靈真若寓於形，則雖千年亦化，寓於氣則一而不化也。

關尹子曰：爪之生，髮之長，榮衛之行，無頃刻止。衆人能見之于著，不能見之於微。聖人任化，所以無化。

抱一子曰：衆人徒見天地日月化行之速，此著而易見者也，而不知吾之榮衛，晝夜之間，行陰二十五度，行陽二十五度，凡一萬三千[二]五百息，脉絡之循環運轉，無頃刻止。故爪之生，髮之長，無暫忽停。此微而難見者也，孰能逃之哉？惟聖人不存不

[一]「視」，原作「示」，據劉希古刊本、守山閣叢書本改。
[二]「千」，原作「十」，據諸校本改。

變，任彼自化，所以無化。

關尹子曰：室中有常見聞矣。既而之門、之鄰〔一〕、之里、之黨，既而之郊、之山、之川，見聞各異，好惡隨之，和競從之，得失成之。是以聖人動止有戒。

抱一子曰：聖人之聞見，未嘗異於衆人。衆人之聞見，隨處變異而生好惡、和競、得失之心。使聖人異於衆人，而隨處不生好惡、和競、得失之心，則有心矣、有我矣。此賢人不動心之學，望聖人而未至者也。若夫聖人，則出門同人，隨人好惡，從人和競，成人得失，如老子之「人號亦號、人笑亦笑」，孔子之「耳順縱心」，列子「從師三年，心不敢念是非，口不敢言利害；從師五年，心更念是非，口更言利害」。此皆聖人不異衆人，衆人不異聖人之説也。何嘗以聞見自異哉？聖人之所謹者，不妄出户庭而無咎，不妄同人于莽而弗克攻，不妄同人于郊而志未得，危邦不入，亂邦不居，特以動止爲戒而已矣。

關尹子曰：譬如大海，能變化億萬蛟魚，水一而已。我之與物，蓊然蔚然，在大化中，性一而已。知夫性一者，無人無我，無死無生。

〔一〕「鄰」，原無，據劉希古刊本、守山閣叢書本補。

抱一子曰：昔人有言曰：「魚龍不知水爲命，猶人在空中不識空。」我之與物，林然在大化之中，性一而已。猶蛟魚生於大海之中，水一而已。知大海爲一水，則蛟魚相忘矣；知太虛惟一性，則人我相忘矣。何者爲死，何者爲生？

關尹子曰：天下之理，是或化爲非，非或化爲是；恩或化爲讎，讎或化爲恩。是以聖人居常慮變。

抱一子曰：天下無有不變之事，亦無有不變之理。聖狂之相去，奚啻天淵？生死之不齊，奚啻冰炭？而聖罔念則化作狂，狂克念則化作聖；而生極則化爲殺，殺極則化爲生。而況是非恩讎之間，疑似反復，豈不易變哉？昧者執其自是，如山之不可移；恃其有恩，如海之流不竭。未幾，是化爲非，恩化爲讎。而前日自是之我山，俄化而爲衆非之海；恃恩之人海，俄化而爲積怨之山。如高岸爲谷，深谷爲陵，不期變而變也。吁，可畏哉！惟聖人不執是，不辨非；不恃恩，不念讎；平我山，夷人海；居天下之常，慮事物之變；未嘗先人，而嘗隨人，其要無咎而已矣。

關尹子曰：人之少也，當佩乎父兄之教；人之壯也，當達乎朋友之箴；人之老也，當警乎少壯之說。萬化雖移，不能厄我。

抱一子曰：人之處世，未免有立身行己、應事接物之爲。苟有我而自用，則一動之頃，吉凶悔吝隨之。惟有一吉之利，而凶悔吝三者厄我矣。惟聖人捨己從人，當少時即佩父母之教；及其壯也，達乎朋友之箴；至於老也，警其少壯之說。是則自少至老，未嘗有我，萬化雖移，安能厄我哉？

關尹子曰：天下之理，輕者易化，重者難化。譬如風雲，須臾變滅；金玉之性，歷久不渝。人之輕明者，能與造化俱化而不留，殆有未嘗化者存。

抱一子曰：輕者，人之魂也；明者，人之神也。魂爲木，所以輕也；神爲火，所以明也。日出於卯而魂旺，日中於午而神旺，日晡於申而魂絶，日没於亥而神絶。是則一日之間，而吾之魂神與造化俱化而不留矣。惟精與魄重而且暗，可以歷久，故能胎魂胎神，至於來日，輕明魂神復自精魄，因明因竊，而復生復旺矣。是則輕而明者，假重而暗者爲之母也。使魂神絶於申亥之間，而精魄壞而不存，則來日之魂神無自而生矣。知道之士知乎此，故鍊精鍊魄，爲金爲玉，使歷久不渝，則吾之魂神可以永久乘負，得其所託而生長矣。參同契曰：「吉人相乘負，安穩可長生。」是則鍊精魄爲金玉，則吾身爲大吉之身，而乘負吾之魂神矣。所以太乙火符修鍊金丹，只鍊〔一〕二物者，鍊

〔一〕「鍊」，原作「念」，據劉希古刊本、守山閣叢書本改。

精與魄也，并土爲三物耳。參同契謂「其三遂不入，火二與之俱」者，木三之魂，與火二之神，不須鍛鍊，不入鑪鼎，而在鑪鼎之外。周天運火者，乃神與魂也，魂三神二合之成五，所以能周天運火而不昧。精水之一與魄金之四亦合之成五，所以能化金液以成丹。如是四物俱能成五者，實假中宫土五以成變化。張悟真謂「只緣彼此懷真土，遂使金丹有返還」者，此也。又曰：「東三南二同成五，北一西方四共之。戊己自居本生位，三家相見結嬰兒。」知此理，然後知吾身殆有未嘗化者存。

關尹子曰：一幼相好，及其壯也，相遇則不相識；一壯相好，及其老也，相遇則不相識。如雀蛤〔一〕鷹鳩之化，無昔無今。

抱一子曰：人之形體，亦天地間一物耳，無頃刻不與造物俱化者也。幼時顏貌，至壯則異；壯時顏貌，至老則殊。如雀蛤鷹鳩，隨四時陰陽之氣變化形體，不得自如也，安有今昔之同哉？然則吾之形容，與今俱往矣，與物俱化矣，可不覺乎？

文始經言外旨卷之七

〔一〕「蛤」，劉希古刊本、守山閣叢書本作「鴿」。

文始經言外旨卷之八

抱一子陳顯微述

八籌篇 籌者，物也。凡六章。

關尹子曰：古之善揲蓍灼龜者，能於今中示古，古中示今；高中示下，下中示高；小中示大，大中示小；一中示多，多中示一；人中示物，物中示人；我中示彼，彼中示我。是道也，其來無今，其往無古；其高無蓋，其低無載；其大無外，其小無内；其外無物，其内無人；其近無我，其遠無彼。不可析，不可合，不可喻，不可思，惟其混淪，所以爲道。

抱一子曰：易曰：「探賾索隱，鉤深致遠，成天下之亹亹者，莫大乎蓍龜。」如是，則蓍之與龜可以喻道矣。是物也，本枯莖朽骨耳，靈從何來？聖從何起？今焉能於今中卜古，古中卜今？是則其來無今，其往無古，而彰往察來也。能於高中示下，下中示高，是則其高無蓋，其低無載，而上下無常也。能小中示大，大中示小，是則其大無外，其小無内，而齊小大也。能一中示多，多中示一，是則錯綜其數，而一致百慮也。能人中示物，物中示人，是則其外無物，其内無人，而無有遠近幽深，遂知來物也。能我中示彼，彼中示我，是則其近無我，其遠無彼，而以言乎遠則不禦，以言乎邇則静而正也。然則枯莖朽骨，何其神哉！是神也，存乎枯莖朽骨之中，而不可析，不可合，不可喻，不可思。如〔一〕妙道之存乎人之血肉形體之中，而不可析合、不可喻思也。易不云乎：「蓍之德圓而神。」惟其混淪，所以爲道。

關尹子曰：水潛，故蘊爲五精；火飛，故達爲五臭；木茂，故華爲五色；金堅，故實爲五聲；土和，故滋爲五味。其常五，其變不可計；其物五，其雜不可計。然則萬物在天地間，不可執謂之萬，不可執謂之五，不可執謂之一；不可執謂之非萬，不可執謂之非五，不可執謂之非一。或合之，或離之，以此必形，以此必數，以此必氣，徒自勞耳。物不知我，我不知物。

抱一子曰：五行之在天地間，其常五，其變不可勝計；其物五，其雜不可勝計。總其綱領，則水蘊爲五精，火達爲五臭，木華爲五色，金實爲五聲，土滋爲五味。然萬物在天地間不可勝計，皆自五行錯雜而生。或合之，或離之，不可執謂之五，不可執謂之萬，不可執謂之一，又不可執謂之非五、非萬、非一。若分别某物，必某數，必某氣，

〔一〕「如」，原作「知」，據諸校本改。

徒自勞耳，故曰「物不知我，我不知物」。

關尹子曰：即吾心中，可作萬物。蓋心有所之則愛從之，愛從之則精從之。蓋心有所結，先凝爲水，心慕物涎出，心悲物淚出，心愧物汗出。無暫而不久，無久而不變。水生木，木生火，火生土，土生金，金生水，相攻相剋，不可勝數。嬰兒蕊女，寶〔一〕樓絳宮，青蛟白虎，寶鼎洪鑪，皆此物，有非此物存者。

抱一子曰：陰符經曰：「天有五賊，見之者昌。五賊在心，施行於天。宇宙在乎手，萬化生乎身。」然則五行之妙用，靈哉神哉，人患不知其機耳。知其機而制之，則五賊皆爲吾用。而嬰兒蕊女，寶樓絳宮，青蛟白虎，寶鼎洪鑪，皆見其形而不能隱，故曰「見之者昌」。見之者，見吾身之精神魂魄，凝於神水，結而成象，現於黄庭之中也。是物也，猶在腎感愛而爲精，在目感悲而爲淚，在鼻感風爲涕，在身愧物爲汗，一同是皆出於心有所之而神水隨應也。如幼年所見景物，至壯至老，猶能夢見，終身不忘者，印入於心，凝結神水，無暫而不久，無久而不變也。但心有所之，與心無所之不同耳。若夫擒制五賊，鍛鍊五行，惟一心不動，神水自凝，然後五賊見形，千變萬化矣。是道也，

〔一〕「寶」，守山閣叢書本作「金」。

雖皆此五行之物所化而成，然自有非此五行之物者存乎其中，而爲之主宰耳。

關尹子曰：鳥獸俄呦呦，俄旬旬，俄逃逃；草木俄茁茁，俄亭亭，俄蕭蕭。天地不能留，聖人不能繫，有運者存焉耳。有之在彼，無之在此，鼓不桴則不鳴；偶之在彼，奇之在此，桴不手則不擊。

抱一子曰：聖人觀化，所以無化，化之運於形氣之間也。天地不能留，聖哲不能繫。夫鳥獸呦呦而鳴、旬旬而來、逃逃而去，與夫草木茁茁而芽、亭亭而茂、蕭蕭而枯，皆俄然爾，化可謂速矣。然聖人所以無化者，如鼓不桴則不鳴，有在彼、無在我也；桴不手則不擊，偶在彼、奇在我也。前篇曰「手不觸刃，刃不傷人」，與此同旨。

關尹子曰：均一物也，衆人惑其名，見物不見道；賢人析其理，見道不見物；聖人合其天，不見道，不見物，一道皆道。不執之即道，執之即物。

抱一子曰：萬物盈天地間，各具一名，各具一理，見其名而不見其道者，爲物所格，衆人也；析其理而不見其物者，能格於物，賢人也；聖人則不然，不見所謂道，不見所謂物，合其天而已矣。若夫指一物謂之道，則物物皆道也〔一〕。惟不執之謂之道，

〔一〕「則物物皆道也」，劉希古刊本、守山閣叢書本作「則餘物非道也」。

則即道也；若執之以爲道，即物矣。

關尹子曰：知物之僞者，不必去物。譬如見土牛木馬，雖情存牛馬之名，而心忘牛馬之實。

抱一子曰：物之真僞生於識。聖人遇物，真者亦僞之，去識也。真者且僞之，則舉天下之物皆僞矣。知天下之物皆僞，則何必去物哉？如見土木偶形，雖有某物之名，而心忘某物之實。學道之士，當對景之時，能如是乎？

文始經言外旨卷之八

文始經言外旨卷之九

抱一子陳顯微述

九藥篇藥者，雜治也。凡三十一章。

關尹子曰：勿輕小事，小隙沉舟；勿輕小物，小蟲毒身；勿輕小人，小人賊國。能周小事，然後能成大事；能積小物，然後能成大物；能善小人，然後能契大人。天既無可必者人，人又無能必者事。惟去事離人，則我在我，惟可即可。未有當繁簡可，當戒忍可，當勤惰可。勤惰，一作動静。

抱一子曰：此一篇皆藥石之言，所以謂之「雜治」也。蓋人之處世，未能去事離人，則應事接物之際，一動一止，有吉凶悔吝存焉。聖人欲人避凶就吉，免悔吝之虞，故垂藥石之訓，使人服膺而對治之。非大聖大智，其孰能如是哉？且夫天既無可必者人，人又無能必者事，其敢輕小人、輕小物、輕小事哉！孔子曰：「人心險於山川，難於知天。」天猶有春秋冬夏旦暮之期，人者厚貌深情，其就義若渴者，其去義若熱，豈可測哉？世之輕小人、易小物、忽小事，而至於敗國亡家、喪身失命者多矣，故聖人謂「能善小人，然後能契大人；能積小物，然後能成大物；能周小事，然後能成大事」。無非自小以至大，自微以至著，而不敢以其小人、小物、小事而輕忽之也。聖人之待小者且加之謹，況其大者乎？天下之理，未有當繁之事以簡能了者，亦未有當戒之事可以强忍爲之者，亦未有當勤之事可以慵惰成之者。故聖人於世，惟可則可，惟不可則不可，故於事無可無不可，初何固必哉？是知聖人雖日應事物，而不著事、不著物，而我在我矣。

關尹子曰：智之極者，知智果不足以周物，故愚；辯之極者，知辯果不足以喻物，故訥；勇之極者，知勇果不足以勝物，故怯。

抱一子曰：天下之理，争之則不足，遜之則有〔一〕餘。聖人之大智若愚、大辯若訥、大勇若怯者，豈姑爲是僞行哉？蓋知夫智果不足以周物，故愚；辯果不足以喻物，故訥；勇果不足以勝物，故怯耳。傳曰：「其愚不可及，則智不如愚。」十語〔二〕九中，不

〔一〕「有」，原作「不」，據劉希古刊本、守山閣叢書本改。
〔二〕「語」，原作「信」，據劉希古刊本、守山閣叢書本改。

如一默，則辯不如訥；柔能制剛，弱能勝强，則勇不如怯。

關尹子曰：天地萬物，無有一物是吾之物。物非我物，不得不應；我非我我，不得不養。雖應物，未嘗有物；雖養我，未嘗有我。勿曰外物，然後外我；勿曰外形，然後外心。道一而已，不可序進。

抱一子曰：善應物者無物，善養我者無我。有物則不能應物，有我則不能養我。何則？物非我物，我非我我，纔外物便是外我，纔外我便是外心。若作内觀其心，外觀其形，遠觀其物，則分心、我、物爲三，未免序進也。道一而已，直下便見，不勞分别，一空總空，何必序進哉！

關尹子曰：諦毫末者，不見天地之大；審小音者，不聞雷霆之聲。見大者亦不見小，見邇者亦不見遠；聞大者亦不聞小，聞邇者亦不聞遠。聖人無所見，故能無不見；無所聞，故能無不聞。

抱一子曰：人有所見，則有所不見；有所聞，則有所不聞。非神有所限而精有所量也，用吾精神不得其道耳。殊不知凡天地萬物之妙者，皆吾之神；凡天地萬物之有者，皆吾之精。夫如是，則聖人無所見，乃能無所不見；無所聞，乃能無所不聞。學者知之乎？

關尹子曰：目之所見，不知其幾何，或愛金，或愛玉，是執一色爲目也。耳之所聞，不知其幾何，或愛鍾，或愛鼓〔一〕，是執一聲爲耳也。惟聖人不慕之，不拒之，不處之。

抱一子曰：是章又釋前章之旨，聖人慮學者不知無所見、無所聞爲大也，姑以所見、所聞喻之。如目之所見，不知其幾何色，而視某〔二〕物者，執某色以拘其見；耳之所聞，不知其幾何聲，而聽某響者，執其聲以拘其聞。惟聖人則不慕彼之聲色，亦不拒彼之形響。惟不處吾之見聞，則吾之見聞大矣。

關尹子曰：善今者可以行古，善末者可以立本。

抱一子曰：學者欲行古道，必善今俗；欲反本源，須知末務。苟生於今之世而違今之俗，則害生矣；只知有本源而不知有末務，則難立矣。故聖人和光同塵以善今，泛應曲當以善末者，乃所以爲行古道、立本源之地也歟？

關尹子曰：狡勝賊，能捕賊；勇勝虎，能捕虎。能克己，乃能成己；能勝物，乃能利物；能忘道，乃能有道。

抱一子曰：賊以狡勝，虎以勇勝，固矣。然則己以何克哉？己者，我身也；克者，能

〔一〕「鼓」下原有「者」字，據劉希古刊本、守山閣叢書本改。
〔二〕「某」，原作「其」，據守山閣叢書本改。

勝也。知我身本何物，則知所以克之之道矣。學者當觀我本無己，因七情六欲緣合而生。欲克我身，先克情欲。前章不云乎：「能制一情者，可以成德；能忘一情者，可以契道。」此聖人成己之學也。既能成己矣，然後能利物。苟有一物存乎吾前，則爲物勝矣，焉能利物哉？既能成己，又能利物，可以造道矣。然則道可忘乎？道未能忘，焉能有道？

關尹子曰：函堅則物必毁之，剛則折矣；刀利則物必摧之，鋭則挫矣。威鳳以難見爲神，是以聖人以深爲根；走麝以遺香不捕，是以聖人以約爲紀。

抱一子曰：堅則毁矣，鋭則挫矣，以深爲根，以約爲紀，皆老子之言也。關尹子復以函刀鳳麝以發明老子之旨，使學者盡守柔取虚、韜光無藏之理，以曲全免咎而已，豈非藥石之言乎？

關尹子曰：瓶有二竅，水實之，倒瀉閉一，則水不下，蓋不升則不降；井雖千仞，汲之水上，蓋不降則不升。是以聖人不先物。

抱一子曰：聖人不敢爲天下先者，乃所以爲天地萬物之先也，何則？天下之理，不升則不降，不後則不先，不下則不高。故老子「爲天下谿，爲天下谷」，皆此意也。以管取水，按上竅則水下留；以瓶吸水，中置火則水逆上，皆不升則不降之理，與閉竅、汲井同一理。然則可升可降者，水也；所以閉之、汲之、火之、按之者，人也；人之所

以能使水之升降留逆者，氣也。雖然，天道好還，持而盈之，不如其已，況敢先物乎？是尤聖人所大戒也。〔一〕

關尹子曰：人之有失，雖已受害於已失之後，久之，竊議於未失之前。惟其不恃己聰明，而兼人之聰明，自然無我，而兼天下之我，終身行之，可以不失。

抱一子曰：使睿智聰明如虞舜，猶不自恃其聰明而捨己從人，況餘人乎？殊不知不恃己聰明而兼人之聰明易，而能察人之情僞而擇其爲交際難。噫！知人知言之説，堯、舜其猶病諸？〔二〕

〔一〕這一段注文，劉希古刊本、守山閣叢書本作「抱一子曰：夫滿水於瓶，閉一竅而倒瀉不下者，何哉？蓋水之氣，不宣達而上升，則水亦不能下降矣。與夫井之水，俯而汲之，水可上出，不汲則亦不升矣。聖人懷道抱德，人能升進上求，則必俯而接之，不求則無由與之矣。此不升不降也。聖人懷經濟之心，雖才超伊吕，非侯王屈己降志，亦無由而强化矣。此不降不升也。瓶以升而後降，井以降而後升也。聖人取物爲則，迫而後動，感而後起，此聖人不爲天下先乃所以爲天下先也」。

〔二〕這一段注文，劉希古刊本、守山閣叢書本作「抱一子曰：使睿智聰明如虞舜，猶不自恃其而舍己從人，況餘人乎？世人於既失受害之後，平心自思，公言自議，所以受禍之端能恃一己之聰明，罔人忽理而致之也。既知既悔，聰明何恃焉？往者不可以追矣，而來者猶可爲也。惟屈己持謙，以貴下賤；不恃己能，不執我見；納天下之聰，收天下之明；兼天下之我，用天下之智。終身行之，故無再失。如勾踐保國於會稽受辱之後，秦穆納言於崤函敗師之年，皆其類也」。

關尹子曰：古今之俗不同，東西南北之俗又不同，至於一家一身之善又不同，吾豈執一豫格後世哉？惟隨時同俗，先機後事，捐忿塞欲，簡物恕人，權其輕重而爲之，自然合神不測，契道無方。

抱一子曰：隨時同俗、先機後事、捐忿塞欲、簡物恕人，是數者，與孔子翼易隨時同人、知幾成務、懲忿窒欲、易簡恕忠之言略同。而學者不知，謂道家之學獨尚無爲，是則將謂聖人執一豫格後世，聖人何心哉？古今四方，一家一身，俗尚雖各不同，而聖人權其輕重而爲之制，可從先進則先進，可拜下則拜下，惟其無可無不可，所以合神不測，契道無方也。孔子不云乎：「竊比於我老彭。」然則孔老之道，其可以異觀哉！

關尹子曰：有道交者，有德交者，有事交者。道交者，父子也，出於是非賢愚之外者，故久；德交者〔一〕，則有賢愚是非矣，故或合或離；事交者，合則離。

抱一子曰：子華子與孔子相遇於途，傾蓋終日，歡如平生。孔子顧弟子取束帛以贈先生，而子路疑之。蓋子華子者，老子之弟子程本也。孔子一見，傾蓋如故，此道交也。二子邂逅相遇，目擊道存，豈若世俗之德交、利交，有賢愚、是非、利害之分哉？宜

〔一〕「者」，原無，據劉希古刊本、守山閣叢書本補。

乎子路之不識也。噫！安得如程子華、孔仲尼邂逅傾蓋，相忘於形骸之外哉？〔一〕關尹子曰：勿以拙陋曰道之質，當樂敏捷；勿以愚暗曰道之晦，當樂輕明；勿以傲易曰道之高，當樂和同；勿以汗漫曰道之廣，當樂要急；勿以幽憂曰道之寂，當樂悅豫。古人之言，學之多弊，不可不救。

抱一子曰：古人之言教，不止一端，在當時有禽滑釐、宋鈃〔二〕、尹文、彭蒙、田鈃、慎到、墨翟諸家之學。今其言不傳，至孟子之時，止有楊、墨二家之言。則知禽、宋、尹、彭、田、慎之言，至關尹、仲尼之時，已拒絕之矣。敏捷者，如今之禪學問答所以尚口捷給也；輕明者，如今之騰身踴躍習觀之類也；和同者，如西域教之六群和合也；要急者，如今之參一句話頭以求頓悟也；悅豫者，如今之放逸曠達逍遥自在也。是數者，雖非當時古人之教，而其事大率相類。學之多弊，亦不可不救也。關尹子曰：不可非世是己，不可卑人尊己，不可以輕忽道己，不可以訕謗德己，不可以

〔一〕這一段注文，劉希古刊本、守山閣叢書本作「抱一子曰：道交者，聖人也；德交者，君子也；事交者，衆人也。聖人之交，抱道德之至純，故天下和同。譬如父子天親，不但以是非賢愚而離間也。若夫賢人君子之交，必以德義相合，聲氣相同。故賢則親，愚則疎；是則合，非則離，不出乎賢愚是非之域矣。小人之交，非勢利不交也。有故而合，有故而離。莊子曰：『以利合者，迫窮禍患害相棄也。』其斯之謂歟」。

〔二〕「鈃」，劉希古刊本、蔣時馨刊本作「鈃」。下文「田鈃」之「鈃」，劉希古刊本、蔣時馨刊本、守山閣叢書本作「騈」。

鄙猥才己。

抱一子曰：非世者，世亦非之，禍也；卑人者，人亦卑之，辱也；遇輕忽而能忍，自以爲己有道，淺也；遇訕謗而不辯，自以爲己有德，驕也；至於逢鄙猥之人，自以爲己有才，繆也。是五者皆學者之病也，宜自藥之。

關尹子曰：困天下之智者，不在智而在愚；窮天下之辯者，不在辯而在訥。

抱一子曰：人之多智多辯者，病也；人之能愚能訥者，藥也。智不能困天下之智，辯不能窮天下之辯。以智攻智，以辯敵辯，如以火止火，以水止水耳，奚益哉？昔南唐選博學辯給之使使本朝，我太祖選不識字至愚至訥武夫對之，使辯博之使技〔一〕無所施，即此道也。

關尹子曰：天不能冬蓮春菊，是以聖人不違時；地不能洛橘汶貉，是以聖人〔二〕不違俗。聖人不能使手步足握，是以聖人不違我所長；聖人不能使魚飛禽馳，是以聖人不違人所長。夫如是者，可動可止，可晦可明。惟不可拘，所以爲道。

〔一〕「技」，原作「拔」，據諸校本改。
〔二〕「人」，原無，據劉希古刊本、守山閣叢書本補。

抱一子曰：天下道術，或尚晦，或尚明，或尚動，或尚止，皆自然之理也。聖人觀天之道，以時吾神之晦明；察地之利，以宜吾形之動止。近取諸身如此，則遠示之人亦莫不然。是則神宜明則明之，神宜晦則晦之，形宜動則動之，形宜静則止之耳。吾之手不能步，足不能握，猶魚不能飛，禽不能馳也。天猶不可使冬蓮春菊，地猶不可使洛橘汶貉，而況違我所長乎？而況違人所長乎？苟違其形神之所長而强爲之，斯害也已，道安在哉？

關尹子曰：少言者，不爲人所忌；少行者，不爲人所短；少智者，不爲人所勞；少能者，不爲人所役。

抱一子曰：多言則爲人所忌，多行則爲人所短，多智則爲人所勞，多能則爲人所役。皆悔吝也，可不謹哉？

關尹子曰：操之以誠，行之以簡，待之以恕，應之以默，吾道不窮。

抱一子曰：應事接物，不可不誠，不誠喪德，故於誠則操而存之；不可不簡，不簡則勞神，故於簡則行而宜之；不可不恕，不恕則忿不懲；不可不默，不默則機不密。盡是四者，吾道何窮哉？

關尹子曰：謀之于事，斷之于理，作之于人，成之于天。事師于今，理師于古；事同于人，道獨于己。

抱一子曰：謀今之事，當以今之事爲師。如善弓者，師弓不師羿；善舟者，師舟不師奡，其則不遠也。斷事之理，當以古人爲師，古之聖人揆理曲盡，非今人所及也。事作於人，不得不與人同其好惡也。既謂之事矣，作之於人，成之於天，在我何敢固必哉？若夫道，則在我獨行之而已矣。

關尹子曰：金玉難捐，土石易捨。學道之士，遇微言妙行，慎勿執之，是可爲而不可執。若執之者，腹心之疾，無藥可療。

抱一子曰：學者得一善言，聞一善行，則拳拳服膺而勿失，可謂好學矣。殊不知此可以成德，不可以入道，道則靈臺皎潔，一物不留，庶可晞覬。若遇微言妙行，執之於心，是爲腹心之疾，無藥可療。何則？土石易捨，金玉難捐，微言妙行入人心府，終身不忘。昔人謂「一句合頭〔一〕語，萬劫繫驢橛」，信哉！

關尹子曰：人不明於急務，而從事於多務、他務、奇務者，窮困災厄及之。殊不知道無不在，不可捨此就彼。

〔一〕「頭」，原本作「道」，據劉希古刊本、蔣時馨刊本、守山閣叢書本改。

抱一子曰：世之學者信異而不信常，好奇而不好正，故多從事於奇務、他務、多務，而荒其本業，廢其常産，失其生計，道未見而窮困災厄先及之矣。殊不知日用常行，道無不在，故曰「人當明於急務」。所謂急務者，爲人子以事親爲急，爲人父以教子爲急，爲人下以事上爲急，爲人上以安下爲急，至於爲士以行業爲急，爲農以耕桑爲急，爲工以材器爲急，爲商以貨通爲急之類，皆急務也，豈可捨此就彼哉！此之急務了辦，不志於道則已，苟有餘力而志於道，則道在其中矣。〔一〕

關尹子曰：天下之理，捨親就疎，捨本就末，捨賢就愚，捨近就遠，可暫而已，久則害生。

抱一子曰：此章又重發明上章之旨，謂學者亦有捨親就疎、捨本就末、捨賢就愚、捨近就遠，而於道有所得者，可暫而已，久則害生。

關尹子曰：昔之論道者，或曰凝寂，或曰邃深，或曰澄徹，或曰空同，或曰晦冥，慎勿遇

〔一〕這一段注文，劉希古刊本、守山閣叢書本作「抱一子曰：心外別無道，道外別無心。是道也，散在萬物而聚見於人心，是心也，昭昭於日用之間，起居食息，無不在也。故心爲學者之急務。古人修心，無翦爪甲工夫。蓋時不待人，不容緩也。苟得其修，大而化之而爲聖；苟不得其修，則流之於卵胎濕化。舉諸世事，復有大於此者乎？世之學者，賤常貴異，急於所緩，緩於所急，貪多尚奇，而從事於外務。縱使得之，遇窮困災厄且不能免，況度世乎？南華有言：『以隋侯之珠彈千仞之雀。』其捨此就彼，棄重就輕，倒置如是，悲乎」。

此而生怖退。天下至理，竟非言意。苟知非言非意，在彼微言妙意之上，乃契吾説。

抱一子曰：自古聖賢立言垂訓，所尚〔一〕不同，同歸於道。有言凝然寂默者，有言澄湛虚徹者，有言空無大同者，有言晦冥息滅者。學者遇此，勿生退怖。道不在言意，言意豈能盡道耶？在彼微言妙意之上，乃契聖人之説。

關尹子曰：聖人大言金玉，小言桔梗芣苢也。用之當，桔梗芣苢生之；不當，金玉斃之。

抱一子曰：聖人之言，精者如金如玉，粗者如梗如苢。昔人謂「細語及麤言，皆歸無上道」，有因麤言而悟道者，有研細語而不悟者。如用藥之當，服草木生之；用之不當，服金玉斃之。安取乎藥之貴賤哉？惟其當而已矣。

關尹子曰：言某事者，甲言利，乙言害，丙言或利或害，丁言俱利俱害，必居一于此矣。喻道者不言。

抱一子曰：道與事不同。事則有利有害，故言事則有某言中利、某言中害之理。至於言道，則終無某言中道、某言不中道之理。故善喻道者不言。

〔一〕「尚」，原作「上」，據諸校本改。

關尹子曰：事有在，事言有理；道無在，道言無理。知言無理，則言言皆道；不知言無理，雖執至言，爲梗爲翳。

抱一子曰：道與事相及，如水火晝夜之不侔也，學者言道如言事則誤矣。言事則事有所在，故事之言有理也；言道則無在無不在，則道之言安有所謂理哉？若知夫道無理可言，則言言皆道。不然，則雖執至言，爲梗爲翳而已。

關尹子曰：不信愚人易，不信賢人難；不信賢人易，不信聖人難；不信一聖人易，不信千聖人難。夫不信千聖人者，外不見人，内不見我；上不見道，下不見事。

抱一子曰：學道自信門入，信苟不篤，道無由而入矣。然而信聖賢易，信狂愚難。信至狂愚，則吾之信可謂篤矣。然吾之所謂信者，非世人之所謂信也。世人之所謂信者，信之信也；吾之所謂信者，不信之信也。若夫不信狂愚之人，則世人皆能信吾之不信也；至於不信賢人，則世人未必信吾之不信也；況乎至於不信聖人，則豈世人信其不信者乎？又況乎至於不信千萬聖人，此則世人尤所難信之法也。惟能信吾不信千萬聖人者，其信可謂真信矣。是人也，其亦外不見人、内不見我，上不見道、下不見事者哉！

關尹子曰：聖人言蒙蒙，所以使人聾；聖人言冥冥，所以使人盲；聖人言沉沉，所以使人瘖。惟聾則不聞聲，惟盲則不見色，惟瘖則不音言。不聞聲者，不聞道，不聞事，不聞我；不見色者，不見道，不見事，不見我；不音言者，不言道，不言事，不言我。

抱一子曰：昔有學者問於其師曰：「有一人負盲聾瘖三者之病，來見於師，師何以發藥？」師曰：「汝近前來。」學者近前而立。師以掌示之曰：「此何物？」曰：「掌。」師叱出曰：「汝非三種病人矣。」噫！是人聞師語而近前，則不聾矣；能見掌，則不盲矣；曰「掌」，則不瘖矣。然其人始發問端，似知此理，及乎被師一勘，則本情露矣。參同契曰：「耳目口三寶，固塞勿發通。」陰符經曰：「九竅之邪，在乎三要，可以動靜。」與此同旨。嗚呼！安得不聞聲、不見色、不音言者，與之意會哉？

關尹子曰：人徒知僞得之中有真失，殊不知真得之中有真失；徒知僞是之中有真非，殊不知真是之中有真非。

抱一子曰：天下學者皆知僞得之中有真失，僞是之中有真非，故求真得以爲得、真是以爲是也。殊不知道無得失、無是非，纔有得失、有是非，則是事也，非道也。若人學道而忽遇異物異景，而横執以爲真得真是者，往往多遭魔攝，而不悟其爲真失真非矣。

關尹子曰：言道者如言夢。夫言夢者曰：「如此金玉，如此器皿，如此禽獸。」言者能言之，不能取而與之；聽者能聞之，不能受而得之。惟善聽者不泥不辨〔一〕。

抱一子曰：此一喻最善，與人説道，誠如説夢。説者曰：「吾夢極富貴。」聽者曰：「吾且不見，吾且不知。」説者曰：「吾真有是夢，不可不信。」聽者曰：「吾既不見不知，何以生信？」説者不能取而示之，則曰聽者不智；聽者不能得而見之，則曰説者不實。如是，則説〔二〕者言之，不如不言；聽者聽之，不如不辨。昔人謂：「知道易，不言難；聞道易，默會難。」故善聽者，不於言下求道，惟默會其言外之旨，可也。苟泥其言而辨其實，烏足以爲善聽善學者哉？關尹子特於篇末垂此章爲訓者，蓋欲學者觀此玄言，不泥不辨，惟領悟其言外之旨而已矣。

關尹子曰：圓爾道，方爾德，平爾行，鋭爾事。

抱一子曰：道不圓則不神，德不方則不正，行不平則不常，事不鋭則不利。關尹子述微言妙義既終，又慮學者或志道而忘德，或立德而遺行，或積行而廢事，是則知務本而不知務末，未有不因末而害本者也。世固有因事之失而虧行者，亦有因行之虧而

〔一〕「辨」，諸校本作「辯」。下同。

〔二〕「説」，原作「訟」，據諸校本改。

損德者，亦有因德之損而妨道者。學者豈可只知從事於道，而不資德行以相扶助哉！又豈可只知積德累行，而遇事不加之謹哉！世亦有志于道，而闡提德行，與夫失業廢事者，安知聖人立言垂訓，體用畢備，本末具陳，如此詳盡耶？噫！關尹大聖人慈愍後世之心，至矣，盡矣，不可思議矣〔一〕。

文始經言外旨卷之九

〔一〕「矣」，原作「失」，據諸校本改。此下諸校本另有「學者可不勉旃」一句。

葛仙翁後序

丹陽葛稚川曰：洪體存蒿艾之資〔一〕，偶好喬松之壽。知道之士，雖微賤必親也，雖夷狄必貴也。後遇鄭君〔二〕，鄭君多玉笈瓊笥之書，服餌開我以至道之良藥，呼吸洗我以紫清之上味。後屬洪以關尹子，洪每愛之誦之，藏之拜之。宇者道也，柱者建天地也，極者尊聖人也，符者精神魂魄也，鑑者心也，匕者食也，釜者化也，籌者物也，藥者雜治也。洪每味之，泠泠然若躡飛葉，而游乎天地之混冥；沉沉〔三〕乎若履橫杖，而浮乎大海之渺漠。超若處金碧琳琅之居，森若握鬼魅神姦之印。倏若飄鸞鶴，孥亦作怒。若鬭虎兕。清若浴碧，慘若夢紅。擒縱大道，渾淪至理。方士不能到，先儒未嘗言。可仰而不可攀，可玩而不可執，可鑑而不可思，可符而不可言。其忘物遺人者之所言乎？其絕迹去智者之所言乎？其同陰陽而冥彼此者之所言乎？何如此之尊高，何如此之廣大，又何如此之簡易也！洪也幸，

〔一〕「資」，劉希古刊本作「質」。
〔二〕「鄭君」，劉希古刊本作「鄭君思遠」。
〔三〕「沉沉」，劉希古刊本作「茫茫」。

親受之。

咸和二年五月朔丹陽葛洪炷薰敬序。

文始經言外旨後序

關尹子闡玄

〔元〕杜道堅 撰

目録

關尹子闡玄序〔一〕

關尹子，周人也。姓尹氏，名喜，字公文，號曰文始先生。世居天水，覽終南山水之勝，結草爲家焉。學通百氏，道貫三才，懷仁抱道，修身慎行。康王召拜大夫，歷仕昭王。惜王道之不行，遂有歸隱之志。見星西行，知有聖人西邁，遂出爲函谷關令。適紫炁浮空，青牛出谷，遂迎拜老聖，邀留終南之草樓。受道德二經，研窮餘旨，著書九篇，凡一百七十章，號關尹子。觀其分篇命題，始「宇」而終「藥」，以九字爲一書之綱領，推無始之於天地，萬物於歸□□則復歸於無始，闡玄燭理，格物明道，實内聖外王之學也。學者忘其牝牡驪黄，則見其道矣。偶有所得，輒述微意，題之曰闡玄。嗚呼！長安大道，今猶古然。行者自見，何假問津？世有不出户而知天下者，將以我言爲贅。後學當塗南谷子杜道堅叙。

〔一〕原本無篇名，據文意補。

關尹子闡玄篇目〔一〕

闡玄篇目

上卷　一宇　二柱　三極

中卷　四符　五鑒　六匕

下卷　七釜　八籌　九藥

一曰「宇」。宇，道也。四方上下，道無不在。有宇則必有柱，故二曰「柱」。柱，建天地也。有天地，則必有聖人建中極，故三曰「極」。極，尊聖人也。三才立而四象位，故四曰「符」。符，通神明。人之精神魂魄，而心爲之主，故五曰「鑒」。鑒，心也。心明則能照鑑諸有，故六曰「匕」。匕，進食之具也。食能養形，形久必化，故七曰「釜」。釜，能化物，故八曰「籌」。籌，物也。物至於爲藥，功用至矣，故以「藥」終焉。明物物皆藥，則明内聖外王之道，可以壽天下元元之命。蓋道之爲道，有形氣者必有數。數起乎無，始乎一，終乎九，九復變爲一，天地萬物莫得而逃焉，由是以知天地萬物莫不出乎道而歸乎道也。

〔一〕原本無篇名，據文意補。

關尹知道矣乎？觀其命意立言，是皆老子言外之旨，變其文以立言，亦道德經之外傳歟？惟格物而不泥於物者，當有自得於吾心之天，將見言言是道，物物皆天，夫是之謂博大真人之徒。

尹杜二真人傳

太和真人姓尹，名軌，字公度，文始先生從弟也。太極真人姓杜，名沖，字玄逸，京兆人也，與公度師事文始，受道德二篇。當時穆王西遊，景慕老子靈迹，命駕詣終南修草樓，延玄逸主祠事。玄逸吐納光華，攝護氣液，老子降授九華丹經，精思養煉，體生玉光，洞觀衆妙，役使百靈，復授爲太極真人、王屋仙王之職。公度精修道妙，時游海岳，濟度群生，老子賜任太和真人，以統杜陽宫之仙衆。道統之傳，自是而始。吁！上士勤行，至於谷神不死，而得長生久視之道。予一生苦學，骨俗難仙，今老矣，無補於世，因著闡玄，更述尹、杜二真人始末云。

關尹子闡玄卷上

後學當塗南谷子杜道堅述

一宇篇凡二十八章。

關尹子曰：非有道不可言，不可言即道。非有道不可思，不可思即道。天物怒流，人事錯錯然，若若乎回也，戛戛乎鬩也，勿勿乎似而非也。而争之，而介之，而哯之，而嘖之，而去之，而要之。言之如吹影，思之如鏤塵。聖智造迷，鬼神不識。惟不可爲，不可致，不可測，不可分，故曰天，曰命，曰神，曰玄，合曰道。

道無言，言者，人也；道無思〔一〕，思者，人也。觀夫天人交際，事物錯然，有言有思者出，而無言無思者變化無窮焉。若若乎回，有無之相生也。戛戛乎鬩，難易之相成也。勿勿乎似而非，長短之相形也。争之介之，高下之相傾也。哯之嘖之，聲音之

〔一〕「思」，原本漫漶，據子藏本改。

相和也。去之要之，前後之相隨也。夫影不可吹，則道不可言；塵不可鏤，則道不可思。是皆自然而然者，故非聖智之所可造，非〔一〕鬼神之所可識。惟不可爲，故曰天；不可致，故曰命；不可測，故曰神；不可分，故曰玄。合而言之，强名曰道。於戲！道固不可言矣，不言則道不顯；道固不可思矣，不思則道不明。由是而知聖人言而未嘗言，不言而未嘗不言也。

關尹子曰：無一物非天，無一物非命，無一物非神，無一物非玄。物既如此，人豈不然？人皆可曰天，人皆可曰神，人皆可致命通玄。不可彼天此非天，彼玄此非玄，彼神此非神，彼命此非命。是以善吾道者，即一物中，知天盡神，致命造玄。學之，徇異名，析同實；得之，契同實，忘異名。

夫天地萬物咸由道而生，故無一物不有夫道。然非生知安行，則必學而思之。得其道者，由徇異名而忘異名，析同實而契同實。即一物中，可以知天盡神，致命造玄。物我玄同，道在是矣。

關尹子曰：觀道者如觀水，以觀沼爲未足，則之河、之江、之海，曰水至也。殊不知吾

〔一〕「非」，原無，據子藏本補。

之津液涎淚皆水。

道，猶水也。人知沼河江海之水爲水，而不知吾之津液涎淚皆水也。知水無不在，則知道亦無不在。反身而求，物無不備，其有不足乎？

關尹子曰：道無人，聖人不見甲是道、乙非道；道無我，聖人不見己進道、己退道。以不有道，故不無道；以不得道，故不失道。

道無人我，聖人亦無人我，故不見人之是非、己之進退。不以有無得失累其心，則是心與道一，其肯以道爲我之獨有哉？癢疴疾痛，皆與人同也。夫是之謂混沌氏之民，惡有所謂人我者？

不知道，妄意卜者，如射覆盂。高之者，曰存金存玉；中之者，曰存角存羽；卑之者，曰存瓦存石。是乎？非是乎？惟置物者知之。

人之天性本同，因習有所異而忘其同然之天，曾不墮覆盂之弊者鮮矣。高曰金玉，中曰角羽，卑曰瓦石，是乎非是乎？覆盂之下，果何物哉？惟忘其所置，故所射不同，能使群妄俱空，一真呈露，不待射而知之，置物者豈他人耶？

一陶能作萬器，終無有一器能作陶者、能害陶者；一道能作萬物，終無有一物能作道者、能害道者。

以陶喻道，以器喻物，一陶能作萬器，一道能生萬物。器不能作陶，物何能作道？器不能害陶，物何能害道？然世之爲物，害道者亦衆。火生於木，禍發必尅；奸生於國，時動必潰。惟善道者，不物於物，而物亦無害。

道茫茫而無知乎？心倘倘而無羈乎？物迭迭而無非乎？電之逸乎？沙之飛乎？聖人以知心一、物一、道一，三者又合爲一。不以一格不一，不以不一害一。

道之茫茫，心之倘倘，物之迭迭，電逸沙飛，何其無定故耶？惟無知則見道一，無羈則見心一，無非則見物一。曰道、曰心、曰物，三者又合而爲一。惟聖人三者兼忘，不以一格不一，不以不一害一，是故天下歸心焉。噫嘻！吾忘天下易，使兼忘我難。

以盆爲沼，以石爲島，魚環游之，不知幾千萬里而不窮也。夫何故？水無源無歸。聖人之道，本無首，末無尾，所以應物不窮。

海宇爲沼，王畿爲島，魚則人民，水則萬物，同一道也。聖人中天下而立，民環居之，藏萬物於天下，生而不有，故自生民以來，不知幾千萬載而不窮也。夫何故？道無源無歸，聖人法道以安天下，不以本末二吾之心，故能日應萬機，無有窮已，天下何爲而不治哉？

無愛道，愛者水也；無觀道，觀者火也；無逐道，逐者木也；無言道，言者金也；無思道，思者土也。惟聖人不離本情而登大道。心既未萌，道亦假之。

人之一身，滿腔是道，何則？精神魂魄意，五神也，應乎五星；心肝脾肺腎，五藏也，應乎五行；愛觀逐言思，五情也，發爲五事。道則一以貫之，聖人不以外物動其心，故能不離本情而登大道。假之云者，應之而已。

重雲蔽天，江湖黯然，游魚茫然，忽望波明食動，幸賜於天，即而就之，漁釣斃焉。不知我無我而逐道者亦然。

心未明道，蔽於陰識，精神黯然，妄念一起，而空花虛影，幻成爲趣，橫執爲道，即而就之，未有不蹈漁釣之禍。惟明道者則知我無我而不逐於物，抱道自然，久將自得。

方術之在天下多矣，或尚晦，或尚明，或尚弱，或尚强。執之皆事，不執之皆道。

道不可執，執之皆事，衆人也；不執之皆道，聖人也。三代之季，聖人不作，而九流興焉。是故天下之治方術者，明百家衆技，晦明强弱，雖所尚不同，然各有所長，時有所用。夫徇於一曲，自謂人莫我加者，殆不知有玄同之大道者，悲夫！〔一〕

道終不可得，彼可得者，名德不名道；道終不可行，彼可行者，名行不名道。聖人以可

〔一〕眉批云：「不執滯於物者，聖人也。」「所惡執一者，爲其賊道也。」

得可行者，所以善吾生；不可得不可行者，所以善吾死。

本乎天者謂之道，得於心者謂之德，見於事者謂之行。是故可得之德，可行之行，所以善吾生也；不可得、不可行之道，所以善吾死也。然則道終不可得、不可行乎？道終不可得、不可行，則吾終不可死，自有不亡者存。

聞道之後，有所爲、有所執者，所以之人；無所爲、無所執者，所以之天。爲者必敗，執者必失。故聞道於朝，可死於夕。

老子曰：「上士聞道，勤而行之。」而曰「聞道之後，有所爲、有所執者，所以之人」也，何哉？爲者敗之，執者失之。惟無〔一〕所爲、無所執者，所以之天也。明此則聞道於朝，可死於夕。吁！之天也，又何死乎？

一情冥，爲聖人；一情善，爲賢人；一情惡，爲小人。一情冥者，自有之無，不可得而示；一情善惡者，自無起有，不可得而秘。一情善惡者爲有知，惟動物有之；一情冥者爲無知，溥天之下，道無不在。

天性本靜，情生而善惡興焉。曰善與惡，皆能障道。惟性靜情真，自有之無，乃聖

〔一〕「無」，原本漫漶，據子藏本改。

人心同太虛，不可得而示也；情動則自無之有，善者爲賢人，惡者爲小人，善惡判然，不可得而揜也。或問曰「道何在」，曰「不識不知」。

道無作，以道應世者，是事非道；道無方，以道寓物者，是物非道。聖人竟不能出道以示人。

道無作，以道應世則可，指事爲道則不可也；道無方，以道寓物則可，認物爲道則不可也。然則必廢事棄物然後爲道乎？聖人爲無爲，事無事，肯出道以示人哉？吾何隱乎爾？

若以言行學識求道，互相展轉，無有得時。知言如泉鳴，知行如禽〔一〕飛，知學如擷影，知識如計夢。一息不存，道將來契。

言行學識，事也。執事而求之，道固不可得，然則外事而求之，道可得乎？知泉鳴禽飛，擷影計夢，互相展轉，無有得時，則知一息不存，道將來契。噫！無事於心，無心於事，非道而何？

以事建物則難，以道棄物則易。天下之事，無不成之難，壞之易。

〔一〕「禽」，原作「泉」，據注文改。

事難成，物易壞；道難得，物易棄。天下之權謀聚斂皆事也，以之建邦立國、創業起家，靡不成於難而壞於易。惟道無心，不生事，亦不廢事，不有物。一星之火，能燒萬物，物亡而火何存？一息之道，能冥萬物，物亡而道何在？

政猶火也，民猶物也。行猛政而爲民害，□□□〔一〕亡而火將先滅。道即心也，冥即忘也。有道之主，與民相忘，民亦不知帝力之何有。

人生在世，有生一日死者，有生十年百年死者。一日死者，如一息得道；十年百年死者，如歷久得道。彼未死者，雖動作昭著，止名爲生，不名爲死。彼未契道者，雖動作昭著，止名爲事，不名爲道。

心死難，身死易；得道難，作事易。故以人之生死修短爲喻，然不曰死爲得道，而曰死如得道，何哉？死爲得道，是貴死賤生也，豈聖人之道哉？死如得道，是言心死也。心死契道，是爲得道。心若未死，雖身死萬徧，道無得時。故言「動作昭著，止名爲生，不名爲死」「止名爲事，不名爲道」。契道則心空，形亡則生亡，生在物亡。或問：「心死矣乎？」曰：「問於老龍吉。」「契道矣乎？」曰：「問於猶龍老。」

〔一〕原文此處缺十餘字，「亡」字另起一行。

不知吾道無言無行，而即有言有行者求道，忽遇異物，横執爲道。殊不知捨源求流，無時得源；捨本求末，無時得本。

道無言無行，蓋言行乃載道之具耳，非所以爲道也。即言行而求道，無時得道。猶捨本求末，無時得本，其可求諸異物横執爲道哉？一有是求，則並其言行而失之，去道遠矣。

習射，習御，習琴，習槳，終無一事可以一息得者。惟道無形無方，故可得之一息。

射御琴槳，藝也。藝有形聲之拘，故習必有方，終無一事可以一息而得。惟道無形無方，所以得之一息。世之重藝而輕道者，昧亦甚矣。

兩人射相遇，則工拙見；兩人奕相遇，則勝負見；兩人道相遇，則無可示。無可示者，無巧無拙，無勝無負。

天下之理，一則定，兩則争。故兩射兩奕則争心生焉，工拙勝負可見也。道無工拙勝負，兩人以道相見，何争之有？

吾道如海，有億萬金投之不見，有億萬石投之不見，有億萬汙穢投之不見。能運小蝦小魚，能運大鯤大鯨。合衆水而受之，不爲有餘；散衆水而分之，不爲不足。

海善下而不自大，故能受金石汙穢而不見，能運蝦魚鯤鯨而不知。百川之水，合而歸之，不見其盈；散而分之，不見其涸，此所以爲百谷王也。是以聖人終不爲大，故能成其大。

吾道如處暗。夫處明者，不見暗中一物；而處暗者，能見明中區事。

處明，俗人昭昭也；處暗，我獨若昏也。處明不見暗中一物，俗人不自照也；處暗能見明中區事，聖人光照天下也。是故得吾道者，上爲皇而下爲王；失吾道者，上見光而下見土。

小人之權歸於惡，君子之權歸於善，聖人之權歸於無所得。惟無所得，所以爲道。

權乃道之用，小人不善爲用，故權歸於惡；君子善得其用，故權歸於善。然則小人豈終歸於惡哉？遷善則爲君子矣。君子失善，或爲小人。惟聖人得道之體用，故權歸於無所得，無所得則無所不得也。

吾道如劍，以刃割物則利，以手握刃則傷。

劍能殺人、能活人，能利己、能傷己，在道而不在劍矣。以刃割物則利，庖丁解牛，批窾導郤，迎刃而解，用得其道也。以手握刃則傷，是代大匠斲，稀不傷手，用失其道也，曾不若善刀而藏之。

籩不問豆，豆不答籩；瓦不問石，石不答瓦，道亦不失。問與答與，一氣往來，道何在？

道無言，有問答者是事；道無爲，有往來者是氣。夫籩豆瓦石，無事無氣，故無問無答，道亦不失問與答，道果何在？惟問答不用口可者是。

仰道者跂，如道者駸。皆知道之事，不知道之道。是以聖人不望道而歉，不恃道而豐，不借道於聖，不貫道於愚。

道隱無名，本無餘歉，不假外求，人各自足。彼仰道而跂者，望之不及；如道而駸者，逐之太過。是知道之事，不知道之道也。惟聖人則安吾之所固有，不借不貫，莫知爵而常自然。

二柱篇凡十二章。

若椀若盂，若瓶若壺，若瓮若盎，皆能建天地。兆龜數蓍，破瓦文石，皆能告吉凶。是知天地萬物成理，一物包焉，物物皆包之，各不相借。以我之精合彼之精，兩精相薄而神應之。一雌一雄，卵生；一牝一牡，胎生。形者彼之精，理者彼之神；愛者我之精，觀者我之神。愛爲水，觀爲火。愛執而觀，因之爲木；觀存而愛，攝之爲金。先想乎一元之氣，具乎一物，執愛之以合彼之形，冥觀之以合彼之理，則象存矣。一運之象，周乎太空。自中而升爲天，自中而降爲地。無有升而不降，無有降而不升。升者爲火，降者爲水。欲升而不能升者爲木，欲降而不能降者爲金。木之爲物，鑽之得火，絞之得水；金之爲物，擊之得火，鎔之得水。金木者，水火之交也。水爲精爲天，火爲神爲地，木爲魂爲人，金爲魄爲物。運而不已者爲時，包而有在者爲方。惟土終始之，有解之者，有示之者。

未有天地，無物，然則建天地者誰乎？一元之始，太極包乎未形之天地萬物；開物之後，一物各包一先天之太極。是故椀盂瓮盎皆能建天地，蓍龜瓦石皆能告吉凶。天地萬物之成理，凡具形氣，物物皆包之，各不相借而未嘗不足也。觀後兩精相薄而神應之，雌雄牝牡，胎生卵生，莫不各有自然之理。此非建天地者，而何以知男女之於萬物、吾身之於天地一也？傳曰：「天地絪緼，萬物化醇；男女搆精，萬物化生。」其爲道也，愛之爲水，觀之爲火，因之爲木，攝之爲金。内具四象，外應四時，一身之天地備矣。想乎一元之氣，具乎一物，一運之象，周乎太空。升降上下，運而不已者時；精神魂魄，包而有在者方。始之終之繫乎土，解之示之繫乎人。於戲，人亦貴矣！知之修煉，謂之聖人。先天太極，一大金丹，能建天地者知之。

天下之人，蓋不可以億兆計。人人之夢各異，夜夜之夢各異。有天有地，有人有物，皆思成之，蓋不以塵計。安知今之天地，非有思者乎？

天下之人衆矣，人人之夢不同，夜夜之夢各異，窈冥恍惚，變化有無。若天地之與人物，不目而見，不耳而聞，妄耶真耶？皆思成之。大道無思，至人無夢。

心應棗，肝應榆，我通天地。將陰夢水，將晴夢火，天地通我。我與天地似契似離，純純各歸。

心非棗而應棗者火，肝非榆而應榆者木。形不同而氣同，我通天地也。將陰夢水，心之所感；將晴夢火，神之所交。覺不靈而夢靈，天地通我也。我之精神，天地之水火；我之魂魄，天地之木金。似契似離，純純各歸，惟不夢者知之。

天地雖大，有色有形，有數有方。吾有非色非形，非數非方，而天天地地者存。

天積氣耳，地積塊耳，天地雖大，有則有壞。吾道非心，吾心非物，形色既空，方數何有？明是道者，則知有生不生，有化不化，天而又天，地而又地，自有固存者存。

死胎中者，死卵中者，亦人亦物。天地雖大，彼固不知。計天地者，皆我區識。譬如手不觸刃，刃不傷人。

性無生死，有生死者形；性無物我，有物我者識。彼有不出胎卵而死者，亦人亦物，彼何識有天地哉？計天地者，皆我之區識耳。彼識害性，如刃傷手，惟不持寸鐵者無傷焉。

夢中、鑑中、水中，皆有天地存焉。欲去夢天地者，寢不寐；欲去鑑天地者，形不照；欲去水天地者，盎不汲。彼之有無，在此不在彼。是以聖人不去天地，去識。

觀夢、鑑、水中之天地，則知萬物中之天地，不待建而存。夢幻泡影，倏有倏無，妄喜妄驚，無時暫息，皆由識念中來。是以聖人不去天地，去識，我識既空，諸妄何有？

天非自天，有爲天者；地非自地，有爲地者。譬如屋宇舟車，待人而成，彼不自成。知彼有待，知此無待。上不見天，下不見地；内不見我，外不見人。

天地不自天地，有爲天地者存。聖人不自聖人，有尊聖人者在。惟不自爲，故能久長。惟不自尊，故能久大。知彼有待者，屋宇舟車無自成之理也。知此無待者，天地無自爲之心也。聖人知此，物我兼忘，故上不見天，下不見地，中不見我，外不見人。是與天地合德，故能與天地同其久長。

有時者氣，彼非氣者，未嘗有晝夜。有方者形，彼非形者，未嘗有南北。何謂非氣？氣之所自生者，如摇箑得風。彼未摇時，非風之氣；彼已摇時，則名爲氣。何謂非形？形之所自生者，如鑽木得火。彼未鑽時，非火之形；彼已鑽時，則名爲形。

積氣成天，故時有晝夜。積塊成地，故方有南北。彼非氣非形者，必托有時有方者而後有生。知箑未摇時，非風之氣；木未鑽時，非火之形。則知我未生時，非我之形；我生之後，則名爲我。我命既終，而我何存？知原始反終之道，則生死之説可知矣。

寒暑温涼之變，如瓦石之類。置之火則熱，置之水則寒；呵之則温，吹之則涼。特因外物有去有來，而彼瓦石實無去來。譬如水中之影，有去有來，而所謂水者，實無去來。

知時變而有寒暑温涼之氣，則知心動而有喜怒哀樂之情。如彼瓦石，置火則熱，置水則寒，呵之則温，吹之則涼。是故親君子則吉，近小人則凶。我之置身，可不慎乎？彼有去來，寒熱温涼之於影也；此無去來，瓦石之於水也。吾心不動，外物何有哉？

衣搖空得風，氣噓物得水。水注水則鳴，石擊石則光。知此説者，風雨雷電皆可爲之。蓋風雨雷電皆緣氣而生，而氣緣心生。猶如內想大火，久之覺熱；內想大水，久之覺寒。知此説者，天地之德皆可同之。

天地可建，風雨可作，人其可不自貴乎？知衣搖空得風，則風可生；氣噓物得水，則雨可作。水注水則鳴，而雷可興；石擊石則光，而電可爲。蓋彼之風雨雷電，即吾之精神氣血。彼緣氣生，氣緣心生，是故想火則熱，想水則寒。道法之要，於茲可見。吁！天地可建，風雨可作，任燮理之責者，可不知乎？

五雲之變，可以卜當年之豐歉；八風之朝，可以卜當時之吉凶。是故休咎灾祥，一氣之運耳。混人我，同天地，而彼私智認而已之。

雲將風師，天之臣佐乎？雲有五色，可辨豐歉；風有八方，可占凶吉。大人合天地之德，同一氣之運，知天地之風雲變化，則國家之禎祥妖孽可以前知。是以聖人混人我，同天地，肯以私智認天下爲己有哉？禹曰：「黄帝堯舜之治天下也，天下一心。」

天地寓，萬物寓，我寓，道寓。苟離於寓，道亦不立。

寓之云者，寄之而已。大而天地，細而萬物，若我若道，何莫非寓？明此則知君臣民物，遞相委寄，可相依、不可相離。蓋寓得其道，則可以保身全生，可以養親事君。苟離於寓，道亦不立，而我何存，將何以爲安國寧家任天下之寄乎？噫！天地可建，孰不可建？觀一寓字□篇□□其意深矣。

三極篇凡二十七章。

聖人之治天下，不我賢愚，故因人之賢而賢之，因人之愚而愚之；不我是非，故因事之是而是之，因事之非而非之。知古今之大同，故或先古，或先今；知内外之大同，故或先内，或先外。天下之物，無得而累之，故本之以謙；天下之物，無得以外之，故含之以虚；

天下之物，無得以難之，故行之以易；天下之物，無得以窒之，故變之以權。以此中天下，可以制禮；以此和天下，可以作樂；以此公天下，可以理財；以此周天下，可以禦侮；以此因天下，可以立法；以此觀天下，可以制器。聖人不以一己治天下，而以天下治天下，天下歸功於聖人，聖人任功於天下，所以堯舜禹湯之治天下，天下皆曰自然。

三才立而人道興，聖人作而萬物覩。爲生民立極，視天下爲家。知賢愚是非之不一，故因其材而篤之；知古今内外之大同，故隨其時而用之。聖人虚己以治天下，制禮作樂、理財禦侮、立法制器，出於自然，不過因之而已，是以天下治天下也。長而不宰，功成不居，堯舜湯禹有之。吁！三代之士，寓今猶古然，得其□□，行其道，是亦三代之聖也。

天無不覆，有生有殺，而天無愛惡；地無不載，有貴有賤，而地無彼此；日無不照，有妍有醜，而日無厚薄。聖人之治天下亦然，聖人之道如天，聖人之德如地，聖人之用如日。

聖人法天地之覆載、日月之照臨，爲天下王，爲社稷主。彼民物之自生自殺，而我無愛惡也；自貴自賤，而我無彼此也；自妍自醜，而我無厚薄也。惟我無心，故道無不覆，德無不載，用無不照。吁！非天下之至公，孰能如之？

聖人之道天命，非聖人能自道；聖人之德時符，非聖人能自德；聖人之事人爲，非聖人能自事。是以聖人不有道，不有德，不有事。

聖人所以安天下者，爲其有道德事業之可尚也，乃曰不有，何哉？聖人不自道而歸之天命，故尊；不自德而歸之時符，故貴；不自事而歸之人爲，故有功。一有自道、自德、自事之心，則失其爲聖者矣。

聖人知我無我，故同之以仁；知事無我，故權之以義；知心無我，故戒之以禮；知識無我，故照之以智；知言無我，故守之以信。

聖人以天下爲己任，不以天下爲己有。惟其知無我，故我則同之，以人事則權之以義，以心則戒之以禮，以識則照之以智，以言則守之以信，是任天下於天下也，天下其有不治乎？

聖人之道，或以仁爲仁，或以義爲仁，或以禮、以智、以信爲仁。仁義禮智信，各兼五者，聖人一之不膠，天下名之不得。

性之包乎五常，猶乾之包乎四德，互相爲用。是以聖人或以仁爲仁，或以禮義智信爲仁，各兼五者，一而不膠，天下名之不得，此所以爲聖人也。不然則五性鑿而七情動，人欲熾而天理昏，其何望於一視同仁者哉！

勿以行觀聖人，道無蹟；勿以言觀聖人，道無言；勿以能觀聖人，道無爲；勿以皃觀聖人，道無形。

聖人與人同耳，何曰勿以言、皃、行、能觀聖人耶？蓋聖人太虚同體，造化爲心，□□□言皃行能之可觀，一有可觀，便墮言爲行蹟之列，失其爲聖人之道矣。

行雖至卓，不離高下；言雖至公，不離是非；能雖至神，不離巧拙；皃雖至殊，不離妍醜。聖人假此以示天下，天下冥此，乃見聖人。

聖人之言、皃、行、能，雖有至卓、至公、至神、至殊之妙，不出乎高下、是非、巧拙、妍醜之外而别有所謂言、皃、行、能也，不過假此以示天下耳。天下之人能不局所見，冥此而觀，則可以見聖人之道無他焉，應物而不滯於物也。

聖人師蜂立君臣，師蜘蛛立網罟，師拱鼠制禮，師戰蟻置兵。衆人師賢人，賢人師聖人，聖人師萬物。惟聖人同物，所以無我。

天生萬物，各一其性。蜂有君臣，拱鼠有禮，蛛能結網，蟻能戰鬬，彼各得其天之一者，惟聖人兼而得之，豈待師彼所能哉？吁！聖人無全能，觀天察地，取物取身，至於鳥獸草木之微，一物一天。師物所以師天也，是故衆師賢，賢師天，由是師道行而聖人之教立。知聖人同物，則我無不同，肯以自能而不知有師之道乎？

聖人之於衆人，飲食衣服同也，屋宇舟車同也，貴賤貧富同也。衆人每同聖人，聖人每同衆人。彼仰其高、侈其大者，其然乎？其不然乎？

聖人衆人，均是人也，目視、耳聽、鼻嗅、舌嘗靡不同，然其一不同者，心也。衆人汩於物欲，故不免有仰高侈大之心。聖人純乎天理，其心廓然，若玄聖之於素王，不自高而天下高之，不自大而天下大之。彼仰高侈大者，然乎？不乎？惟明理者知之。

聖人曰道，觀天地人物皆吾道。倡和之，始終之，青黄之，卵翼之。不愛道，不棄物；不尊君子，不賤小人。賢人曰物，物物不同，旦旦去之，旦旦與之，短之長之，直之方之，是爲物易者也。殊不知聖人鄙雜側、别分居，所以爲人，不以此爲己。

聖賢之分，曰道曰物，相去一間，如隔天淵。聖人以道觀物，物即是道，倡之和之，始之終之，至於青黄卵翼，與物俱化，不愛道，亦不棄物。彼君子自尊，非我尊之也；彼小人自賤，非我賤之也。賢人以物觀道，道即是物，去之與之，短之長之，直之方之，物物不同，旦旦不已，反爲物之所易。惡知聖人之鄙雜側、别分居，亦猶易之雜物撰德、辨是與非，所以此爲爲人之事，非以此爲爲己之道也。

魚欲異群魚，捨水躍岸則死；虎欲異群虎，捨山入市則擒。聖人不異衆人，特物不能拘耳。

魚生於水，安於水也；虎生於山，安於山也。魚不異群魚，虎不異群虎，聖人豈異衆人哉！與世周旋，無往不安，故不爲物之所拘。若夫賢士徇名，俗人徇利，則不免爲物拘矣，能不蹈於躍岸之魚、入市之虎者幾稀矣。

勿以聖人力行不怠，則曰道以勤成；勿以聖人堅守不易，則曰道以執得。聖人力行，猶之發矢，因彼而行，我不自行；聖人堅守，猶之握矢，因彼而守，我不自守。

聖人之道，或力行，或堅守，如射法焉。當其力行不怠，猶之發矢，當行而行，力至而止，故無大過也；當其堅守不易，猶之握矢，當守則守，幾動則發，故無不及也。聖人之道，時行時守，一皆因其事物之理、時勢之宜而已。昧者以聖人之道爲勤成執得者，是不知因之之義也。

如鐘鐘然，如鼓鼓然，聖人之言則然；如車車然，如舟舟然，聖人之行則然。惟莫能名，所以退天下之言；惟莫能知，所以奪天下之智。

鐘鼓殊聲，擊之則鳴，鐘不可以爲鼓，則鼓不可以爲鐘也。聖人之言則然，何天下之莫能名而自退其言乎？水行用舟，陸行用車，聖人之行則然，何天下之莫能知而自奪其智乎？此無他，衆人膠於物欲，汩其心志耳。口出興戎，罔水行舟，聖人所戒，安能易鐘鼓車舟之用哉！惟聖人隨幾應物，故言無瑕謫、行無轍迹也。

蝍蛆食蛇，蛇食鼃，鼃食蝍蛆，互相食也。聖人之言亦然，言有無之弊，言無有之弊，言非有非無之弊，言非無非有之弊，言之如引鋸然。惟聖者不留一言。

蝍蛆蛇蠹，遞相啖食，無敢先者，聖人之言亦然，何故？聖人不先人，常隨人，而衆人之言有無、無有，至於非有非無、非無非有，皆能爲弊，如引鋸然。此悖而出，彼悖而入矣。惟聖人則言滿天下，不留一言。彼蝍蛆之於蛇蠹，又何知終不免於啖者，世常有之。

若龍若蛟，若蛇若龜，若魚若蛤，龍皆能之。蛟，蛟而已，不能爲龍，亦不能爲蛇，爲龜，爲魚，爲蛤。聖人龍之，賢人蛟之。

龍喻聖，蛟喻賢，龜蛇魚蛤則衆人也。聖人兼有賢人衆人之德，賢人且不及聖人，況衆人乎！此因觀物而知聖人，故傳曰「老子猶龍」。

在己無居，形物自著。其動若水，其静若鏡，其應若響。茫乎若亡，寂乎若清。同焉者和，得焉者失。未嘗先人，而嘗隨人。

在己無居，文始自道者乎？惟我無我，故能形隨物著。其動若水，坎盈則流；其静若鏡，鑑己則虚；其應若響[一]，應己則静。宜其茫乎若亡、寂乎若清，而與物和同

[一]「若響」，原作「響若」，據經文改。

矣。一有所得，失即隨之。而不先人者，惟聖人能之。

渾乎洋乎？游太初乎？時金已，時玉已，時土已，時糞已。時翔物，時逐物，時山物，時淵物。端乎權乎？狂乎愚乎？

有道聖人，天性純一，渾渾洋洋，若游太初之天，形忘心空，了無朕兆，是故時金則金，時土則土。至若禽飛獸走，山高水深，不知有古今之殊，物我之異，無一而不與時偕行也。然則端若此者乎？權若此者乎？狂使之然乎？愚使之然乎？弗知也已。

人之善琴者，有悲心，則聲淒淒然；有思心，則聲遲遲然；有怨心，則聲回回然；有慕心，則聲裴裴然。所謂悲思怨慕者，非手非竹，非絲非桐。得之心，符之手；得之手，符之物。人之有道者，莫不中道。

人之與琴，判然爲二，何善琴者心有所悲怨思慕之情，則隨感而應於指，形於聲乎？淒淒遲遲，回回裴裴，如哀如訴，不知琴之爲我、我之爲琴也。是知有道之士，一語一默，天人相應，莫不中道。世故有曰雨而雨、曰暘而暘者矣。

聖人有言、有爲、有思者，所以同乎人；未嘗言、未嘗爲、未嘗思者，所以異乎人。

衆人有言、有爲、有思，聖人可無言、無爲、無思者哉？然則所謂未嘗言、未嘗爲、未嘗思者，是皆出於天理之公，曾不出於一己之私也，此其所以異乎人焉。

利害心愈明，則親不睦；賢愚心愈明，則友不交；是非心愈明，則事不成；好醜心愈明，則物不契。是以聖人渾之。

人心貴明，明斯可矣。而曰愈明，則是過於察也。過於察，則凡利害、賢愚、是非、好醜之間，無不切切然爭之辨之，而望睦於親、交於友、成於事、契於物者，難矣。惟聖人明而不察，是以渾之。〔一〕

世之愚拙者，妄援聖人之愚拙自解。殊不知聖人時愚時明，時拙時巧。

大賢如愚，大巧若拙，豈下愚至拙之可儗哉？聖人之道，當愚則愚，當明則明，巧拙亦然，時出而用之耳，豈世愚世拙者歟？

以聖師聖者賢人，以賢師聖者聖人。蓋以聖師聖者，徇迹而忘〔二〕道；以賢師聖者，反迹而合道。

道無形而迹有形，賢人學未至道，自儗爲聖，則是以聖師聖，徇迹而忘道也。聖人隨時達變，不以自聖，則是以賢師聖，反迹而合道也。道豈可以迹求哉？一有自聖之

〔一〕眉批云：「即水至清則無魚，人至察則無徒。」
〔二〕「忘」，原作「妄」，據注文改。

心，去道遠矣。

賢人趨上而不見下，衆人趨下而不見上。聖人通乎上下，惟其宜之。豈曰離賢人衆人，別有聖人也哉！

賢人務高，不免有鄙下之心；衆人處卑，不思有向上之志。所見雖殊，其偏則一。惟聖人達其時宜，可上可下，處賢則賢，處衆則衆，曾不外此而別求謂之聖也。

天下之理，夫者倡，婦者隨；牡者馳，牝者逐；雄者鳴，雌者應。是以聖人制言行，而賢人拘之。

乾坤奠位，而天下之理定，夫倡婦隨，牡馳牝逐，雄鳴雌應，孰使之然哉？天之理也。聖人因天理而制言行，賢人因言行而理人事，是故非法不言、非道不行。

聖人道雖虎變，事則鱉行；道雖絲紛，事則棊布。

聖人之道猶虎之變，風行草偃，不猛而威，及乎行事，則蹣跚步步，如跛鱉然，故無猛政之害也。亦猶治絲而棼之若難理，及乎行事，則條而不紊，有如棊布，無亂政之失也。棼，組也。見左傳注。

所謂聖人之道者，胡然孑孑爾，胡然徹徹爾，胡然唐唐爾，胡然臧臧爾。惟其能徧偶萬物，而無一物能偶之，故能貴萬物。

「胡然」者，發問之辭。聖人之道，孑孑然獨立而不改，徹徹然周行而不殆，唐唐然無物而不容，臧臧然無事而不善，是故道能徧偶萬物，萬物無一能偶於道。民即物也，道即君也，故爲天下貴。

雲之卷舒，禽之飛翔，皆在虚空中，所以變化不窮。聖人之道則然。

太虚寥寥，杳無邊際，雲行鳥過，飛卷自如，而變化無窮者，以其在虚空之中也。聖人之心，虚空同體，四方八表，舟車所通，自往自來，而歸藏無盡，其道亦然。

關尹子闡玄卷上

關尹子闡玄卷中

四符篇凡十七章。

關尹子曰：水可析可合，精無人〔一〕也；火因膏因薪，神無我也。故耳蔽，前後皆可聞，無人；知崇，無人；一奇，無人；冬凋秋物，無人；黑不可變，無人；北壽，無人，皆精。舌即齒牙成言，無我；禮卑，無我；二偶，無我；夏因春物，無我；赤可變，無我；南夭，無我，皆神〔二〕。以精無人，故米去殼則精存；以神無我，故鬼憑物則神見。全精者，忘是〔三〕非，忘得失，在此者非彼；抱神者，時晦明，時〔四〕强弱，在彼者非此。

符，合也。四符者，人之精神魂魄，合乎天地之水火木金也。水火既濟，木金交

〔一〕「人」，原本漫漶，據子藏本改。
〔二〕「神」，原作「人」，據注文改。
〔三〕「是」，原作「事」，據注文改。
〔四〕「明時」，原無，據注文補。

感，而生化無窮，要皆不出坎離之妙用。且夫水之爲物，析之亦水，合之亦水，在人爲精；火之爲物，非膏不明，非薪不傳，在人爲神。水數一，火數二，一則不二，是無人也，故曰精無人；二則不一，是無我也，故曰神無我。言無人者六，皆精；言無我者六，皆神。以精無人，故米去殼則精存焉；以神無我，故鬼附物則神見焉。知此道者，忘其是非得失而全吾之精，全精者無人，故在此者非彼。時其晦明强弱，而抱吾之神，抱神者無我，故在彼者非此。人能兼忘彼我，聚精會神，合而一之，生意其有不存者乎？

精神，水火也。五行互生滅之，其來無首，其往無尾。則吾之精，一滴無存亡耳；吾之神，一欻無起滅耳。惟無我無人，無首無尾，所以與天地冥。

精神，水火也。魂魄，木金也。意，土也。人之五神，天地之五行也。知五行之互相生剋，來無首、去無尾，則知吾之精，天地之精也，故無一滴存亡。吾之神，天地之神也，故無一欻〔一〕起滅。五行生剋，互爲祖〔二〕孫，如環無端，冥契天地，無首無尾，人我

〔一〕「欻」，原作「倏」，據子藏本改。
〔二〕「祖」，原本漫漶，據子藏本改。

何有哉？

精者水，魄者金，神者火，魂者木。精主水，魄主金，金生水，故精者魄藏之；神主火，魂主木，木生火，故神者魂藏之。惟火之爲物，能鎔金而銷之，能燔木而燒之，所以冥魂魄。惟精在天爲寒，在地爲水，在人爲精；神在天爲熱，在地爲火，在人爲神；魄在天爲燥，在地爲金，在人爲魄；魂在天爲風，在地爲木，在人爲魂。惟以吾之精，合天地萬物之精，譬如萬水可合爲一水；以吾之神，合天地萬物之神，譬如萬火可合爲一火。以吾之魄，合天地萬物之魄，譬如金之爲物，可合異金而鎔之爲一金；以吾之魂，合天地萬物之魂，譬如木之爲物，可接異木而生之爲一木。則天地萬物皆吾精、吾神、吾魄、吾魂，何者死？何者生？

五藏之藏於一身，萬物之藏於天地，始皆同一無極中來，是故我之精神魂魄，則天地之水火木金，爲寒爲熱，爲燥爲風，皆莫出乎四端之外。知萬水可合爲一水，萬火可合爲一火，異金可鎔爲一金，異木可接爲一木，則知我之精神魂魄，可合於天地萬物之精神魂魄而爲一矣。是故天地萬物，皆吾精吾神、吾魂吾魄，何死何生哉！然則合萬爲一，一將何歸？曰復歸於無極。

五行之運，因精有魂，因魂有神，因神有意，因意有魄，因魄有精。五者迴環不已，所以我之僞心流轉造化，幾億萬歲未有窮極。然核芽相生，不知幾億萬株，天地雖大，不能芽空中之核，雌卵相生，不知幾億萬禽，陰陽雖妙，不能卵無雄之雌。惟其來干我者，皆攝之以一息，則變物我，無物非我。所謂五行者，孰能變之？

五行之運，始於天一生水，故精爲之先。因精有魂，因魂有神，因神有意，因意有魄，而魄又生精，五行相因，是故因祖有父，因父有己，因己有子，因子有孫。由物初已來，生生不已。其曰「我之僞心」云者，皆由妄意所想，幻情所攝，因妄生幻，流轉造化，不知幾億萬載，生民之無有窮極，物亦無有窮極也。蓋水火木金，非土不生，精神魂魄，非意不成，土麗四象，生成萬物，非土不能。夫天地雖大，不能芽空中之核，陰陽雖妙，不能卵無雄之雌，無意故也，蓋無意則不生。聖人無意，外之來干我者，攝之一息，我意既空，物將自化，五行孰能變之？

衆人以魄攝魂者，金有餘則木不足也；聖人以魂運魄者，木有餘則金不足也。蓋魄之藏，魂俱之；魂之游，魄因之。魂晝寓目，魄夜舍肝。寓目能見，舍肝能夢。見者魂，無分別，析之者分別。析之曰天地者，魂狃習也。夢者魄，無分別，析之者分別。析之曰彼我者，魄狃習也。土生金，故意生魄。神之所動，不名神，名意；意之所動，不名意，名魄。惟聖人知我無我，知物無物，皆因思慮計之而有。是以萬物之來，我皆對之以性，而不對之以心。性者，心未萌也。無心則無意矣，蓋無火則無土；無意則無魄矣，蓋無土則無金。一者不存，五者皆廢。既能渾天地萬物以爲魂，斯能渾天地萬物以爲魄。凡造化所妙皆吾魂，凡造化所有皆吾魄，則無有一物可役我者。

水木火土金，一而五，五而一者也，精神魂魄意亦然。有一則五者因而有之，順則相生，逆則相剋。夫天地之五行造化不一，故人之五神隱見於晝覺夜夢之中，分别狃習，無有定故也。惟聖知我無我、物無物，故無思慮計之之心，無心則無意，無意則無魄，一者不存，五者俱廢，斯能渾天地萬物爲魂爲魄。魂陽魄陰，魂輕清、魄重濁。凡造化之妙者皆吾魂，造化之有者皆吾魄，言魂魄則精神在焉，此吾所以能役萬物，無有一物能役吾者。吾性本空，於彼何有？學者工夫能造於此，雖未能至聖，亦聖人之徒也。

鬼云爲魂，鬼白爲魄，於文則然。鬼者，人死所變。云者風，風者木；白者氣，氣者金。風散故輕清，輕清者上天；金堅故重濁，重濁者入地。輕清者，魄從魂升；重濁者，魂從魄降。有以仁升者，爲木星佐；有以義升者，爲金星佐；有以禮升者，爲火星佐；有以智升者，爲水星佐；有以信升者，爲土星佐。有以不仁沉者，木賊之；不義沉者，金賊之；不禮沉者，火賊之；不智沉者，水賊之；不信沉者，土賊之。魂魄半之，則在人間。升魂爲貴，降魄爲賤；靈魂爲賢，厲魄爲愚；輕魂爲明，重魄爲暗；揚魂爲羽，鈍魄爲毛；明魂爲神，幽魄爲鬼。其形其居，其識其好，一本作名。皆以五行契之。惟五行之數，參差不一，所以萬物之朋，盈天地間猶未已也。以五事歸五行，以五行作五蟲，可勝言哉？譬如兆龜數蓍，至誠自契，五行應之。誠苟不至，兆之數之，無一應者。聖人假物以游世，五行不得不對。

人受形於父母，始因精神交感合乎意土，魂魄附之，凝爲胞胎，氣足形全，天性具而降生爲人。五藏五神，是爲五性，曰仁義禮智信，上應五星，下應五行，是故以仁升者爲木星佐，以不仁沉者木賊之，禮義智信之曰升曰佐、曰沉曰賊，其道亦然。觀其升魂爲貴，降魄爲賤，靈魂爲賢，厲魄爲愚之說，豈貴而賢者有魂無魄，賤而愚者有魄無魂乎？非也，魂强則魄弱，魄强則魂弱耳。然則貴而賢者，有時而降，則或賤或愚；賤而愚者，有時而升，則或貴或賢。是故君子修之吉，小人悖之凶。至謂輕明重暗，揚羽鈍毛，亦莫不然。夫明魂爲神，幽魄爲鬼，此則明而爲人，幽而爲鬼，明則復爲人也。精氣爲物，游魂爲變，觀變則可以知鬼神之情狀。方生方死，方死方生，變其形體，更其所居，易其性識，移其所好。今之吾，非昔之我矣，可不大哀耶！五行之數，參差不一，天地萬物，不可勝數。聖人遇物對境，我本無心，然不假於物，則無以游世，豈離五行而别有所謂道哉？學者知成性存存，至誠不息，故可游乎道義之門。聖人假之，吾亦假之，夫是之謂與造物者游。

五者具有魂。魂者識，目者精，色者神。見之者爲魂，耳口鼻心之類。在此生者，愛爲精，爲彼生父本；觀爲神，爲彼生母本。愛觀雖異，識生。彼生生本，在彼生者。一爲父，故受氣於父，氣爲水；二[一]爲母，故受血於母，血爲火。有父有母，彼生生矣。惟其愛之無識，如鎖之交；觀之無識，如燈之照。吾識不萌，吾生何有？

不言五有而言三者，節文也。精神渾合，魂識具焉，人受生於五識中來，故目視、耳聽、鼻嗅、舌嘗、心思，五官五識，此生彼生，如印印出，悉皆自然而然也。父之本以精愛，母之本以神觀。父精母血，愛觀雖異，爲識則同。男有鬚髯，外肖其父；女有容色，外肖其母，此生生不窮之道也。若夫愛如鎖交，觀如燈照，吾識既空，吾生何有？此不生不滅之道也。然則世出世間者，幾何人哉？

人之受生，因精有形，如桴叩鼓也；因形感神，如鼓有聲也；及其形亡，如桴已往，如桴叩鼓，鼓之形者，我之有也；鼓之聲者，我之感也。桴已往矣，餘聲尚在，終亦不存而已矣。鼓之形如我之精，鼓之聲如我之神。其餘聲者，猶之魂魄。知夫倏往倏來，則五行之氣吾何有哉？

〔一〕「二」，原作「水」，據上下文改。

也。然則精神入其門，骨骸返其根，而魂魄未泯者，餘聲未息也。雖然，終亦不存而已矣。知夫倏往倏來，皆五行之氣，於我何有哉？噫！聚有爲象，適得吾體，散去無形，不失吾常。惟能見得真有吾常者在，方可與言朝聞夕死之道，其或未然，不免又墮桴鼓之聲。

夫果之有核，必待水火土三者具矣，然後相生不窮。三者不具，如大旱、大澇、大塊，皆不足以生物。夫精水、神火、意土，三者本不交，惟人以根合之，故能於其中橫見有事。猶如術祝者，能於至無中見多有事。

雨爲真水，日爲真火，土得水火，發生萬物。夫果之有核，必待三者具而後萌。百穀草木，皆如之然。水勝則澇〔一〕，火勝則旱，雖有其土，物不能生。蓋精水、神火、意土本不自交，惟人以根合之，故能橫見其事隨物發生。噫！玄牝門，天地根，合者其誰耶？知谷神不死，則知呵祝鬼神，無中生有，變化萬狀，術亦多矣。

魂者，木也。木根於冬水，而華於夏火。故人之魂藏於夜精，而見於晝神。合於精，故所見我獨，蓋精未嘗有人；合乎神，故所見人同，蓋神未嘗有我。

〔一〕「澇」，原作「勞」，據子藏本改。

前言果之有核，此言木之有魂，其文不同，而理實相貫。蓋木之根於冬、芽於春、華於夏、實於秋，夫華葉不同，而根則一焉。且人之夜夢晝覺，魂與之俱。惟精一無神，故合於精者，所見我獨，獨則無人矣；神一無我，合於神者，所見人同，同則無我矣。嗚呼！人之至於歸根復命，魂神歸天，魄骸返地，孰爲我？孰爲人？

知夫此身如夢中身，隨情所見者，可以飛神作我而游太清；知夫此物如夢中物，隨情所見者，可以凝精作物而駕八荒。是道也，能見精神而久生，能忘精神而超生。吸氣以養精，如金生水；吸風以養神，如木生火，所以假外以延精神。漱水以養精，精之所以不窮；摩火以養神，神之所以不窮，所以假內以延精神。若夫忘精神而超生者，吾嘗言之矣。

中央之國，以覺所爲者實，夢所見者妄；古莽之國，以夢所爲者實，覺所見者妄。是故知夫此身此物如夢中身、夢中物，隨情所見，則可以飛神作我而游太清，可以凝精作物而駕八荒，皆不出乎精神之妙，故曰「能見精神而久生，能忘精神而超生」。至於吸氣吸風，漱水摩火，假內假外，養精養神，此則延生之道也。吁！覺夢生死，孰爲物？孰爲妄？惟同床各夢者知之。

人勤於禮者，神不外馳，可以集神；人勤於智者，精不外移，可以攝精；仁則陽而明，可以輕魂；義則陰而冥，可以御魄。

天有五星，人有五常，同出而異名者也。火星主禮，在心爲神，故勤於禮者可以集神；水星主智，在腎爲精，勤於智者可以攝精；木星主仁，在肝爲魂，勤於仁者可以輕魂；金星主義，在肺爲魄，勤於義者可以御魄；土星主信，在脾爲意，意〔一〕統四神，不言信，信在其中矣。蓋無五神不足以存五常之體，無五常不足以發五神之用。知體而不知用，不可也；知用而不知體，其可乎？惟知體知用，知人知天，然後可盡爲賢爲聖之道。

蜣蜋轉丸，丸成而精思之，而有蠙白者存丸中，俄去殼而蟬。彼蜣不思，彼蠙奚白？

蜣蜋之於蠙白，猶蜾蠃之於螟蛉也，本非吾有，皆由精思而成，故曰「彼蜣不思，彼蠙奚白」。觀夫世人之一動一靜，萬事萬物，善惡生死，當其未形，本無彼我，莫不因其有而神應之也。世固有思而不成，不思而成者矣。思而不成，人也；不思而成，天也。思其可不成乎？

庖人羹蟹，遺一足几上。蟹已羹，而遺足尚動。是生死者，一氣聚散耳。不生不死，而人橫計曰生死。

〔一〕「意意」，原本漫漶，據子藏本改。

生死者，一氣聚散耳。蟹已虀而遺足尚動，餘氣未絶也，彼惡能久動哉？凡物之具形氣者，必有無形氣者主乎其中而後有生焉。是故有形氣者，生必有死；無形氣者，生死何有哉？彼横計者，是妄執形氣爲我有也。還要知無形氣之我者乎？請問庖人。

有死立者，有死坐者，有死卧者，有死病者，有死藥者，等死，無甲乙之殊。若知道之士，不見生，故不見死。

有生不生，有化不化，夫是之謂真我，惡有生死云哉？世人見有坐脱立亡，則曰彼能超脱生死；見有即病藥死，則曰彼爲不了性命。豈知等皆幻身之事，所死不同，其爲死則一，孰爲甲？孰爲乙？知道者則不然。

人之厭生死、超生死者，皆是大患也。譬如化人，若有厭生死心、超生死心，止名爲妖，不名爲道。

萬物之於人，同一氣耳。當其生也，不得不生；當其死也，不得不死。自具真常者在，何妄有厭生死、超生死之心耶？一有是心，則生爲大患，死爲妖孽，惡足與語真常之道？

計生死者，或曰死已有，或曰死已無，或曰死已或有或無，或曰死已不有不無；或曰當幸者，或曰當懼者，或曰當任者，或曰當超者。愈變情識，馳騖不已。殊不知我之生死，如馬之手，如牛之翼，本無有，復無無。譬如火水，雖犯水火，不能燒之，不能溺之。

生必有死，無古今，無聖愚，一也，孰得而逃之哉？當不必計之，可也。一有妄計生死，如八或之言者，是皆愈變情識，馳騖不已，適足以益其昏迷，妄喜妄懼，譬如馬手牛翼，世未之見，汝欲見之乎？未知生，焉知死？蓋生之道即死之道也，生不聞道，死何由悟道哉？能知水火可合而不溺不焚，則死生之道畢矣。

五鑑篇 鑑者，心也。凡二十章。

心蔽一作蔽不同。吉凶者，靈鬼〔二〕攝之；心蔽男女者，淫鬼攝之；心蔽幽憂者，沉鬼攝之；心蔽放逐者，狂鬼攝之；心蔽盟詛者，奇鬼攝之；心蔽藥餌者，物鬼攝之。如是之鬼，或以陰爲身，或以幽爲身，或以風爲身，或以氣爲身，或以土偶爲身，或以畫像爲身，或以老畜爲身，或以敗器爲身。彼以其精，此以其精，兩精相薄，而神應之。爲鬼所攝者，或解奇事，或解異事、瑞事。其人傲然，不曰鬼於躬，惟曰道於躬。久之，或死木，或死金，或死繩，

〔二〕「鬼」，原作「魂」，據上下文改。

或死井。惟聖人能神神而不神於神，役萬神而執其機，可以會之，可以散之，可以禦之。日應萬物，其心寂然。

鑑，心也。心者神之舍。人苟見道不明，心起外慕，泥於吉凶，溺於淫泆，至於幽憂放逐、盟詛藥餌，外物蔽心，爲鬼所攝，皆有兩精相薄，此感彼應。因此有如是之心，則彼有如是之鬼，或解奇異之事，或致祥瑞之物，不知爲鬼所攝，自謂其術通靈，傲世驕人，賈售愚俗。久之幽陰入體，風氣入心，斵喪精神，斃於非命，沉淪鬼趣，不自知覺，哀哉！彼知神而神，不知不神所以神也。是故以道莅天下者，其鬼不神。惟聖人心如明鑑，影去不留，會之散之，寂然不動，故可以侔造化，和陰陽，使物不疵癘，而年豐穀熟者，此其爲妙萬物之神乎！

無一心，五識並馳，心不可一；無虛心，五行皆具，心不可虛；無靜心，萬化密移，心不可靜。借能一則二偶之，借能虛則滿實之，借能靜則動搖之。惟聖人能斂萬有於一息，無有一物可役吾之明徹；散一息於萬有，無有一物可間吾之云爲。

心貴湛然，道固無字。然道無，便是有了。蓋一念纔起，即是一物。借能一而不二，虛而不實，靜而不動，然何以逃五識五行之於萬化者哉？惟聖人心同太虛，不有物亦不無物，斂之散之於一息之頃，無一可役吾之明徹，無一可間吾之云爲，所謂得大自

在，與造物爲友者歟？

火千年，俄可滅；識千年，俄可去。

木未鑽時，不名爲火。人未生時，何者爲識？火始燧人鑽木以來，因膏因薪，續焰不已，有一煙冷灰寒、薪盡不續者，火千年俄可滅也。識猶火然，人始物初分形已來，捨生受生，變化不已，有一坐斷虛空、一念不生，識千年俄可去也。雖然，自非心鑑虛明，影□□□者，識豈易去哉！

流者舟也，所以流之者，是水非舟；運者車也，所以運之者，是牛非車；思者心也，所以思之者，是意非心。不知所以然而然，故其來無從，其往無在。其來無從，其往無在，故能與天地本原，不古不今。

舟因水流，車因牛運，使無人以御之，其何以行之哉？心之於意也，亦猶是焉。火生志，志生意，主之者思也，蓋思則得之，不思則不得矣。然其來無從，其去無在，莫知其然而然，故能與天地同其本原，真空一性，今猶古然。

知心無物，則知物無物；知物無物，則知道無物；知道無物，故不尊卓絕之行，不驚微妙之言。

無物云者，在心忘心，在物忘物，在道忘道，三者俱忘，是名爲道。何卓絕之行可尊，微妙之言可驚哉？言者，鳴道之器；行者，行道之具。言行固非道也，然捨言行，道將何歸？

物我交心生，兩木摩火生。不可謂之在我，不可謂之在彼；不可謂之非我，不可謂之非彼。執而彼我之則愚。

心本無形，交物而生；火本無形，摩木而生。心火同義，神神無我。愚者執而彼我之，適足以二我之心也。惟忘彼我者，不見心，不見物。

無恃爾所謂利害是非。爾所謂利害是非者，果得利害是非之乎？聖人方且不識不知，而況於爾？

天下亦有無利害是非者乎？四者如影隨形，不相遠離，一有貪利忘害，是已非人，而恃權作威，自謂得志者，不旋踵間，而害之非之至，是可哀也。聖人非無利害是非，惟無利害是非之心，是故不識不知，況爾有心，其可久恃？

夜之所夢，或長於夜，心無時。生於齊者，心之所見皆齊國也，既而之宋、之楚、之晉、之梁，心之所存各異，心無方。

昔人有言曰：「南不夢駞，北不夢象。」蓋晝所不見，夜所不夢也，則知夢由識生。惟心無時，故夢或長於夜，華胥之夢是也；心無方，故宋或異於齊，南柯之夢是也。古之人夢已多矣，今之開眼作夢者，更爲不少。

善弓者，師弓不師羿；善舟者，師舟不師奡；善心者，師心不師聖。

身具天地，心具造化，道在我矣。聖人豈外此而別有所謂道哉？故善心者不賈不借，而吾之道未嘗不足也。聖人遠矣，求之吾心，師有餘焉，善弓善舟，道亦如之。

是非好醜，成敗盈虛，造物者運矣，皆因私識執之而有。於是以無遺之，猶存；以非有非無遺之，猶存；無曰莫莫耳，無曰渾渾耳，猶存。譬猶昔遊再到，記憶宛然。此不可忘，不可遣。善去識者，變識爲智。變識爲智之説，爾知之乎？曰：想如思鬼心慄，思盜心怖。曰：識如認黍爲稷，認玉爲石，皆浮游罔象，無所底止。譬覩奇物，生奇物想，生奇物識。此想此識，根不在我。譬如今日，今日而已，及至於來日，想識殊未可卜。及至來日，紛紛想識，皆緣有生。曰想曰識，譬犀望月，月形入角，特因識生，始有月形，而彼真月，初不在角。胸中之天地萬物亦然。知此説者，外不見物，内不見情。

心生於物，死於物，機在目。噫！目者，心之户；神者，心之主。外物之來，是非好醜，成敗盈虛，私識害心，如油入麪，皆因執之而有。注想不忘，是不知有造化之運也，是故遺之猶存。善去識者，變識爲智，智則不爲私識害矣。人心思鬼心慄，思盜心怖，與夫認黍爲稷、認玉爲石，以妄生妄，想識紛紛，無所底止。譬犀望月，月形入角，終犀之身，月不可去。角本無識，使犀不望月，月形何生？故曰機在目。我之胸中天地萬物，亦猶是焉。想識既空，物情何有？

物生於土，終變於土；事生於意，終變於意。知夫惟意，則俄是之，俄非之，俄善之，俄惡之。意有變，心無變；意有覺，心無覺。惟一我心，則意者塵往來耳，事者倏起滅耳。吾心有大常者存。

正心誠意，脩身之本也。而曰夫意，俄是俄非，俄善俄惡，則是未至於誠也。誠則不變矣，不變則意之所覺與心爲一。塵之往來，事之起滅，生於意者變於意，猶物之生於土者變於土。吾心自有大常不變者存，惟志誠無息者知之。

情生於心，心生於性。情，波也；心，流也；性，水也。來干我者，如石火頃。以性受之，則心不生，物浮浮然。

先天地而不老，後天地而長存者，其性矣乎！心則與生俱生，而天之命我者存乎其中；情則心之發乎，應事接物之頃者也。觀以水喻，爲得之矣。凡物之來干我者，受之以性而不受之以心，故無不中節，天地其有不位，萬物其有不育者乎？

賢愚真僞，有識者，有不識者。彼雖有賢愚，彼雖有真僞，而謂之賢愚真僞者，繫我之識。知夫皆識所成，故雖真者亦僞之。

人之賢愚真僞，未易區別，好惡不同也。況我之賢愚真僞未必自識，惡能盡識彼之賢愚真僞者哉？知夫皆我妄識所成，故雖真者亦僞之，僞即妄也，與其妄生區別，孰若兩忘而化於道？

心感物，不生心，生情；物交物，不生物，生識。物尚非真，何況於識！識尚非真，何況於情！而彼妄人於至無中執以爲有，於至變中執以爲常。一情認之，積〔一〕爲萬情〔二〕；萬情認之，積爲萬物。物來無窮，我心有際。故我之良心受制於情，我之本情受制於物。可使之去，可使之來，而彼去來，初不在我，造化役之，固無休息。殊不知天地雖大，能役有形，而不能役無形；陰陽雖妙，能役有氣，而不能役無氣。心之所之，則氣從之；氣之所之，則形應之。猶如太虛，於一氣中變成萬物，而彼一氣不名太虛。我之一心能變爲氣爲形，而我之心無氣無形。知夫吾之一心無形無氣，則天地陰陽不能役之。

物之害心也甚矣，感物而動，情識生焉。積一情爲萬情，變萬情爲萬物，妄執爲有，認變爲常，以有際之心，應無窮之物，良心受制，無有休息，皆有形氣之使然。夫是

〔一〕「積」，原本漫漶，據子藏本改。
〔二〕「情」，原作「物」，據注文改。

之謂物役者也，惡知我有無形氣者存，天地陰陽不能役之哉？嗚呼！太虛我心，吾心太虛，物往物來，於我何有？

人之平日，目忽見非常之物者，皆精有所結而使之然；人之病日，目忽見非常之物者，皆心有所歉而使之然。苟知吾心能於無中示有，則知吾心能於有中示無。但不信之，自然不神。或曰厥識既昏，孰能不信？我應之曰：「如捕蛇師，心不怖蛇。彼雖夢蛇，而無怖畏。」故黄帝曰：「道無鬼神，獨往獨來。」

禎祥妖孽，見於非常等〔一〕也，然曰興曰亡，宜有間焉。平日見之猶興之兆，病日見之猶亡之兆。愚者無中示有，意其必有使之者矣，彼惡能不信哉？惟聖人有中示無，吾不信之，自然不神，故曰：「道無鬼神，獨往獨來。」黄帝有之。捕蛇師〔二〕心不怖蛇，其亦知道已矣。

吾之思慮日變，有使之者，非我也，命也。苟知惟命，外不見我，内不見心。

心即我，我即心，本無思慮，然不免有思慮之變者，命使之也。苟知惟命是聽，則

〔一〕「等」，疑當作「時」。

〔二〕「師」，原作「怖」，據經文改。

知我命在天，不容思慮，惟樂天知命者知之。

譬如兩目，能見天地萬物，暫時迴光，一時不見。

人生在世，事物滿前，一息瞑目，萬事歸空。譬如夢中所見諸有，一睫開眼，無有存者。大人達觀，於是悟得萬事萬物自有自無，適去適來，無關於道。我能常應常靜，暫時迴光，心境俱融，滿腔真樂，何見之有？

目視雕琢者，明愈傷；耳聞交響者，聰愈傷；心思玄妙者，心愈傷。

道貴自然，物貴樸素，奚以雕琢交響玄妙爲哉？目視耳聽，玩物喪志，不特愈傷聰明，心亦不待思而傷矣。惟能收視返聽，則幾於道。

勿以我心揆彼心，當以彼心揆彼心。知此説者，可以周事，可以行德，可以貫道，可以交人，可以忘我。

人心不同，有如其面，面不同則心不同，心不同則智力不同，詎可以己心揆彼之心哉？知人者智，自知者明。能揆彼心而無責備，則事無不周，德無不行，道無不貫，人無不交矣。惟能以人揆人，則能在我忘我。

天下之理，小不制而至於大，大不制而至於不可制。故能制一情者，可以成德；能忘一情者，可以契道。

聖人制己而不制人。知制人而不知制己者，衆人也。天下之理，有不難見，能制己則大事可小，小事可無。不能制己而惟務制人者，無事生事，小事成大，鮮不至於不可制矣。此無他，皆由情之所使。能制一情，可以成德，賢人也；能忘一情，可以契道，聖人也。

六匕篇凡十六章。

世之人以我思異彼思、彼思異我思分人、我者，殊不知夢中人亦我思異彼思、彼思異我思。孰爲我？孰爲人？世之人以我痛異彼痛、彼痛異我痛分人、我者，殊不知夢中人亦我痛異彼痛、彼痛異我痛。孰爲我？孰爲人？爪髮不痛，手足不思，亦吾也，豈可以思痛異之！世之人以獨見者爲夢、同見者爲覺，殊不知精之所結，亦有一人獨見於晝者；神之所合，亦有兩人同夢於夜者。二者皆我精神，孰爲夢？孰爲覺？世之人以暫見爲夢、久見爲覺，殊不知暫之所見者，陰陽之氣；久之所見者，亦陰陽之氣。二者皆我陰陽，孰爲夢？孰爲覺？

匕，進食之具也。食能養形，亦能害形，知形爲虛幻，則食亦可厭。不知養神而泥養形者，蓋不知有真吾，而妄以覺夢思痛分彼我也。知爪髮不痛、手足不思亦我，惡有思痛之意、覺夢之殊哉？獨見爲夢，同見爲覺，皆我精神；暫見爲夢，久見爲覺，皆我陰陽。知精神之大同，則我無思痛；知陰陽之大同，則我無夢覺。神得其養，形其有不養乎？

好仁者，多夢松柏桃李；好義者，多夢刀兵金鐵；好禮者，多夢簠簋籩豆；好智者，多夢江湖川澤；好信者，多夢山岳原野。役於五行，未有不然者。然夢中或聞某事，或思某事，夢亦隨變，五行不可拘。聖人御物以心，攝心以性，則心同造化，五行亦不可拘。

萬物之於人，同一五行造化中來。晝交爲識，夜交爲夢，是故好仁者多夢木，好義者多夢金，好禮、好智、好信，各隨心之所感而夢之。役於五行，未有不然者。夢之中忽有别間，夢亦隨變，則非五行之可拘。況聖人以心御物，以性攝心，心同造化，五行安能拘之？

汝見蛇首人身者，牛臂魚鱗者，鬼形禽翼者，汝勿怪。此怪不及夢，夢怪不及覺。有耳有目，有手有臂，怪尤矣。大言不能言，大智不能思。

物以慣見爲常，横見爲怪，忽有蛇首人身、牛臂魚鱗、鬼形禽翼者，謂之怪物。此怪不及夢。方其夜寢瞑目，本無所有，夢中横見異物，駭目驚心，謂之怪夢。怪夢不及覺。我未生時，本無實相，今有耳目手臂、九竅百骸，尤可怪矣。而況加以奇冠異服，躁動無□，叫嘯呼號，衝冠折屐，豈不大可怪耶？執其橫見，失其真我，雖有大辯大智，莫能言之，莫能思之。

有人問於我曰：「爾族何氏？何名何字？何衣何食？何友何僕？何琴何書？何古何今？」我時默然，不對一字。或人叩之不已，吾不得已而應之曰：「尚自不見我，將何爲我所？」

人之切己，莫如吾身。以道觀之，尚非吾有，而況族氏名字。種種外物既假，愈失吾真。當必有造物者主乎其中，假我則有，奪我則無。真人慈愍，世人不悟，設爲有相之問，對以無言之答，獨露真空，坦然明白。或人尚未之悟，叩之真人，不得已而應之曰：「尚自不見我，將何爲我所？」學者能於假裏淘真，久之，真人出見，我所可知。

形可分可合，可延可隱。一夫一婦，可生二子，形可分；一夫一婦，二人成一子，形可合。食巨勝則壽，形可延；夜無月火，人不見我，形可隱。以一氣生萬物，猶棄髮可換，所以分形；以一氣合萬物，猶破唇可補，所以合形。以神存氣，以氣存形，所以延形；合形於神，合神於無，所以隱形。汝欲知之乎？汝欲知之乎？

造化之妙，精依形生，神依氣盈。知彼夫婦之相合生子，則知我之無中生有，分之合之，延之隱之，皆不離乎精氣神三者而已。原其始，則虛化神，神化氣，氣化精，精全而形之所以生也；要其終，則形化精，精化氣，氣化神，神全而道之所以成也。汝欲知之乎？真道養神，僞道養形。汝欲知之乎？形神俱妙，與道合真。

無有一物不可見，則無一物非我之見；無有一物不可聞，則無一物非我之聞。五〔一〕物可以養形，無一物非我之形；五味可以養氣，無一物非我之氣。是故我之形氣，天地萬物。

吾與天地萬物同一橐籥，無聖愚，無貴賤，一也。固知五物養形，五味養氣。然五藏之容納有量，少則爲養，多則爲害。人知盜萬物而生，不知爲萬物盜之而死。蓋壽有可延，禄不可增，一或享用過分，暴殄天物，未有不促其壽者。是故聖人節飲食以養吾之形氣，省見聞以養吾之精神，肯以天物暴殄者哉！

耕夫習牛則獷，獵夫習虎則勇，漁夫習水則沈，戰夫習馬則健，萬物可爲我。我之一身，内變蟯蛔，外蒸蚤虱，瘕則龜魚，瘻則鼠蟻，我可爲萬物。

習氣之移人也，若牛若虎，若水若馬，皆能移人之性，故耕夫獷、獵夫勇、漁夫沈、戰夫健，習以成性，是萬物可爲我。至若内變蟯蛔，外蒸蚤虱，瘕之龜魚，瘻之鼠蟻，皆

〔一〕「五」，原作「吾」，據子藏本改。

由積氣所化，是我可爲萬物。豈惟此哉？外習移人，非止一端，故習善則爲君子，習惡則爲小人，世故有擇地而處，擇人而交者，其知道矣乎！

我之爲我，如灰中金，而不若礦砂之金。破礦得金，淘砂得金。揚灰終身，無有得金者。

真我無相，如灰中金，故曰「揚灰終身無得金」，知此則知無相之我是爲真我也。然則又曰「不若礦砂之金」，何耶？此爲執色相以求吾者言也。殊不知吾之清静法身，不假色相，自然成真，無相之相，但不可以肉眼見耳。

一蜂至微，亦能游觀乎天地；一蝦至微，亦能放肆乎大海。

天地大海，萬物之所共有也，豈大禽大魚獨得以放肆游觀爲樂，而小蜂小蝦不得以同樂哉？天下之大，亦猶是焉。得其大者爲大人，得其小者爲小人。分有小大，其樂則均。惟大不厭小，故能成其大。

土偶之成也，有貴有賤，有士有女，其質土，其壞土者，人哉！

笑造物之造我，何異我之造其物乎？土偶之成也，兒有貴賤之殊，形有士女之别，其質皆土，其壞土者，人也。是故設像致敬，不復可慢，苟慢之必有禍焉。其像人而用之，土偶不可慢，人其可慢乎？

目自觀，目無色；耳自聽，耳無聲；舌自嘗，舌無味；心自揆，心無物。衆人逐於外，賢人執於内，聖人皆僞之。

人品不等，大概有三：目逐於色，耳逐於聲，舌逐於味，心逐於物，衆人也。非禮勿視，非禮勿聽，非禮勿言，非禮勿動，賢人也。逐於外者，玩物喪志；執於内者，未能忘情。賢愚雖殊，等非真覺，故曰「僞〔一〕之」。聖人外不逐〔二〕物，内不執心，故能日應萬機，如如不動。

我身五行之氣，其性一物。借如一所，可以取火，可以取水，可以生木，可以凝金，可以變土，其性含攝，元無差殊。故羽蟲盛，則毛蟲不育；毛蟲盛，則鱗蟲不育。知五行互用者，可以忘我。

仰觀宇宙之内，暑往則寒來，晝長則夜短，今古皆然，未有寒而不暑，晝而不夜者也。迴視吾身五行之氣，其性一物，含攝諸有，罔不同然。觀禽飛盛則獸走不育，獸走盛則鱗游不育，人欲望貴而富、壽而康，鮮矣。能知五行互用，不獨我有，使我可忘物，其有不忘乎？

〔一〕「僞」，原作「爲」，據子藏本改。
〔二〕「逐」，原作「發」，據子藏本改。

枯龜無我，能見大知；磁石無我，能見大力；鍾鼓無我，能見大音；舟車無我，能見遠行。故我一身，雖有智有力有音〔一〕，未嘗有我。〔二〕

域射影能斃我，知夫無知者亦我，則普天之下，我無不在。

心憶者猶忘飢，心忿者猶忘寒，心養者猶忘病，心激者猶忘痛。苟吸氣以養其和，孰能飢之？存神以滋其暖，孰能寒之？養五藏以五行，則無傷也，孰能病之？歸五藏於五行，則無知也，孰能痛之？

人無以無知無爲者爲無我，雖有知有爲，不害其爲無我。譬如火也，躁動不停，未嘗有我。

關尹子闡玄卷中

〔一〕「音」下，疑當有「有行」二字。

〔二〕「枯龜無我」以下四段經文，除「心憶者猶忘飢，心忿者猶忘寒，心養者猶忘病」三句爲大字外，其他文字均爲小字，或作眉批，或夾入正文，且無注文。今依經文格式録排。

關尹子闡玄卷下

七釜篇凡十三章。

關尹子曰：道本至無，以事歸道者，得之一息；事本至有，以道運事者，周之百爲。得道之至尊者，可以輔世；得道之獨者，可以立我。知道非時之所能拘者，能以一日爲百年，能以百年爲一日；知道非方之所能礙者，能以一里爲百里，能以百里爲一里。知道無氣能運有氣者，可以召風雨；知道無形能變有形者，可以易鳥獸。得道之清者，物莫能累，身輕矣，可以騎鳳鶴；得道之渾者，物莫能濁，身冥矣，可以席蛟龍。有即無，無即有，知此道者，可以制鬼神；實即虛，虛即實，知此道者，可以貫金石；上即下，下即上，知此道者，可以侍星辰；今即古，古即今，知此道者，可以卜龜筮。人即我，我即人，知此道者，可以窺他人之肺肝；物即我，我即物，知此道者，可以成腹中之龍虎。知象由心變，以此觀心，可以成女嬰；知氣由心生，以此吸神，可以成爐冶。以此勝物，虎豹可伏；以此同物，水火可入。惟有道之士能爲之，亦能能之而不爲之。

釜者，化物之器。法象坎离，功侔造化，雷以動之，風以散之，雨以潤之，日以烜之，變化萬物，與道同體。原夫道本無形，有形者物；道本無言，有言者事。是故有形道者四，知此道者六，知象知氣者二。以事歸道，得之一息；以道運事，周之百爲。得道之尊，可以輔世；得道之獨，可以立我。至於召風雨、易鳥獸、騎鳳鶴、席蛟龍、制鬼神、貫金石、侍星辰、卜龜筮，可以窺他人之肺肝，可以成腹中之龍虎，可以成女嬰，可以成爐冶，虎豹可伏，水火可入，凡十有六事，惟有道之士能爲之，亦能能之而不爲也。雖然，豈惟此哉？仁者見之謂之仁，智者見之謂之智，知變化之道者，其知神之所爲。人之力，有可奪天地造化者，如冬起雷，夏造冰，死尸能行，枯木能花，豆中攝鬼，杯中釣魚，畫門可開，土鬼可語，皆純氣所爲，故能化萬物。今之情情不停，亦氣所爲，而氣之爲物，有合有散，我之所以行氣者，本未嘗合，亦未嘗散。有合者生，有散者死，彼未嘗合、未嘗散者，無生無死，客有去來，郵常自若。

人有天地之心，然後可奪天地造化。天地何心哉？知冬有時而鼓，夏有時而雹，則冬雷夏冰皆可爲之。至於畫門可開，土鬼可語，斯八者皆純氣所爲，以道觀之，乃則劇耳。關尹答列子之問「至人潛行不窒，蹈火不熱，行乎萬物之上而不慄」，曰「是純氣之守也」。至人之道，守以無心之心，煉氣成純，故能化萬物。初非智力之所能及也，今之情情相續、晝夜不停者，是皆爲氣所使，而望氣純物難化矣。衆人氣合則生，氣散則死，惟至人真氣純全，無合無散，故無生無死。噫！客有去來，郵常自若，客者其誰耶？

有誦祝者，有事神者，有墨字者，有變指者，皆可以役神御氣，變化萬物。惟不誠之人，難於自信，而易於信物，故假此爲之。苟知惟誠，有不待彼而然者。

神鬼之事，其來古矣。少昊晚衰，九黎亂德，民人雜揉，家爲巫史，神狎於民，皆由不明正道，爲鬼所惑，不能自信於吾心之神，而反易信於外物之鬼。觀夫誦呪、事神、墨字、變指，因知神可役、氣可御、物可變，然非至誠之道也，不過假此以化不誠之人。苟知是誠在我，則夫動天地、感鬼神，有不待彼而然者，吾自有不神者神。

人一呼一吸，日行四十萬里，化可謂速矣。惟聖人不存不變。

天一日西行一周，日一日東行一度，人但見日西行之速，不知爲天運之速也。此章言「人一呼一吸，日行四十萬里，化可謂速」者，正謂吾身之化，呼吸不同，如白駒之過隙，不瞬息間，昔我今非，今吾非故吾矣。惟聖人知古今之大同，故不逆化而存，不順化而變。今之日、昨之日、明之日，今之日也，孰爲存？孰爲變？

青鸞子千歲而千歲化，桃子五仕而心五化。聖人賓事去物，豈不欲建立於世哉？有形

數者，懼化之不可知也。

有形數者必有化。青鸞子，古之得道者也。惟其有形有數，故千歲而千歲化，是則無時不化者矣。桃子，古之賢人也，伍仕而心五化，是則不能不化者矣。至若孔子行年六十而六十化，曾子再仕而心再化，先聖後聖，其揆一也。然則聖人之大功大德，豈不欲建立於當世哉？惟其化之不可知也，故賓其事而不爲主，去其物而不我有，化所當化，又何懼焉？

萬物變遷，雖互隱互見，氣一而已。惟聖人知一而不化。

造化之盈天地間者，散則氣，聚則物。氣無形，物有形，是知氣是無形物，物是有形氣。夫形有變遷，故互隱互見；氣一而不化，故無古無今。惟聖人知有非氣非形者存，何化之有？

爪之生，髮之長，榮衛之行，無頃刻止。衆人能見之於著，不能見之於微。聖人順化，所以無化。

爪髮，著於外者也，有生有長，人皆見之；榮衛，隱於内者也，周流百脈，人莫見之。血爲榮，氣爲衛，血爲太陰，氣爲太陽，晝行於表，夜行於裏，二者同然。其不同者，氣行遲，一晝夜流行一周；血行速，一晝夜流行五十周。人身經脈，長一十六丈二尺，一呼一吸，血行六寸，一百七十息爲一周之數，晝夜一萬三千六百息周五十度，寅時會氣血於風府，終身如之，一有差忒，百病隨生。是故人之生也，嬰化孩、孩化童、童化壯、壯化老、老化死，皆由血氣而然。惟聖人任化不化，蓋有非氣非血者存。

室中有常見聞矣。既而之門、之鄰、之里、之黨，既而之郊、之山、之川，見聞各異，好惡隨之，和競從之，得失成之。是以聖人動止有戒。

室中有常見聞者，果何物耶？收視返聽，吾心自有真常之天，可不出户而知天下。一或自昧而有外慕之心，則之門、之鄰、之山、之川，見聞各異，好惡隨之，和競生焉，得彼失此，去道遠矣。易曰：「不出户庭，無咎。」

譬如大海，能變化億萬蛟魚，水一而已。我之與物，蓊然蔚然，在大化中，性一而已。知夫性一者，無人無我，無死無生。

太虚寥寥，一大化爐，橐籥元氣，鼓鑄群生，同一天性中來，豈非爲物不二、生物不測者乎？夫天性本一，無人我、無死生。形則不然，人之受形於世，如蛟魚之在大海，龍猶聖人，蛟猶賢人，魚則衆人也。知海能變化億萬蛟魚，水一而已，則知造物變化億萬我人，性本無二，故曰通乎億萬事畢。

天下之理，是或化爲非，非或化爲是；恩或化爲讎，讎或化爲恩。是以聖人居常慮變。

天道靡常，人情易變。是或化爲非，非或化爲是者，蓋事有似是而非、似非而是，疑似反覆，理之必致。世有盡羿之道而挽羿之弓者，豈非恩化讎乎？有昔寇讎而今臣僕者，豈非讎化恩乎？是故居常慮變，聖人亦有所不免，況塵凡中識之人乎？

人之少也，當佩乎父兄之教；人之壯也，當達乎朋友之箴；人之老也，當警乎少壯之說。萬化雖移，不能厄我。

道德仁義，人之大本也。其曰少佩父兄之教，學此也；壯達朋友之箴，行此也；老警少壯之執，成此也，一生之能事畢矣。萬化不能厄我，人能厄我乎哉？夫幼而不學，長而無成，老而不死者，非萬化厄之，自厄之也。

天下之理，輕者易化，重者難化。譬如風雲，須臾變滅；金玉之性，歷久不渝。人之輕明者，能與造化俱化而不留，殆有未嘗化者存。

天理人欲，同出一性，理輕清，欲重濁。觀風雲之須臾變滅，金玉之歷久不渝，以知天理易明，人欲難去。人之一性輕明，純乎天理，則能與造化俱化，而有未嘗化者存，則非過化存神者，其孰能之？

二幼相好，及其壯也，相遇而不相識；二壯相好，及其老也，相遇而不相識。如雀蛤鷹鳩之化，無昔無今。

造化密移，物情俄變，過眼如不識，轉面如隔世。觀夫二幼相好，壯相遇而不相識；二壯相好，老相遇而不相識，化亦速矣。且人之生也，有形皃之可觀，有音聲之可辨，離隔歲久，尚不相識，況前生之我？既隔生化，已無形聲之可辨，我自不識，人其識我乎？惟其不識，是名真吾，如雀化蛤、鷹化鳩，則知形有生化，性無生化，孰爲昔？孰爲今？

八籌篇凡六章。

古之善揲蓍灼龜者，能於今中示古，古中示今；高中示下，下中示高；小中示大，大中示小；一中示多，多中示一；人中示物，物中示人；我中示彼，彼中示我。是道也，其來無今，其往無古；其高無蓋，其低無戴〔一〕；其大無外，其小無内；其外無物，其内無人；其近無我，其遠無彼。不可析，不可合，不可喻，不可思，惟其渾淪，所以爲道。

籌，物也。有物必有數，雖聖人不能盡知，是故天生神物以前，民用蓍龜是也。揲之以誠，則可以成變化而行鬼神。其受命也如響，無有遠近幽深，遂知來物。龜卜意

〔一〕「戴」，疑當作「載」。

同，觀其十示十無，參以立言大意，正以形容神無方而易無體，故曰「不可析、不可合、不可喻、不可思」，蓋易無思也，無爲也。惟其歸於渾淪之道，所以無不包、無不在、無不知也。非天下之至神，孰能明之？古之善蓍龜者，捨羲、文、周、孔，殆非後學之所能及。吁！人知有卜筮之蓍龜，不知有聖賢之蓍龜，其何以知變化之道，知神之所爲乎？

水潛，故蘊爲五精；火飛，故達爲五臭；木茂，故華爲五色；金堅，故實爲五聲；土和，故滋爲五味。其常五，其變不可計；其物五，其雜不可計。然則萬物之在天地間，不可執謂之萬，不可執謂之五，不可執謂之非五，不可執謂之非萬。或合之，或離之，以此必形，以此必數，以此必氣，徒自勞耳。物不知我，我不知物。

有天地然後萬物生焉，一變而五，五變而萬，不爲不足；萬變而五，五變而一，不爲有餘。觀夫水潛、火飛、木茂、金堅、土和，五行不失其性，則發爲五精、五臭、五色、五聲、五味，皆自然之道。及乎參五錯綜，其常變，其物雜，有不可勝筭者，是知萬物之在天地間，或合或離，殆有不可知其然而然。人以此爲必形、必數、必氣，執而有之者，不勞於斂藏，則勞於會計，適足以自苦其心，曾不若物我兩忘而化於道。蓋物之在天下，猶在我也。

即我心中，可作萬物。蓋心有所之則愛從之，愛從之則精從之。蓋心有所結，先凝爲水，心慕物涎出，心悲物泣出，心愧物汗出。無暫而不久，無久而不變。水生木，木生火，火生土，土生金，金生水，相攻相尅，不可勝數。嬰兒蘂女，寶樓絳宮，青蛟白虎，寶鼎洪爐，皆此物，有非此物存者。

心者，神靈之府。知心可作萬物，則知萬物可爲一心，人亦靈矣。心，火也，而曰心有〔一〕所結，先凝爲水，何哉？心有所之，則愛從之，愛物也，水火升降，精神感化，神水生焉。隨情所變，爲涎、爲泣、爲汗，積暫成久，久則五行互相感〔二〕化，胎生、卵生、濕生、化生，物有不可勝計者矣。所謂玉嬰蘂女，寶樓絳宮，龍虎鼎爐之象，皆此物有者，豈外神水而别有此物耶？然則知非此物存者，惟形神俱妙者得之。

鳥獸俄呦呦，俄旬旬，俄逃逃；草木俄茁茁，俄亭亭，俄蕭蕭。天地不能留，聖人不能繫，有運者存焉耳。有之在彼，無之在此，鼓不桴則不鳴；偶之在彼，奇之在此，桴不手則不擊。

〔一〕「有」，原作「有心」，據經文改。
〔二〕「感」，原本漫漶，據子藏本改。

盈虚消長，否泰反復，何其速歟！觀夫鳥獸之呦呦而鳴，旬旬而來，逃逃而去，人之合離可知也；草木之茁茁然芽，亭亭然茂，蕭蕭然枯，人之榮悴可知也。天下之功名利禄，乃衆人之所共者，斗轉星移，倏彼倏此，蓋有載而運之者矣。天地不能留，聖人不能繫，豈匹夫匹婦之可長有耶？君子則不然，安此之無，任彼之有，鼓不桴不鳴也；安此之奇，任彼之偶，桴不手不擊也，運者其誰乎？

均一物也，衆人惑其名，見物不見道；賢人析其理，見道不見物；聖人合其天，不見道，不見物，一道皆道。不執之即道，執之即物。

道隱無名，有名者物。是故惑其名者，見物不見道，衆人也；析其理者，見道不見物，賢人也。惟聖人之心，純一合天。非不見道，物外無道也；非不見物，道外無物也。吾何執？

知物之僞者，不必去物。譬如見土牛木馬，雖情存牛馬之名，而心亡牛馬之實。

以我觀物，無物非僞，況見土牛木馬，當不待耕而知牛非真牛、馬非真馬矣。若夫名實未忘，一有擬議，便墮牛馬之惑。殊不知我之幻軀，四大假合，何往非僞？認而已之，不可也；知其僞而去之，不可也。故曰：「知物之僞者，不必去物。」吁！物不可去，身其可去乎？呼馬而馬，呼牛而牛，忘心既空，名實俱泯，自有真吾者存。

九藥篇凡三十一章。

勿輕小事，小隙沉舟；勿輕小物，小蟲毒身；勿輕小人，小人賊國。能周小事，然後能成大事；能積小物，然後能成大物；能善小人，然後能契大人。天既無可必者人，人又無能必者事。惟去事離人，則我在我，惟可即可。未有當繁簡可，當戒忍可，當勤惰可。

藥，雜治也。凡人處世，病蓋多矣，豈惟癢疴疾痛云哉！一語之失，即成一患；一事之差，即是一病。使無聖人藥石之言，隨病對治，未有不因小事而害大事，因小物而害大物，因小人而害大人也，可畏也哉！是故人之所畏，不可不畏。天且無可必者人，人胡有能必者事？況未能去事離人，吾何敢以我在我，可即可乎？借曰我能去事離人，奈人無能必之事，故未有當繁劇而簡慢可辦，當戒慎而强忍可爲，當勤勞而懈惰可了也。然則何爲而可哉？欲無沉舟，當塞小隙；欲無毒身，當避小蟲；欲無賊國，當遠小人；欲成大事，當慎小事；欲成大物，當積小物；欲契大人，當善小人。人能隨事而應病去藥，如有一朝之患，則君子不患矣。

智之極者，知智果不足以周物，故愚；辯之極者，知辯果不足以喻物，故訥；勇之極者，知勇果不足以〔一〕勝物，故怯。

天下之事物衆矣，非智者所能周，辯者所能喻，勇者所能勝也。知好智者勞，故大智若愚，而無勞生之患；知好辯者争，故大辯若訥，而無争競之患；知好勇者鬬，故大〔二〕勇若怯，而無毆傷之患。此豈世之愚者、訥者、怯者之所能哉？知智可及而愚不可及，則知訥之與怯豈易及哉？

天地萬物，無有一物是吾之物。物非我物，不得不應；我非我我，不得不養。雖應物，未嘗有物；雖養我，未嘗有我。勿曰外物，然後外我；勿曰外形，然後外心。道一而已，不可序進。

我與物宜有間矣？夫物非我物，我非我我，則是物我兼忘，能應物而不有物，能養我而不有我也。既不有物，又不有我，何待外物外我，外形外心，然後爲道哉？知千歲之日至，可坐而致者，則道可一息得之。

諦毫末者，不見天地之大；審小音者，不聞雷霆之音。見大者亦不見小，見邇者亦不

〔一〕「以」，原無，據子藏本補。
〔二〕「大」，原無，據上下文補。

見遠；聞大者亦不聞小，聞邇者亦不聞遠。聖人無所見，故能無不見；無所聞，故能無不聞。

大人者，以其聞見廣博、聰明過人，小人則局一己之耳目，不百步之外，杳無聞、瞑無覩，聰明淺矣，何足以見天地之大、聞雷霆之音哉？見聞小者固不能見聞其大，然則見聞大者亦不能見聞其小，遠邇亦然，何耶？聖人視聽不用耳目，因無所見、無所聞，故無不見、無不聞。此無他，聖人非不用耳目，蓋以天下之耳目爲聞見，此堯舜之聰明所以兼人而萬世稱聖，爲人上者聞見其可不廣乎？

目之所見，不知其幾何，或愛金，或愛玉，是執一色爲目也。耳之所聞，不知其幾何，或愛鐘，或愛鼓，是執一聲爲耳也。惟聖人不慕之，不拒之，不處之。

天下之物，何莫非愛？自其有者觀之，凡吾耳目所及，莫非我有；自其無者觀之，雖吾六尺之軀，亦非吾有，獨以金玉鐘鼓爲愛耶？若人者，是執一色爲目，一聲爲耳，則其愛偏矣。聖人無心於物，來者不拒，去者不追，任萬物之自然，無偏愛故無不愛。

善今者可以行古，善末者可以立本。

爲今人而行古道，孰不嘉尚？然則欲行古道，須通今俗；欲立本原，須存末務。一或罔究，則是愚而好自用，賤而好自專，鮮不蹈災，及其身之戒也。吁！善道豈易行哉？

狡勝賊，能捕賊；勇勝虎，能捕虎。能克己，乃能成己；能勝物，乃能利物；能忘道，乃能有道。

勝人者有力，自勝者强。人之狡有甚於賊，勇有甚於虎，而不能自勝者衆矣。其何望於成己者哉？何以成己？曰克己而已。何以勝物？曰利而不害。是故在物忘物，物無不利；在道忘道，道無不有。

函堅則物必毁之，剛斯折矣；刀利則物必摧之，鋭斯挫矣。威鳳以難見爲神，是以聖人以深爲根；走麝以遺香不捕，是以聖人以約爲紀。

函堅善衛，兆毁之端也，雖剛必折；刀利善割，取摧之端也，雖鋭必挫。曾不如鳳之難見，麝之遺香，若有得於聖人之深根約紀，剛鋭其可恃乎？

瓶有二竅，以水實之，倒瀉閉一，則水不下，蓋不升則不降；井雖千仞，汲之則上，蓋不降則不升。是以聖人不先物。

報施之理如瓶井焉。應物先機，不可不謹。觀夫水之不升則不降，不降則不升，瓶井曾何心哉？理所然也。是以聖人不先物，知此道者，能隨人而不先人，處世之道莫善乎此。

人之有失，雖已受害於已失之後，久之，竊議於未失之前。惟其不恃己聰明，而兼人之聰明，自然惟其無我，而兼天下之我，終身行之，可以不失。

人之有失，患不能改，改過則不失爲全人，改之何如？竊議前日之恃己聰明，知有我而不知有人，故因失受害。今而幡然改是，悔其自恃之失而兼用人之聰明，是兼天下之我也。人之所好好之，人之所惡惡之，可以終身行之而無失也已。

古今之俗不同，東西南北之俗又不同，至於一家一身之善又不同，吾豈執一豫格後世哉？惟隨時同俗，先機後事，捐忿塞欲，簡物恕人，權其輕重而爲之，自然合神不測，契道無方。

上古至聖神人，先辨異類音聲，次通八方人民，蓋風俗不同也。今我不辨方域之殊，風俗之異，執一己望豫格於後世，難矣！觀其隨時同俗，先機後事，懲忿塞欲，簡物恕人之語，雖蠻貊之邦行矣！況能權其輕重而用之。自然合神不測，契道無方，物其有不格者乎？傳云：「修其教，不易其俗；齊其政，不易其宜。」

有道交者，有德交者，有事之交者。道交者，父子也，出於是非賢愚〔一〕之外者，故久；

〔一〕「賢愚」，原無，據子藏本補。

德交者，則有賢愚是非矣，故或合或離；事交者，合則離。

道交以親，德交以義，事交以物。蓋道交者父子，不責善而出於賢愚是非之外，故久；德交者，見賢而合，見愚而離，是非之分或不免也；事交者，争名於朝，奪利於市，合則離矣。是以君子上交不諂，下交不瀆。

勿以拙〔一〕陋曰道之質，當樂敏捷；勿以愚暗曰道之晦，當樂輕明；勿以傲易曰道之高，當樂和同；勿以汗漫曰道之廣，當樂急要；勿以幽憂曰道之寂，當樂悦豫。古人之言，學之多弊，不可不救。

弊，病也。道貴變，□□□□□□□本章言勿以者五，當樂者五，二俱是病，故曰「學者之多弊，不可不救」。執是病，不執是藥，是故通其變，天下無弊；去執其方，天下無善教。

不可非世是己，不可卑人尊己，不可以輕忽道己，不可以訕謗德己，不可以鄙猥才己。

愛人者人愛之，攻人者人攻之，鮮不自我而致。一有是己尊己之心，當不待非世卑人，而人將非我卑我矣，況可以事輕忽而揚己之道，事謗訕而揚己之德，事鄙猥而揚

〔一〕「拙」，原本漫漶，據子藏本改。

己之才乎？

困天下之智者，不在智而在愚；窮天下之辯者，不在辯而在訥。

人之善應世者，在愚不在智，在訥不在辯，何則？彼以智來，我以愚對；彼以辯來，我以訥對。我逸彼勞，彼將自取困窮，於我何咎？

天不能冬蓮春菊，是以聖人不違時；地不能洛橘汶貉，是以聖人不違俗。聖人不能使手步足握，是以聖人不違我所長；聖人不能使魚飛禽馳，是以聖人不違人所長。夫如是者，可動可止，可晦可明。惟不可拘，所以爲道。

聖人之心，天地之心也。天不能使蓮開於冬，菊華於春，時其可違乎？地不能使橘之生於洛，貉之生於汶，俗其可違乎？手握足行，人所長也；鳶飛魚躍，物所長也。聖人不能違我所長，又惡肯違人所長哉？惟能時動時止，時晦時明，此其所以爲道，□□則非道矣。

少言者，不爲人所忌；少行者，不爲人所短；少智者，不爲人所勞；少能者，不爲人所役。

人之所謂人者，爲其有言行智能也，而曰少之，何耶？處世之道，多言則爲人所忌，多行則爲人所短，多智則爲人所勞，多能則爲人所役，是故少則爲貴，多則爲累。

易曰：「言行，君子之樞機，榮辱之主〔一〕也。可不慎乎！」若夫能而不爲，智者行其所無事，安有爲人所忌、所短、所勞、所役者耶！

操之以誠，行之以簡，待之以恕，應之以默，吾道不窮。

誠以操己，簡以行事，恕以待人，默以應物，人能行此四者，其爲道也，曷有終窮？

謀之於事，斷之於理，作之於人，成之於天。事師於今，理師於古，事同於人，道獨於己。

爲人之道，必有事焉。一事一理，凡謀事者，必當察其事之理，而斷之於心。能事師於今，理師於古，事同於人，道獨於己。一有所偏，事不諧矣。

金玉難捐，土石易捨。學道之士，遇微言妙行，甚勿執之，是可爲而不可執。若執之者，則腹心之疾，無藥可療。

金玉難捐，土石易捨，衆人也。學道之士，知道在瓦礫，不以金玉爲貴，肯執微言妙行爲腹心之疾哉？顧其爲之何如耳。當爲則爲，當捨則捨，吾何執〔二〕？

〔一〕「主」，原本漫漶，據子藏本改。

〔二〕眉批云：「聖人不凝滯於物」。

人不明於急務，而從事於多務、他務、苛務者〔一〕，窮困災厄及之。殊不知道無不在，不可捨此就彼。

道貴專精，學不欲雜。凡日用常行而不可離者，則謂之急務，外此而事異端之好，則謂之多務、他務、苛務者也，鮮不墮困窮災厄之害。惟知道無不在，而無捨此就彼之心，可謂知本者矣。

天下之理，捨親就疎，捨本就末，捨賢就愚，捨近就遠，可暫而已，久則害生。

夫人幼而學之，壯而行之者，理而已矣。吾聞捨疎就親、捨末就本、捨愚就賢、捨遠就近，理也。反此則謂之背理。事有不得已而就之，暫猶不可，其可久乎〔二〕？

昔之論道者，或曰凝寂，或曰深邃，或曰澄澈，或曰空同，或曰晦暝，慎勿遇此而生怖退。天下至理，竟非言意可析。苟知非言非意，在彼微言妙意之上，乃契吾說。

前言遇微言妙行，慎勿執之，此言在彼微言妙意之上，何哉？用不同也。昔之論道者，或曰凝寂，或曰深邃，或曰澄澈，或曰空同，或曰晦暝〔三〕。或之云者，古先聖賢

〔一〕「者」下原有「務」字，據子藏本改。
〔二〕眉批云：「從權之事，亦在勢不得已，即孟子所謂『嫂溺不援，是豺狼也』。」
〔三〕「暝」，原本漫漶，據子藏本改。

雖所尚不同，而至理則一。蓋有非意非言，不可析説者存，慎勿遇此而生怖退。默而識之，乃契吾説，自有得於言外之意。

聖人大言金玉，小言桔梗芣苢也。用之當，桔梗芣苢生之；不當，金玉斃之。

聖人言道，如良醫[一]之用藥。大言金玉，玄言妙語也；小言桔梗芣苢，常言俗語也。人之性有利鈍，學有淺深，誨人之法，猶對病與藥，在乎當與、不當與！知桔梗芣苢能活人，則常言俗語亦能悟道；知金玉能死[二]人，則玄言妙語亦能昧道。其要在乎可與言、不可與言之間，不失人，亦不失言，斯爲當矣。

言某事者，甲言利，乙言害，丙言或利或害，丁言俱利俱害，必居一於此矣。論道者不言。

事且難言，道豈易言哉？蓋人禀各異，而習又不同，其望志同道合，難矣！譬如言某事者，若甲、若乙、若丙、若丁，各執一説，彼是則此非之，此是則彼非之，無一同者，當必有一於是矣。惟論道者不言，非不言也，觀其所以，察其所安，擇其善者而從之。

〔一〕「醫」，原本漫漶，據子藏本改。
〔二〕「死」，原本漫漶，據子藏本改。

事有在，事言有理；道無在，道言無理。知言無理，則言言皆道；不知言無理，雖執至言，爲梗爲翳。

事易說，道難言。蓋事有所在，故理有可言；道無不在，故理無可言。是故知理無可言，則言言皆道；不知理無可言，雖執至言而不爲之道者，適足以爲梗翳耳。

不信愚人易，不信賢人難；不信賢人易，不信聖人難；不信一聖人易，不信千聖人難。夫不信千聖人者，外不見人，内不見我；上不見道，下不見事。

老子曰：「信者吾信之，不信者吾亦信之。」而曰不信乎聖人者何耶？道一也，有二焉？夫處世之道，信愚人者爲愚人，信賢人者爲賢人，信聖人者爲聖人，信不難也。若夫出世之道，外不見人，内不見我；上不見道，下不見事。固若難信，然道不止於千聖人也，有爲者亦若是。

聖人言蒙蒙，所以使人聾；聖人言冥冥，所以使人盲；聖人言沉沉，所以使人瘖。惟聾則不聞聲，惟盲則不見色，惟瘖則不音言。不聞聲者，不聞道，不聞事，不聞我；不見色者，不見道，不見事，不見我；不音言者，不言道，不言事，不言我。

聖人言蒙蒙而使人聾，冥冥而使人盲，沉沉而使人瘖，是豈有意於此哉？惟其道也，視之而不見，聽之而不聞，言之而不得，故不可以聲色言語求也。一有可求，則曰事、曰我、曰道，皆非真矣。

人徒知僞得之中有真失，殊不知真得之中有真失；徒知僞是之中有真非，殊不知真是之中有真非。

學道之士，弊病多端，一有惑焉，中道而廢昧者，以前日之得爲僞而有真失，前日之是爲僞而有真非，則又求之於真得真是。久之心迷識亂，横有所見，執以爲道，不免終墮真失真非之病。曾不若外乎得失之場，出乎是非之境，而樂自然之道，爲得之矣。

言道如言夢。夫言夢者曰：「如此金玉，如此器皿，如此禽獸。」言者能言之，不能取而與之；聽者能聞之，不能受而得之。惟善聽者不泥不辨。

亘古今，通天下，道無不在，惟其真實不虚，故不可須臾離也。而曰「言道如言夢」者，得不溺於虚無者乎？非也。譬如夢中所見，如此金玉，如此器皿，如此禽獸，若人若物，有此無此，無不夢之。謂無此耶？則夢中亦嘗見之。謂有此耶？言者不可取而與，聽者不可受而得。自非於大覺悟中親有得於吾心之天，惡可聽他人之夢語，爲吾道之實哉？惟善聽者不泥於言，亦不辨於有無。

圓爾道，方爾德，平爾行，鋭爾事。

道包衆妙，説固多門，學者倘不由於進德修業立行而入，或自執己見，泥空著有，欲望升堂入室者，是猶緣木求魚也。真人愍之，故多方檃括。而末章重申此意，曰「圓爾道，方爾德，平爾行，鋭爾事」，舉此四者以結一書之旨。夫道圓則不執，德方則不偏，行平則不險，事鋭則不懈，能兼是四者，斯爲有道之士矣。蓋未有無其事而有其行，無其德而有其道者也。嗚呼！玄聖之道德功行，若孔聖之德行文學，皆所以師表萬世也。關尹子其亞聖歟！玄聖稱之曰文始先生，莊子稱之曰博大真人，其爲人也可知矣。易曰：「道不虚行，存乎其人。」則斯人也。

己未三春抄訖，中秋前得陳顯微本，校一過。闕文僅得補足，然所補在經文，而注則仍闕也。

關尹子闡玄卷下　畢

文始真經注

〔元〕牛道淳　撰

目録

關尹子

關令尹喜，周大夫也。老子西遊，喜望見有紫氣浮關，知真人當過，候物色而迹之，果得老子。老子亦知其奇，爲著書。喜既得老子書，亦自著書九篇，名關尹子。今陝州靈寶縣太初觀，乃古函關候見老子處。終南宗聖宮，乃關尹故宅，周穆王修其草樓，改號樓觀，建老子祠，道觀之興，實祖于此。老子授經後，西出大散關，復會于成都青羊肆，賜號文始先生，所著書後爲文始真經。

文始真經直解跋引

皓月圓明，普見千江之水；真空妙有，該通萬卷之經。因水見圓明，由經悟妙有。圓明以皓月爲本，妙有以真空爲源。本末是同，源流非異。既循末以歸本，仍泝流而還源。源即真空，乃是不容思議；流爲妙有，爰非專一無言。無言之言以爲經，無説之説以爲妙。無説之説以薦言前，無言之言以明意外。言前洞奥，意外幽深。非由直解以難通，不假詳箋而莫曉。因指見月，忘指而真月昭彰；因解悟經，忠解而真經洞徹。見千江之月影，知一月之維綱；究群經之真詮，悟一真之統攝。見知雙泯，究悟俱忘。天眼龍睛，詎可窺於彷彿？神靈聖智，豈可測於依稀？意外難思，言前莫議也。

文始真經注卷之一

神峰逍遥子牛道淳直解

一宇篇

宇者，喻真空之道也。凡二十八章。

關尹子曰：非有道不可言，

非有道者，元無道之强名，故不可以言議也。經云「唯莫能名，所以退天下之言」是也。故云「非有道不可言」也。

不可言即道。

言前薦悟也。向言議未有之前，了然薦悟妙道，故言之不可及也。故云「不可言即道」也。

非有道不可思，

非唯元無道之强名，抑乃不屬思惟也。思惟則屬意識知解也，道不可以知而識也。故云「纔落思惟，即是鬼家活計」，正謂此也。經云：「唯莫能知，所以奪天下之智。」故云「非有道不可思」也。

不可思即道。

言前薦悟也。向思惟未生之前，了然薦悟妙道，方知思惟不可及也。故云「不可思即道」也。

天物怒流，人事錯錯然，

天物者，本分天真也。怒者，威光也。威光赫赫，廣無邊際也。流者，心也。源流注六用，紛紛與人事交雜而不一也。經云：「性，水也；心，流也。」故云「天物怒流，人事錯錯然」也。錯者，雜也，言迷人從事於道，見解紛紛不一，如下文也。

若若乎回也，

若者，象也，似也。想象道似太虛，似明月，似澄潭，似冰壺。如此想象比似，則與道相違之遠。故云「若若乎回也」。回者，違也。

戛戛乎鬭也，

戛戛者，相擊之聲也。鬭者，諍論也。以言語相詰難，辯論其道，以戒諍論也。故云「以承禀爲户牖，各自開張；以經論爲盾矛，遞相攻擊」，以戒諍論也。故云「戛戛乎鬭也」。

勿勿乎似而非也。

勿思象，勿辯諍論擬，此見解似即，似即不是，故云「勿勿乎似而非也」。

而争之，

争者，鬬志也。三人兩衆同處學道，勇猛精進，鬬志爲高。萌此見者，亦未悟也，故云「而争之」也。

而介之，

介者，孤介也。孤然獨處，精思妙道。萌此見者，亦未悟也，故云「而介之」。

而哯之，

哯者，唯古人之言贊美妙道也。逐言思惟，贊美妙道，亦未悟也，故云「而哯之」也。

而嘖之，

嘖者，呵嘖古人名言法相，默默精思妙道，如此見解，亦未悟也，故云「而嘖之」也。

而去之，而要之。

去者，捨也。要者，取也。捨諸妄而取真道也。既有取捨，即是有爲，亦未悟也，故云「而去之，而要之」也。

言之如吹影，

影者，喻名也，即戛戛諍論，哯嘖之，贊美呵嘖者也。言呵叱名相，如吹影不能去也，何謂也？

思之如鏤塵。

塵者，喻識也。鏤者，削刻也。即前若若，想象比似，勿思辯争之鬭之介之，獨思去要取捨者是也，如此屬識見，如削刻塵而不得凈盡是也。

聖智造迷，

聖智能解萬法，以智造道而不能至，即智是迷也。絶聖棄智，了悟妙道，如此則即智是迷也，故云「聖智造迷」也。

鬼神不識。

鬼神存識見，識見不能知道也，故云「鬼神不識」。

唯不可爲，

道本自然，不假修爲也，故云「不可爲」也。唯者，因上仍下之辭。

不可致，

致者，從外邀至也。道本自具足，不假外求，故云「從門入者，不是家珍」也。故云

「不可致」也。

不可測，

道，鬼神難窺，陰陽莫測，況其凡乎？故云「不可測」。

不可分，

道，混然天理，杳冥莫測，故不可以心思言議而分辯，故云「不可分」。

故曰天，曰命，曰神，曰玄，合曰道。

故曰，因上結下之辭。天者，無爲而爲，自然而然也。命者，不知所以然而然也。神者，陰陽不測之謂也。玄者，杳冥莫測，玄之又玄也。合者，契悟也。了悟天命神玄，方契妙道也。此章明道不在言思，在人心開了悟而密契之也。

右第一章

關尹子曰：無一物非天，

天者自然而然。自然而然，即道之異名也。物物皆道生，即物是道。如漚從水生，即漚是水。故云「無一物非天」也。

無一物非命，

命者，不知所以然而然。不知所以然而然，亦道之異名也。物物具道之命也，故云「無一物非命」。

無一物非神，

神者，不神之神，陰陽不測，亦道之異名也。物物咸具神道，故云「無一物非神」也。

無一物非玄。

玄者，窈冥莫測，亦道之異名也。物物具此玄道，故云「無一物非玄」也。

物既如此，人豈不然？

天地萬物，巨細洪纖，飛潛動植，咸具妙道，人豈不然乎？故云「物既如此，人豈不然」也。

人皆可曰天，人皆可曰神，人皆可致命通玄。

天命神玄，既是道之異名，名雖有四，其道不一。道者人人具足，箇箇見成，若人了悟，不假修爲，立證無生，位齊諸聖矣。故云「人皆可曰天，人皆可曰神，人皆可致命通玄」。

不可彼天此非天，彼神此非神，彼命此非命，彼玄此非玄。

人人俱有本分天真，人人俱有不神之神，人人俱有不知所以然而然之命，人人俱有窈冥莫測之玄。天命神玄者，在凡不減，在聖不增，纖細不少，洪巨不多，豈可彼物而獨有，此我獨而無哉！故云「不可彼天此非天，彼神此非神，彼命此非命，彼玄此非玄」。

是以善吾道者，即一物中，知天盡神，致命造玄。

是以者，因上仍下之辭也。善吾道者，即一物中，知天盡神，致命造玄者，從緣悟道也。故云：「盡十方世界是道人眼，盡十方世界是道人身，盡十方世界是自己光明，盡十方世界在自己光明裏。」便恁麼去，只是光影裏作活計。向光影未發之前，洞然開悟，方信道無不在，即一物中了悟天命神玄，非他物也。故云「是以善吾道者，即一物中，知天盡神，致命造玄」也。知者，悟也。致、造者，皆至也，言吾〔一〕之至也。

學之，徇異名，析同實；

學人徇逐天命神玄之異名，分析不異道之誠實，惑於名而迷於實也，故云「學之，徇異名，析同實」也。

得之，契同實，忘異名。

〔一〕「吾」，疑當作「悟」。

道本無名，因名悟道。道者，實也；名者，實之賓也。因名契悟，名異而實不異，悟實而忘名，得魚忘筌，得兔忘蹄，得意忘言。名者，言也。故云「得之，契同實，忘異名」。此章明道無不在，悟實忘名。

右第二章

關尹子曰：觀道者如觀水，

觀者，照也。以智照理，如照水也。此借喻也。

以觀沼爲未足，

沼者，喻凡人也。以智沼度量凡人，雖是有道，疑道在凡人不具足也，故云「以觀沼爲未足」。

則之河、之江、之海，曰水至也。

之者，往也。河者，喻君子；江者，喻賢人；海者，喻聖人。疑道在凡人不具足，又往觀君子；又疑道在君子不具足，又往觀賢人；又疑道在賢人不具足，又往觀聖人，方不疑，曰道之至也，故云「則之河、之江、之海，曰水至也」。

殊不知我之津液涎淚皆水。

津液涎淚，喻動靜語默也。殊不知動靜語默，皆是道之用也。因用悟體，方信道在凡不少，在君子、賢人、聖人不多。故云「殊不知我之津液涎淚皆水」也。此合喻也。

此章明道無欠無餘，聖凡平等具足是也。

右第三章

關尹子曰：道無人，聖人不見甲是道、乙非道；

甲喻聖人，乙喻凡人。道本無我相，豈有人相哉？了道聖人忘其見解，故不見聖人是道、凡人非道也。故云「道無人，聖人不見甲是道、乙非道」也。

道無我，聖人不見己進道、己退道。

進者取也，退者捨也。道者取之不得，捨之不失。道既無我相，聖人忘見解，故不見己進道而取之、己退道而捨之也。故云「道無我，聖人不見己進道、己退道」也。

以不有道，故不無道；

道不屬有無，聖凡平等。此釋「不見甲是道、乙非道」，故云「以不有道，故不無道」。

以不得道，故不失道。

道不屬得失，本自見成。此釋「不見己進道、己退道」。此章明道不屬有無得失。

右第四章

關尹子曰：不知道，妄意卜者，如射覆盂。

不知道者，迷人也。妄意卜者，妄以意識卜度也。射者，猜量也。覆盂者，喻迷塵覆蔽也。迷人不悟妙道，妄以意識卜度妙道，如猜量覆盂之下所合之物，故云「不知道，妄意卜者，如射覆盂」。

高之者，曰存金存玉；

金玉，喻玄妙之言。又金者，明白也；玉者，瑩浄也。智見高者妄以意識卜度妙道，曰如金之明白，如玉之瑩浄。又曰金鉛玉汞，又曰玄之又玄，衆妙之門，或是道否？迷塵覆蔽，雖執至言，亦未悟也。故云「高之者，曰存金存玉」。

中之者，曰存角存羽；

角者，喻智鋒銛利。羽者，喻輕清。中智之士妄以意識卜度妙道，曰智鋒銛利，無爲清静，保養精神，身輕體健。又曰如羚羊掛〔一〕角，鸞鳳沖霄，敢是道也？如此猜量，亦未悟也。故云「中之者，曰存角存羽」。

卑之者，曰存瓦存石。

瓦者，喻曾經燒鍊也。石者，喻堅固也。下智之士妄以意識卜度妙道，煅鍊頑心，

〔一〕「掛」，原作「卦」，據明刊本改。

一志堅固不移。又曰道在瓦礫，如此莫是道否？如此猜量，轉不悟也。故云「卑之者，曰存瓦存石」也。

是乎？非是乎？唯置物者知之。

置者，委棄也。知者，悟也。已上高、中、卑三等之人，妄以意識卜度金玉、角羽、瓦石之物，或是或不是。唯委棄物外，内忘意識，了然開悟，迷盂去盡，無所覆蔽，方信道不從外得。故云「是乎？非是乎？唯置物者知之」。此章明道由心悟，非妄意卜度而知。

右第五章

關尹子曰：一陶能作萬器，終無有一器能作陶者、能害陶者；

範土曰陶。陶者，燒磁瓦窑匠也。一陶能作萬般磁瓦之器，陶能使器之成壞，器安能成壞陶者乎？故云「一陶能作萬器，終無有一器能作陶者、能害陶者」也。此章借喻。

一道能作萬物，終無有一物能作道者、能害道者。

道運陰陽，生成天地萬物，故云「一道能作萬物」也。作者，生也。道如虛空，窈冥莫測，本自見成，不假修爲造作，故云「無有一物能作道」者。道既似虛空，萬物焉能害虚空哉？故云「無有一物能害」也。此合喻也。此章明道生萬物，無物能害道者也。

右第六章

關尹子曰：道茫茫而無知乎？心儻儻而無羈乎？物迭迭而無非乎？

道者，心之體。心之體者，真空也。真空窈冥，茫茫然，知識未萌之前也。心既以真空爲體，則儻儻然，萬緣無由羈絆。物者，心之用。即體即用，應變常寂，則迭迭然，無非道也。迭迭者，周行而不殆之義也。故云「道茫茫而無知乎？心儻儻而無羈乎？物迭迭而無非乎」。

電之逸乎？

大達之人得自利利他人之妙，爲上根之人，機鋒迅急，如擊石火，似掣電光，擬議之間，千山萬水。上根之人直下頓悟，洞徹妙道也，故云「電之逸乎」。

沙之飛乎？

大達之士平等普利，不遺中下，以迅機接上根，以善巧方便廣演萬法，周徧沙界，接中下之人，故云「沙之飛乎」也。沙之飛乎者，言廣演妙法如風飄塵沙也。

聖人以知心一、物一、道一，三者又合爲一。

心一、物一、道一，三一之名，如日之光明。日是明之體，光是明之用。雖有三名，其道不二。故云「聖人以知心一、物一、道一，三者又合爲一」。

不以一格不一，

一者，不二之體也。格者，度量也。不一者，應變之用也。即體即用，無用之用，如空谷傳聲，應變常寂，不以從體生心，度量應變也，故云「不以一格不一」也。

不以不一害一。

無用之用，如空谷傳聲，應變常寂，即體即用，不以用之妨體也，故云「不以不一害一」。害者，妨也。此章明道、心、物不二，體用如如也。

右第七章

關尹子曰：以盆爲沼，以石爲島，魚環遊之，不知幾千萬里而不窮也。夫何故？水無源無歸。

周回是水，中有山曰島。以盆爲沼，中安一石以爲島，放魚於水内，魚繞石環游，不知幾千萬里而不窮，爲何故？夫何者，設問爲何故也。答云：水無源泉，亦無流歸，所以不窮也。此借喻也。故云「以盆爲沼，以石爲島，魚環游之，不知幾千萬里而不窮」。夫何故？水無源無歸也。

聖人之道，本無首，末無尾，所以應物不窮。

本者，真空之體；末者，妙有之用。聖人洞了真空妙有之道，道無首尾，莫之可測，環樞應變而無窮盡也。故云「聖人之道，本無首，末無尾，所以應物不窮」。此章明道無首尾，應物不窮也。

右第八章

關尹子曰：無愛道，愛者水也；

無者，禁止之辭也。言無愛道，道不屬愛，纔萌愛念，則落五行中，屬水也，則與道遠矣。故云「無愛道，愛者水也」。

無觀道，觀者火也；無逐道，逐者木也；無言道，言者金也；無思道，思者土也。

無得觀逐言思其道，道不屬色行名情，豈可觀逐言思而測知也？纔萌觀逐言思之念，則落五行。觀屬火，逐屬木，言屬金，思屬土，役於五行，則與道遠矣。故云「無觀道，觀者火也；無逐道，逐者木也；無言道，言者金也；無思道，思者土也」。此垂誡後學深切也。

唯聖人不離本情而登大道。心既未萌，道亦假之。

唯者，因上結下之辭也。唯聖人不離情者，愛、觀、逐、言、思未萌之前也。愛、觀、逐、言、思未萌之前，即是真空之體，真空即道也。真空，心未萌生，道之名亦假立也，言亦無道之名也。此垂示學人悟道之方也，故云「唯聖人不離本情而登大道。心既未萌，道亦假之」也。此章明道不屬五行，向愛、觀、逐、言、思未萌之前薦悟也。

右第九章

關尹子曰：重雲蔽天，江湖黯然，游魚茫然，忽望波明食動，幸賜于天，即而就之，魚釣斃焉。

重雲蔽天於夜，濃陰重厚，黑雲蔽障於天，無星月以照耀，則江湖之水黯然而黑暗也，游魚茫茫然迷之也。於是漁者執燈火擲釣餌於水中，魚忽望見波明食動，不意人擲釣餌，而曰幸賜於天，即而就吞之，彼漁者釣之而斃死也。故云「重雲蔽天，江湖黯然，游魚茫然，忽望波明食動，幸賜於天，即而就之，魚釣斃焉」也。

不知我無我而逐道者亦然。

迷人無明障礙，重雲蔽天，心地不明，如江湖黯然；不悟妙道，如游魚茫然。智波流浪，泥法求真，如忽望波明食動；智波迷道，法塵障心，如魚即而就之；喪道迷真，如魚釣斃焉。不知者不悟也，不悟我本無我即是真空之道，而妄有我向外逐道者，與上譬喻亦然也。此合喻也，故云「不知我無我而逐道亦然」也。此章歎迷人不悟道而喪其生也。

右第十章

關尹子曰：方術之在天下多矣，

凡在天之下，百家之學，道術廣博，故云「方術之在天下多矣」。方者道。

或尚晦，或尚明，或尚强，或尚弱。

百家之學不能徧舉，略言其四。尚者貴也。或貴韜晦，不欲人知；或貴彰顯，明明教誨；或貴能行，自强不息；或貴柔弱，不與物爭。故云「或尚晦，或尚明，或尚强，或尚弱」也。

執之皆事，不執之皆道。

事者用也。若執尚晦、尚明、尚强、尚弱，皆謂之用也。執用而迷體，豈能洞徹妙道哉？若不執其用，則用無用，而無所住著。無所住著，則離種種邊，名爲妙道也。故云「執之皆事，不執之皆道」也。此章明道無不在，不可執著也。

右第十一章

關尹子曰：道終不可得，彼可得者，名德不名道；

道本真空，不屬得失，有得則有失。道在人，聖凡同體，無欠無餘，如初生赤子，與大人同體，不與大人同用。凡人與聖人同體，不與聖人同用。體本無名，隨功用立名。

用之於惡，則名凡人；用之於善，則名賢人；用之無所得，則名聖人。無所得而得之，則名德不名道也。故曰「道終不可得，彼可得者，名德不名道」也。

道終不可行，彼可行者，名行不名道。

道要心悟，不離本情而登大道，故不可行也。彼可行者，名善不名道也。故云「道終不可行，彼可行者，名行不名道」。

聖人以可得可行者，所以善吾生；

聖人得自利利他人之道，平等普利，不求報恩，名爲德行。此德行所以善吾接物利生也。故云「聖人以可得可行者，所以善吾生」，此利他也。

以不可得不可行者，所以善吾死。

死者，心休歇也。以不可得不可行者，藏諸用也，藏諸用則無爲也，無爲所以善吾心之休歇也。故云「以不可得不可行者，所以善吾死」也，此自利也。此章明德行爲用，道爲體。

右第十二章

關尹子曰：聞道之後，有所爲、有所執者，所以之人；

若學人聞道之後，所行有爲之事，有所執持智解，則所往與人事同也。之者，往也。故云「聞道之後，有所爲、有所執者，所以之人」。

無所爲、無所執者，所以之天。

天者，天真也。聞道悟解，罷參絶學，藏諸用，無所爲，外不執相，内不著空，湛然清静，則契本分天真也。故云「無所爲、無所執者，所以之天」。

爲者必敗，執者必失。

有爲者，必敗於道；有執者，必失於德也。故云「爲者必敗，執者必失」也。

故聞道於朝，可死於夕。

故者，因上結下之辭也。聞道於早朝，可死於晚夕，便全身放下，心死休歇，而保任之也。故云「聞道於朝，可死於夕」也。此章明悟道者無爲無執，休歇保任。

右第十三章

關尹子曰：一情冥，爲聖人；

冥者，真空窈冥莫測。一情者，情返歸於真空也。如此，則名聖人也。故云「一情冥，爲聖人」也。

一情善，爲賢人；一情惡，爲小人。

從真空體上忽萌情念，不趨於善，必趨於惡。情起時，其可不謹乎？若趨於善而積於善，積之大也則成德行之福，而名賢人也；若趨惡而積惡，積之大也則成凶暴之禍，而名小人也。故云「一情善，爲賢人；一情惡，爲小人」也。

一情冥者，自有之無，不可得而示；

一情冥者，自有之無，從跡復本也。從跡復本，冥契真空之道，不得出示於人也。經云「聖人竟不能出道以示人」是也。故云「一情冥者，自有之無，不可得而示」也。

一情善惡者，自無起有，不可得而祕。

無者，真空也。有者，情也。從真空上忽萌情念，趨善積善，趨惡積惡，是從本降跡。從本降跡，而善惡之跡不可得而祕隱也。故云「一情善惡者，自無起有，不可得而祕」也。

一情善惡爲有知，惟動物有之；

言一情善惡屬知識，則與蠢動有識之物者無異也。故云「一情善惡爲有知，惟動物有之」也。

一情冥爲無知，溥天之下，道無不在。

一情與真空冥符，則知識未萌之前也。知識未萌之前，真空妙有之道充塞太虛，無所不在。故云「一情冥爲無知，溥天之下，道無不在」也。此章明道不屬情識，無處不是道也。

右第十四章

關尹子曰：勿以聖人力行不怠，則曰道以勤成；

勿者，禁止之辭也。勿得言以聖人力加精進、行之不懈怠，則曰聖人學道，因以勤苦，而得道成。言非如此也。道由心悟，本自見成，豈待力行不怠、勤苦而後成哉？故云「勿以聖人力行不怠，則曰道以勤成」是也。

勿以聖人堅守不易，則曰道以執得。

勿得言聖人堅固保守而不改易，則曰聖人因以執持而得道。言亦非如此也。聖人心開悟解，以道爲體，真常不變，無爲無執，無失無得也。故云「勿以聖人堅守不易，則曰道以執得」也。

聖人力行，猶之發矢，因彼而行，我不自行；

矢者，箭也。聖人應物慈悲，普利而不息，人以謂力行，殊不知力行慈悲，普利不息，猶似人射，以弓發箭，感而後應，不得已而後行也。故云「聖人力行，猶之發矢，因彼而行，我不自行」也。言行之無心。

聖人堅守，猶之握矢〔一〕，因彼而守，我不自守。

握者，把也。聖人恬然獨處，人以謂堅守，殊不知聖人堅守，猶似人未射之時，以手把箭，因彼不應，所以靜默，豈有心守靜默哉？故云「聖人堅守，猶之握矢，因彼而守，我不自守」也。此章明聖人動靜無我。

右第十五章

關尹子曰：若以言行學識求道，互相展轉，無有得時。

道本無名，不可以言求；道本無跡，不可以行求；道本無法，不可以學求；道本無情，不可以識求。若以名跡法情求之，如石輾之互相宛轉，不離名跡法情，何時得悟道哉？故云「若以言行學識求道，互相輾轉，無有得時」。

知言如泉鳴，知行如禽飛，知學如擷影，知識如計夢。一息不存，道將來契。

知言如泉鳴，則聲不可辯，聲不可辯，忘名也；知行如禽飛，則跡不可循，跡不可循，忘跡也；知學如擷影，則僞不可取也，不可取，則忘法也；知識如計夢，則妄不可信，妄不可信，則忘情也。息者，一呼一吸爲一息。一息之間，名、跡、法、情頓

〔一〕「矢」，原作「失」，據明刊本改。下同。

忘而不存，則契於妙道。故云「知言如泉鳴，知行如禽飛，知學如擷影，知識如計夢。一息不存，道將來契」也。擷者，以手捉取也。此章明道不屬名、跡、法、情，不可以言、行、學、識而求之。

右第十六章

關尹子曰：以事建物則難，以道棄物則易。

以事者，皆用也。建者，建立妙用也。物者，人物也。言建立妙用，普利天下，令人人了道，則誠爲不易也，故云「以事建物則難」也。掃蕩復本，一物不留，獨露真空妙體，有何難哉？故云「以道棄物則易」。

天下之事，無不成之難，壞之易。

天下之物，紛紛億萬，俱要圓成，誠爲不易，故云「天下之事，無不成之難」也。此釋以事建物則難也。如秦之阿房宮，非一歲而成，楚之一火而盡，豈不壞之易耶？故云「壞之易」也。此釋「道棄物則易」。此章明建立不易，復本不難。

右第十七章

關尹子曰：一灼之火，能燒萬物，物亡而火何存？

火者，無我之物，或鑽木，或擊石，取火之一星而灼爇之，及其大也，則劫火洞然，能燒萬物。及至燒盡萬物，火亦不存，爲火無我也。故云「一灼之火，能燒萬物，物亡而火何存」。此起喻也。

一息之道，能冥萬物，物亡而道何在？

一喘息之間，洞徹真空之道，則窈然冥然，元無一物，如此則外忘萬物。外忘萬物，則內亦忘。真空，道之强名也。故云「一息之道，能冥萬物，物亡〔一〕而道何存」也。此合喻也。此章明了悟道者，亦無道之强名也。

右第十八章

關尹子曰：人生在世，有生一日死者，有生十年死者，有生百年死者。

人生壽夭不等，或爲赤子而死者，或爲童子而死者，或壽滿百歲而死者，故云「人生在世，有生一日死者，有生十年死者，有生百年死者」。此借喻也。

一日死者，如一息得道；十年百年死者，如歷久得道。

利根之人，遇師垂接，直下頓悟，於一息之間，當時心死絶疑，如人生一日死也，故云「一日死者，如一息得道」也。中下之士，遇師垂接，卒難了悟，如水浸物，漸漸得透，

〔一〕「亡」，原作「忘」，據明刊本改。

或十年，或二三十年，志心不退，觸著磕著，有日洞徹心休，如人在世十年百年而死，故云「十年百年死者，如歷久得道」者也。此合喻也。

彼未死者，雖動作昭智，止名爲生，不名爲死。

彼者，指上一日死者，十年、百年死者三等之人也。彼三等人未死之前，雖動靜作爲昭昭靈靈智慧，止名爲生，不名爲死也。故云「彼未死者，雖動作昭智，止名爲生，不名爲死」。

彼未契道者，雖動作昭智，止名爲事，不名爲道。

彼者，指上頓漸三等人也。彼上中下三等，於未了悟契道之前，雖動靜作爲昭昭靈靈智慧之用，止名爲人事而已，不名爲妙道也。故云「彼未契道者，雖動作昭智，止名爲事，不名爲道」。此合喻也。此章明悟有頓漸，道則不二也。

右第十九章

關尹子曰：不知吾道無言無行，而即有言有行求道，忽遇異物，橫執爲道。

迷人不悟道本無名跡，故云「不知吾道無言無行」也。迷人泥著古人名言法相求道，或古人靈跡異跡求道。既有尚靈異之心，忽遇邪魔化爲異人，談天論地，説事説理，或逞神異變化，迷人橫執以爲了道聖人，而欲師之求道，故云「而即有言有行求道，忽遇異物，橫執爲道」。

殊不知捨源求流，無時得源；捨本求末，無時得本。

道由心悟，靈源妙湛，體用如如，迷人不悟源名跡而向外求道，此迷靈源而逐名跡流浪也。本即源也，末即流也。如此流浪逐末，欲返本源，不可得也，故云「殊不知捨源求流，無時得源；捨本求末，無時得本」。此章垂誡學人勿逐名跡而求道也。

右第二十章

關尹子曰：習射，習御，習琴，習弈〔一〕，終無一事可以一息得者。

習射者，習射弓箭也。習御者，習御車也。習琴者，習撫琴也。習弈者，習弈棊也。已上四者，必以歲月而習之，四者終無一事可以一喘息之間而得其妙者。故云「習射，習御，習琴，習弈，終無一事可以一息得者」也。

唯道無形無方，故可得之一息。

道乃真空，故無形像、無方位。利根之人直下頓悟真空，於一息之頃而得洞徹，故云「唯道無形無方，故可得之一息」也。此章明道易學於事也。

〔一〕「弈」，原作「奕」，據上下改。下同。

右第二十一章

關尹子曰：兩人射相遇，則工拙見；兩人弈相遇，則勝負見；

弓人相遇而鬭射，則中者見爲工巧，不中者爲魯拙也，故云「兩人射相遇，則工拙見」也。兩箇弈棊人相遇鬭弈棊，則贏者見爲勝，則輸者見爲負，故云「兩人弈相遇，則勝負見」也。

兩人道相遇，則無可示。無可示者，則無工無拙，無勝無負。

兩箇洞徹妙道之人相遇，則無可出示呈似也。無可出示呈似，則不似射弈有工拙勝負也，故云「兩人道相遇，則無可示。無可〔一〕示者，則無工無拙，無勝無負」也。此章明道無工拙勝負，無可出示呈似於人也。

右第二十二章

關尹子曰：吾道如海，有億萬金投之不見，有億萬石投之不見，有億萬汙穢投之不見。

海喻真空，金喻微言妙行。真空能冥衆妙萬行，窈然觀之不見，故云「吾道如海，有億萬金投之不見」也。石喻衆善，真空能冥萬善，窈然示之不見，故云「有億萬石投

〔一〕「可」，原無，據明刊本補。

之不見」。污穢喻衆惡，真空能冥衆惡，窈然視之不見，故云「有億萬汙穢投之不見」。

能運小鰕小魚，能運大鯤大鯨。

小鰕小魚喻小人衆生，大鯤大鯨喻君子賢人。真空能運小人衆生、君子賢人，平等普利，自生至死，受用恃廕，但日用而不知也。故云「能運小鰕小魚，能運大鯤大鯨」。

合衆水而受之，不爲有餘；散衆水而分之，不爲不足。

真空益之不盈，故冥天地萬物而不爲有餘；真空損之而不虧，故生天地萬物而不爲不足，故云「合衆水而受之，不爲有餘；散衆水而分之，不爲不足」。此章明道無欠無餘，而無所不容也。

右第二十三章

關尹子曰：吾道如處暗。夫處明者，不見暗中一物；而處暗者，能見明中區事。

道乃真空，窈窈冥冥，陰陽莫測，鬼神難窺，故云「吾道如處暗。夫處明者，不見暗中一物」也。真空雖然窈窈冥冥，陰陽莫測，神鬼難窺，其用事也似酌醴以投器，其應物也如懸鏡以鑑形。又如空谷傳聲，寂然不動，感而遂通，萬物不能逃其鑑也，故云「而處暗者，能見明中區事」。此章明道窈冥莫測，應變無窮。

右第二十四章

關尹子曰：小人之權歸於惡，

權者，用也。小人愚癡顛倒，所用皆歸於惡。惡者何也？殺生、偷盜、邪淫，妄語、綺言、惡口、兩舌，貪愛、瞋恨、癡迷，大逆、不孝不忠、不仁不義是也。故云「小人之權歸於惡」者也。

君子之權歸於善，

君子燭理，所用皆歸於善。善者何也？不殺、不盗，不邪淫、不誑語，不巧言令色，恭行五常百行是也。故云「君子之權歸於善」。

聖人之權歸於無所得。唯無所得，所以爲道。

聖人之用，平等普利，不求報恩，上德不德，應變無方，離種種邊，超諸法相，一無所得，强名真空之道也。故云「聖人之權歸於無所得。唯無所得，所以爲道」也。此章明道不屬善惡，迥超諸有也。

右第二十五章

關尹子曰：吾道如劍，以刃割物即利，以手握刃即傷。

以劍喻道，道冥萬物，普利無窮，故云「吾道如劍，割物即利」也。執持染著，昧性迷道，故云「以手握刃即傷」也。此章明道普利無窮，迷執者自傷也。

右第二十六章

關尹子曰：籩不問豆，豆不答籩；瓦不問石，石不答瓦，道亦不失。

籩者，以竹爲之，以盛棗栗；豆者，以木爲之，以盛菹醢，以供祭享。道無不在，籩豆瓦石不相問答而終日問答，雖問答而未嘗問答也，道亦不失也。故云「籩不問豆，豆不答籩；瓦不問石，石不答瓦，道亦不失」也。此無情説法，昧者不知也。故云「不應答藏真應答，無知知處是真知」，正謂此也。

問與答與，一氣往來，道何在？

道本無問亦無答，向問答未萌之前，薦吾問答未萌之前，則心不生。心不生，則一氣不往不來。一氣不往不來，則心無生滅。無生滅即契妙道。既萌問答之心，心之所之，則氣從之。是知一問一答，則一氣往來，一氣往來與道遠矣。故云「向上一機，擬議即墮」是也。故云「問與答與，一氣往來，道何在」也。此章明道無不在，問答殊離也。

右第二十七章

關尹子曰：仰道者跂，如道者駸。皆知道之事，不知道之道。

跂者，企羨也。騁者，馳求也。如者，往也。仰慕聖人之道，企羨不及，故云「仰道者跂」也。往外馳求妙道而不得也，故云「如道者騁」也。事者，用也。已上企羨馳求，即道之用也。隨用而迷體，故云「皆知道之事，不知道之道」也。故云「道源不遠，性海非遥，但向己求，莫從他覓，覓亦不得，得亦不真」，正謂此也。

是以聖人不望道而歉，不恃道而豐，不借道於聖，不賈道於愚。

歉者，欠少也。豐者，餘多也。借者，假也。賈者，賣也。是以者，因上結下之辭也。真空妙道，本自具足，無欠無餘，聖人了了洞徹，道本具足，故不望道而欠少；真空無有，亦不恃道而餘多。道既人人具足，亦不假借道於聖人，聖人不能出道以示人，亦不賣道於愚，故曰「是以聖人不望道而歉，不恃道而豐，不借道於聖，不賈道於愚」也。此章明道人人具足，不相假而取捨之也。

右第二十八章

文始真經注卷之一

文始真經注卷之二

神峰逍遥子牛道淳直解

二柱篇

柱者，建立天地陰陽之妙用也。凡一十二章。

關尹子曰：若椀若盂，若缾若壺，若甕若盎，皆能建天地。

椀盂缾壺甕盎六者，皆所用之器也。器之爲物者，外實而内虚也。實者屬陰，虚者屬陽。陽屬天，陰屬地。故建立妙用，物物可以取法也。故云「若椀若盂，若缾若壺，若甕若盎，皆能建天地」。

兆龜數蓍，破瓦文石，皆能告吉凶。

兆者，吉凶先兆也。以火燒銀而鑽龜殼，詳裂文以辯吉凶之兆也。數蓍者，蓍乃蒿屬，出蔡州，一科五十莖。按大衍之數，其用四十有九，一象太一，平分爲二，以象二儀，扐一以象閏，以四揲之，以象四時，三揲而爲一爻，十八變而爲一卦。卦既已定，吉凶兆焉。破瓦者，打瓦卜也。打瓦破碎而奇者屬陽，吉之兆也；偶者屬陰，凶之兆也。

文石者，打石裂文以辯吉凶。文正數奇則屬陽，吉〔一〕之兆也；文斜數偶則屬陰，凶之兆也。故云「兆龜數蓍，破瓦文石，皆能告吉凶」者也。

是知天地〔二〕成理，一物包焉。物物皆包之，各不相借。

是知者，因上椀盂缾壺甕盎皆能建天地，兆龜數蓍破瓦文石皆能告吉凶〔三〕，以此知天地成理，一物包焉。成理者，道也。言道本自見成，不假修爲也。道無不在，天地萬物在道則存生，失之則亡滅，故云知見成之道，物物皆包藏妙道。非物能包之也，爲天地萬物不離妙道也。故云「是知天地成理，一物包焉。物物皆包之，各不相借」也。不相借者，物物具足，不須相借也。

以我之精合彼之精，兩精相搏而神應之。

彼者，龜蓍瓦石也。我者，占卜之人。彼枯龜槁蓍、焦瓦堅石豈有神靈先兆吉凶哉？爲以我之精誠，合彼龜蓍瓦石天地成理之精，兩精相激搏，而有此神靈應之也。故云「以我之精合彼之精，兩精相搏而神應之」也。

〔一〕「吉」，原作「告」，據明刊本改。

〔二〕「天地」，明刊本作「天地萬物」。

〔三〕「凶」，原作「大」，據明刊本改。

一雌一雄，卵生；一牝一牡，胎生。

以飛禽配偶名曰雌雄，八竅者卵[一]生；以走獸配偶名曰牝牡，九竅者胎生也。故云「一雌一雄，卵生；一牝一牡，胎生」也。

形者彼之精，理者彼之神；

彼者，雌雄牝牡也。雌雄牝牡交感，精神混融爲一，而成卵胎也。卵胎之形，是雌雄牝牡之精也。理者，識性也，是彼雌雄牝牡之神也。故云「形者彼之精，理者彼之神」也。

愛者我之精，觀者我之神。愛爲水，觀爲火。愛執而觀，因之爲木；觀存而愛，攝之爲金。

我者，説一切人之己也。人萌一愛念，則屬己之精；情寓目觀色，則屬己之神也。精屬水，故愛爲水；神屬火，故觀爲火。愛爲水，觀爲火，相執相合，因化爲木。其木絞之得水，以見母形也；鑽之得火，以見子形也。觀爲神，愛爲精，相存相合，攝化爲金。其金擊之得火，以見夫形；鎔之得水，以見子形也。故云「愛者我之精，觀者我之神。愛爲水，觀爲火。愛執而觀，因之爲木；觀存而愛，攝之爲金」也。

〔一〕「卵」，原作「卯」，據明刊本改。

先想乎一元之氣，具乎一物，執愛之以合彼之形，冥觀之以合彼之理，則象存矣。

彼者，母也。父性真空，本來清静，清静真空性上忽萌想欲念，如道生一氣也。故云「先想乎一元之氣」也。既萌慾念，則母形已具乎識中，故云「具乎一物」也。母形具乎識中，執著相愛，以與母交合精血，故云「執愛之以合彼之形」也。父母交感，情識混融於恍惚窈冥之際，因以觀形而生愛，以成交感。父之識性與母識性相合，則成胞胎之象，人形已存於胎内，故云「冥觀之以合彼之理，則象存矣」。理者，識性也。已上説禽獸與人交感相媾精神，與人精誠感龜蓍瓦石之神應同也。

一運之象，周乎太空。自中而升爲天，自中而降爲地。

道生一。道者，無極也；一者，太極也。無極而太極，天地萬物之象已具乎太極之中也。太極雖含萬象，猶未離無極，故云「一運之象，周乎太空」也。太空者，即無極也。太極而動，動而生陽，陽氣輕清，自太極中上升，結而爲天，故云「自中而升爲天」也。動極而静，静而生陰，陰氣重濁，自太極中下降，凝而爲地，故云「自中而降爲地」也。

無有升而不降，無有降而不升。

冬至一陽生，行三十六候，氣上升，一百八十日，陽氣至天，陽極生陰；夏至一陰生，行三十六候，氣下降，一百八十日，陰氣至地，陰極又復生陽。屬乎陽自升，屬乎陰自降，升降往來，周流不息，所以生生化化而無極矣。有升則有降，若無升則無降，無升無降則無生死也。故云「無有升而不降，無有降而不升」也。

升者爲火，降者爲水。

火屬陽，自然上升，火發向上，升行之象也；水屬陰，自然下降，水流向下，降行之象也。故云「升者爲火，降者爲水」也。

欲升而不能升者爲木，欲降而不能降者爲金。

水生木，木生火，火者木之子，水者木之母，子母之情具在木中。火欲升，水欲降，木之氣欲升而不能升，故云「欲升而不能升者爲木」也。水者金之子，火者金之夫，夫子之情具在金中。水欲降，火欲升，金氣欲降而不能，故云「欲降而不能降者爲金」也。

木之爲物，鑽之得火，絞之得水；金之爲物，擊之得火，鎔之得水。金木者，水火之交也。

鑽木得火，以見子之情也；絞木得水，以見母之情也。此釋「欲升而不能升者爲木」也，故云「木之爲物，鑽之得火，絞之得水」。擊金得火，以見夫之情也；鎔金得水，以見子之情也。此釋「欲降而不能降者爲金」也，故云「金之爲物，擊之得火〔一〕」也。

〔一〕「火」，原作「水」，據明刊本改。

如上所説，以此知金木各具水火之情，相交孕化爲金木也，故云「金木者，水火之交也」。

水爲精爲天，火爲神爲地，

水者，陰中陽也，如坎卦屬陰，中爻屬陽，屬陽自升，天之象也。水在五行爲水，在氣爲天，在人爲精，在方爲北，在時爲冬，在數爲一六，在卦爲坎，在五常爲智，在星爲極，在嶽爲恒，在臟爲腎，在支爲亥子，在干爲壬癸也，故云「水爲精爲天」。火者，陽中陰也，如離卦屬陽，中爻屬陰，屬陰自降，地之象也。火在五行爲火，在氣爲地，在人爲神，在方爲南，在時爲夏，在數爲二七，在卦爲離，在五常爲禮，在星爲熒惑，在嶽爲衡，在臟爲心，在支爲巳午，在干爲丙丁，故云「火爲神爲地」也。

木爲魂爲人，金爲魄爲物。

木在五行爲木，在氣爲人，在神爲魂，在方爲東，在時爲春，在數爲三八，在卦爲震，在五常爲仁，在星爲歲，在嶽爲泰，在臟爲肝，在支爲寅卯，在干爲甲乙，故云「木爲魂爲人」也。金在五行爲金，在氣爲物，在神爲魄，在方爲西，在時爲秋，在數爲四九，在卦爲兑，在五常爲義，在星爲太白，在嶽爲華，在臟爲肺，在支爲申酉，在干爲庚辛，故云「金爲魄爲物」也。

運而不已者爲時，包而有在者爲方。

五行運轉無窮，以成春夏秋冬四時也，故云「運而不已者爲時」也。天地相包羅萬物，以成八極上下之十方也，故云「包而有在者爲方」也。

惟土終始之，有解之者，有示之者。

土無正行，旺於四季。一歲始終生成俱有土氣，春夏爲生長物之始，秋冬爲成實物之終，故云「惟土終始之」也。解者，解散而隱者也。正月二月，木旺〔一〕而土隱也。三月木〔二〕旺十二日，土旺十八日。旺者，顯示也。四月五月，火旺而土隱。六月火旺十二日，土旺十八日。七月八月，金旺而土隱。九月金旺十二日，土旺十八日。十月十一月，水旺而土隱。十二月水旺十二日，土旺十八日。土在五行爲土，在方爲中，在時爲四季，在數爲五十，在卦爲坤艮，在五常爲信，在星爲鎮，在嶽爲嵩，在支爲辰戌丑未，在干爲戊己，在臟爲脾，在神爲意。意識聞微言，則妙意解悟，得自利之妙，故云「有解之者」也。妙意解悟，既得自利，亦可利他。爲上根者動容密示，直下頓悟妙意，

〔一〕「旺」，原作「王」，據明刊本改。
〔二〕「木」，原作「本」，據明刊本改。

亦無妙意之量，故云「有示之者」也。此章明建立天地萬物之妙用者也。

右第一章

關尹子曰：天下之人，蓋不可以億兆計。

凡在天下之人，種類無窮，蓋不可以十萬爲一億、十億爲一兆之數而計筭之，故曰「天下之人，蓋不可以億兆計」也。

人人之夢各異，夜夜之夢各異。有天有地，有人有物，皆思成之，蓋不可以塵計。

天下之人，同夜做夢，各有夢境不同，故云「人人之夢各異」也。天下之人，夜夜夢境不同，故云夜夜夢境亦各不同，故云「夜夜之夢各異」也。天下之人，夜夜做夢時，一般見有天地人物，故云「有天有地，有人有物」也。夢見天地人物，皆是平日妄識染著天地人物，於其夢時神思昏惑，尸魄專權，平日所染，隨思顯見，故云「皆思成之」也。天下之人，同夜做夢各異，尚不可以數筭，況夜夜各自不同，蓋不可以塵數計筭也。塵者如日影晃塵。

安知今之天地，非有思者乎？

安者，寧也。寧知今時未睡，見天地人物不有思者乎？言未悟之人，識見染著，所見天地人物亦與今時不異也，爲晝夜俱迷也。故云「安知今〔一〕之天〔二〕地，非有思者乎」。此章明識迷覺夢計天地人物，皆事妄識也。

右第二章

關尹子曰：心應棗，肝應榆，我通天地。

天地生物各屬五行，棗赤屬火，火在臟爲心，故云「心應棗」也；榆青屬木，木在臟爲肝，故云「肝應榆」也。天地陰陽二氣交通而生棗榆，心應棗，肝應榆，是我與天地相通也，故云「我通天地」也。

將陰夢水，將晴夢火，天地通我。

天氣欲降，地氣欲升，將作陰雲爲雨，陰氣感人，夜即夢水，故云「將陰夢水」也。天氣欲斂其降，地氣欲收其升，陽氣感人，夜即夢火，故云「將晴夢火」也。如上所説，天地陰陽之氣感人，先夢水火，即是天地與我相通也，故云「天地通我」也。

我與天地似契似離，純純各歸。

〔一〕「今」，原作「令」，據明刊本改。
〔二〕「天」，原作「大」，據明刊本改。

如上説，我通天地，天地通我，即是我與天地似契合，則又不契合。天地有人，人亦有天地，天地即大人，人即小天地也，似離遠又不遠，故云「我與天地似契似離」也。天地與我並生，天地有道，人亦有道，道者純一而無雜，本自全真，道爲天地人歸宿之所，故云「純純各歸」也。此章明天地人物咸生之道也。

右第三章

關尹子曰：天地雖大，有色有形，有數有方。

天玄而地黄，故有色也；天圓而地方，故有形也。天地既有色形，會歸於壞，故有數也。天地有八極上下，故有方也。天地雖廣大，有色形之可觀，有數方之可盡也，故云「天地雖大，有色有形，有數有方」者也。

吾有非色非形，非數非方，而天天地地者存。

吾有真空之道，視之不見，故非色也；搏之不得，故非形也；真空無盡，故非數也；真空無處所，故非方也。真空之道，生天生地，天地有數，會歸於壞，壞而復生，生而復壞，壞而又復生，生生壞壞，而道無生無壞，浩劫長存，故云「吾有非色非形，非數非方，而天天地地者存」。此章明天地有成壞，道無成壞。

右第四章

關尹子曰：死胎中者，死卵中者，亦人亦物。天地雖大，彼固不知。

彼者，死胎中人與卵中物也。人物之性透入胎卵中，未生而死，天地雖廣大，彼人物之性固是不知也。故「死胎中者，死卵中者，亦人亦物。天地雖大，彼固不知」也。

計天地者，皆我區識。

人性雖在胎中未知有天地，及乎已生，成童之時，始知在上曰天，在下曰地，自童至老不能忘者，是知計度有天地者，皆我區分之情識。故云「計天地者，皆我區識」也。

譬如手不觸刃，刃不傷人。

手喻識也，刃喻天地也。譬如手不觸握劍刃，劍刃不傷人手也。識不染天地，天地不昧識性也。識若忘時，亦不知有天地也。故云「譬如手不觸刃，刃不傷人」也。此章明妄識障道也。

右第五章

關尹子曰：夢中、鑑中、水中，皆有天地存焉。

人睡夢之時，恍見天地人；以鏡上下照，鑑天地人；視澄潭水中，上下皆天，傍照山原，亦水中天地也。故云「夢中、鑑中、水中，皆有天地存焉」。

欲去夢天地者，寢不寐；欲去鑑天地者，形不照；欲去水天地者，盎不汲。

迷人不悟真空無礙於天地，天地亦無礙於真空也，迷識染習，妄去夢中天地，不知夢亦妄也，何可去之哉？若去之者，則寢不能安寐也，故云「欲去〔一〕夢天地者，寢不寐」也。古人鑄鏡以鑑形容，照天見天，照地見地，鏡本無心，妄識計之曰天地，彼鏡豈知哉，何可去之？若去鏡中天地者，碎鏡則去也。若碎之，則無以鑑形容之妍醜也，故云「欲去鑑天地者，形不照」也。水之澄也，仰照於天，傍照於山原，決之潤物，汲之濟人。若去水中天地，涸之可也。若涸之，則盎無〔二〕以汲之爲用也，故云「欲去水中天地者〔三〕，盎不汲」。

彼之有無，在此不在彼。是以聖人不去天地，去識。

彼者，夢鑑水也。此者，識也。彼夢鑑水中，或有時夢見天地，或有時不夢見天地，或不鑑不照天地，即無天地也。夢鑑水中，或有天地，或無天地，在此妄識計之而有，不在彼夢鑑水也，故云「彼之有無，在此不在彼」也。是以者，因上結下之辭也。聖人了悟真空，識浪淵澄，天地真空，各自如如，不相罣礙，故云「是以聖人不去天地，去

〔一〕「去」，原無，據明刊本補。
〔二〕「無」，原無，據上下文補。
〔三〕「者」，原無，據明刊本補。

識」也。此章明覺破妄識，真空無礙。

右第六章

關尹子曰：天非自天，有爲天者；地非自地，有爲地者。

天地不能自生，生天地者道也。道生一，一者太極也；一生二，二者天地也。故云「天非自天，有爲天者」也；「地非自地，有爲地者」也。

譬如屋宇舟車，待人而成，彼不自成。

天地待道以生成，喻似屋宇舟車待人造作而後成就，彼屋宇舟車豈能自成哉？以此知天地非道運太極元氣而生成哉？故云「譬如屋宇舟車，待人而成，彼不自成」也。彼者，天地也。

知彼有待，知此無待。上不見天，下不見地；内不見我，外不見人。

知彼天地有待道而生成，知此大道無所待而生成。經云「吾不知其誰之子，象帝之先」是也。知者，悟也。了悟妙道，迥絶對待。既絶對待，上下、天地、内外、人我，對待亦不見矣。故云「知彼有待，知此無待。上不見天，下不見地；内不見我，外不見人」。此章明天地待道而生，道無對待生死。

右第七章

關尹子曰：有時者氣，彼非氣者，未嘗有晝夜。

有時數者，一氣之運耳。彼妙道真空非氣也，道未生一氣之前，未嘗有天地日月，豈有晝夜十二時哉？故云「有時者氣，彼非氣者，未嘗有晝夜」也。

有方者形，彼非形者，未嘗有南北。

有方位者，以形定之耳。彼妙道真空非形也，道未生一氣之前，未嘗有天地形位，豈有東西南北之四方哉？故云「有方者形，彼非形者，未嘗有南北」也。

何謂非氣？氣之所自生者，如搖箑得風。彼未搖時，非風之氣；彼已搖時，即名爲氣。

自設問：何謂妙道真空非氣也？自答云：氣所自生者，譬如人搖竹扇而得風涼，喻道運而生一氣也。故云「何謂非氣？氣之所自生者，如搖箑得風」也。箑者，竹扇也。彼未搖竹扇時，非風之氣，喻道未生一氣之前也。故云「彼未搖時，非風之氣」也。彼已〔一〕搖竹扇時，而得風涼之氣，即名爲氣也，喻道運而生一，纔名爲氣。故云「彼已搖時，即名爲氣」。

何謂非形？形之所自生者，如鑽木得火。彼未鑽時，非火之形；彼已鑽時，即名爲形。

〔一〕「已」，原作「未」，據明刊本改。

此又自設問：何謂道之真空？答云：天地之形所自生者，譬如人鑽木得火之形見。此喻太極分高厚之形也，故云「何謂非形？形之所自生者，如鑽木得火」也。彼人未鑽木時，非有火之形狀也。此喻未有太極之前也，故云「彼未鑽時，非火之形」也。彼人已鑽木時，有火出見，即名爲火之形狀。此喻無極而太極，太極分而天地之形位矣，故云「彼已鑽時，即名爲形」也。此章明道不屬時數方位者也。

右第八章

關尹子曰：寒暑温涼之變，如瓦石之類。置之火即熱，置之水即寒；呵之即温，吹之即涼。

道運元氣，變化陰陽五行，而成冬寒夏暑、春温秋涼四時之遷變。元氣如瓦石之類，置之火即熱，如夏火旺時，元氣隨火氣而爲炎暑也。置瓦石於水内，浸之即寒，如冬水旺時，元氣隨水氣而爲嚴寒也。人以口呵瓦石，久之即温暖，如春木旺時，元氣隨木氣而和温也。人以口吹瓦石，久之即涼，如秋金旺時，元氣隨金氣而清涼也。故云「寒暑温涼之變，如瓦石之類。置之火即熱，置之水即寒；呵之即温，吹之即涼」也。

特因外物有去有來，而彼瓦石無去無來。

瓦石本無寒暑温涼，而特因物有水浸火燒、呵之吹之人物，而寒熱温涼有去有來，而瓦石本無寒熱温涼之去來也。故云「特因外物有去有來，而彼瓦石無去無來」也。此喻元氣本無寒暑溫涼之去來，特因水火金木之氣盛衰去來，而有寒暑溫涼之去來也。

譬如水中之影，有去有來，所謂水者，實無去來。

先以瓦石、水火、呵吹，喻元氣寒暑溫涼之去來，恐人未曉，又説譬喻，令人曉悟。元氣如水火金木之氣，如水中之影，影有去來，水實無去來，以此明知水火金木之氣有盛衰去來，而元氣實無去來。元氣尚無寒暑溫涼之去來，而況於道乎？故云「譬如水中之影，有去有來，所謂水者，實無去來」也。此章明道不屬元氣，元氣不屬時。

右第九章

關尹子曰：衣摇空得風，氣嘘物得水。水注水即鳴，石擊石即光。知此説者，風雨雷電皆可爲之。

人即小天地，天地即大人。風雨雷電，天地所爲也，人亦能之。人衣摇扇虚空得風來，人以氣嘘呵物得水生，此風雨之象也。人以水灌注於水則聲鳴，人以兩石相擊而火光迸流，此雷電之象也。人能知此説者，呼召風雨、立興雷電，不爲難矣。故云「衣摇空得風，氣嘘物得水。水注水即鳴，石擊石即光。知此説者，風雨雷電皆可爲之〔一〕」也。

〔一〕「之」，原無，據經文補。

蓋風雨雷電皆緣氣而生，而氣緣心生。

緣者，因也。蓋風雨雷電因陰陽而生也。陽氣下降，無陰氣以承之，則化爲風；陰氣上升，無陽氣以接之，則化爲雲。陰陽激搏，化爲雷電。以此知風雨雷電因氣而生，故云「蓋風雨雷電皆氣而生」也。人了悟真空妙道，得陰陽一氣之源，洞明造化之妙，真心妙運，一氣變化，呼召風雨、立興雷電，聖人之餘事，故云「而氣緣心生」。

猶如内想大火，久之覺熱；内想大水，久之覺寒。知此説者，天地之德皆可同之。

先説風雨雷電皆可爲之，恐人信之不及，故再説譬喻以曉之。譬猶有人行持有爲扭捏之功法，内存想下丹田如大火輪，久之通身發熱，人覺知此熱，以爲沖和，此非也。又如人内作觀想身心如大寒潭，澄澄湛湛，久之覺通身寒冷，以爲清涼境界，此亦非也。彼且妄想寒熱，猶隨心變，況了真心乎？人能知此譬喻之説者，呼召風雨、立致雷電，此天地之德，達人皆可同之也。此章明道爲陰陽之祖，德同天地之用也。

右第十章

關尹子曰：五雲之變，可以〔一〕卜當年之豐歉；

〔一〕「以」，原無，據明刊本補。

五雲者，五色雲也。五色雲者，青黄赤白黑也。變者，五雲互相更變也。當年者，當一年也。豐者，收熟也。歉者，饑饉不收熟。按占雲書云：每於正月朔旦，五方觀之，隨方五色雲見，主隨方豐歉也。見黑雲者，主彼方當年雪少雨多也；見赤雲者，主彼方當年荒旱也，五穀不收熟也；見青雲者，主彼方當年有蟲，小麥薄收；見白雲者，主彼方當年人災，粳糯薄收；見黄雲者，主彼方當年人安，禾稼薄收；見黄雲蒼色者，主彼方五穀大收熟也。五穀者，稜房芒角穗也。黑赤青白黄各獨見者，主歉也；五色相雜或蒼黄者，主豐也。故云「五雲之變，可以卜當年之豐歉」也。

八風之朝，可以卜當時之吉凶。

八風者，八卦之方所起之風也。朝者，從彼方起朝來之風也。按占風書云：每日寅占之，從乾方風來，名曰不周，不周者半凶半吉也；從坎方風來，名曰廣漠，廣漠者無凶無吉；從艮方風來，名曰融風，亦名凶風，融凶者半吉半凶也；從震方風來，名曰明庶，明庶者大吉也；從巽方風來，名曰清明，清明者大吉也；從離方風來，名曰景，景者大吉也；從坤方風來，名曰涼，涼者凶也；從兑方風來，名曰閶闔，閶闔者大凶也。故云「八風之朝，可以卜當時之吉凶」。

是知休咎災祥，一氣之運耳。

是知者，因占風雲知豐歉吉凶，以此知風雲變化爲休吉咎凶、災歉祥豐，一氣之運行耳。故云「是知休咎災祥，一氣之運耳」。

渾人我，同天地，而彼私智認而已之。

人我天地，咸是一氣之運行而有其生。彼氣盡，人我天地則死矣。今人我天地存者，以此知渾同一氣耳。故云「渾人我，同天地」也。已上占風雲、渾人我、同天地者，皆彼妄識私智計之也。彼妄識私智，非本來之性也。迷人認妄識私智爲己之性，則非也，故云「而彼私智認而已之」。此章明私智非性，皆一氣之運耳也。

右第十一章

關尹子曰：**天地寓，萬物寓，我寓〔一〕，道寓。苟離於寓，道亦不立。**

寓者，寄託也。氣莫大於陰陽，形莫大於天地。天地者，有形中最巨者也，太虛中細物耳。是知天地寄託於太虛元氣之內也，故云「天地寓」也。萬物寄託於天地之間、元氣之內也，故云「萬物寓」也。我本無我，無我之我，寄託於道之元氣而有其生，故云「我寓」也。道本無名，聖人寄託於强名，以宣此道，故云「道寓」也。苟，且也。且離了

〔一〕「我寓」，原無，據明刊本補。

强名之道，則無名可名，而道之强名亦不立也。苟離於寓，道亦不立也。此章明從本降跡，不離於寓名；從跡復本，道之寓名不立也。

右第十二章

文始真經注卷之二

文始真經注卷之三

神峰逍遥子牛道淳直解

三極篇

極者，超凡越聖，了道之極致也。凡二十七章。

關尹子曰：聖人之治天下，不我賢愚，故因人之賢而賢之，因人之愚而愚之；

聖人者，了道之聖天子也。治天下者，聖天子以道德撫安天下之民也，故云「聖人之治天下」也。不我賢愚者，聖人無我，而賢者自賢、愚者自愚，而賢愚之名不出於聖人也，故云「不我賢愚」也。故者，因上仍下之辭也。言衆人皆曰賢，聖人因人稱賢，故亦賢之而進用也。衆人皆曰愚，聖人因人稱愚，故亦愚之而退黜也。故云「故因人之賢而賢之，因人之愚而愚之」也。

不我是非，故因事之是而是之，因事之非而非之。

聖人既無我，而是非者自是非者也。自是非之名，不出於聖人也，故云「不我是非」也。事者，用也。體本無名，隨功用立名。用之於善，衆人皆曰是，聖人因人稱是，故亦謂是而賞之也。用之於惡，衆人皆曰非，聖人因人稱非，故亦謂非而罰之也。故云「因事之是而是之，因事之非而非之」也。

知古今之大同，故或先古，或先今；

知者，悟也。古，太之前道理也。今者，見前之事也。聖人了道，悟事理不二，古今一貫，故云「古今之大同」也。聖人得自利利他之妙，故或先以理示人，或先以事示人。上根之人，或從理入，或從事入，理事雖不同，入則不異也。故云「或先古，或先今」者也。

知内外之大同，故或先内，或先外。

知者，悟也。聖人了悟妙道，得形神俱妙，身心一貫，故云「知内外之大同」也。聖人慈悲普利，爲上根之人先以明心悟性示之，上根之人直下頓悟，心源本來清静，故云「或先内」也。聖人爲中下之人恐難了悟，先以修身衛生之妙示之，今中下之人漸漸悟解，故云「或先外」也。

天下之物，無得〔一〕以累之，故本之〔二〕以謙；

〔一〕「得」，原無，據明刊本補。
〔二〕「之」，原無，據明刊本補。

聖人洞徹真空，體同太虛，天下之物，紛紛億萬，豈曾得累礙虛空哉？故云「天下之物，無得以累之」也。聖人在宥天下，法江海之居下，含塵忍垢，萬邦流歸，天下樂推而不猒，皆本謙德之效也，故云「本之以謙」。

天下之物，無得以外之，故含之以虛；

物者，人物也。聖人以道德撫世，萬邦歸德而順化，願爲臣民而不猒，是天下之人無得以外於聖人也。故云「天下之物，無得以外之」也。既得萬邦歸德而順化，願爲臣民而不猒，聖人亦不以此自滿，心同太虛，故云「故含之以虛」者也。

天下之物，無得以難之，故行之以易；

天下之人，樂歸聖德，無傜役難行之事，百姓所樂，太平而富庶，無難化之民，故所行政事無難也。故云「天下之物，無得以難之，故行之以易」。

天下之物，無得以窒之，故變之以權。

天下太平，百姓富庶，和氣通流天地，陰陽調順，萬物遂其生成，無一物而窒塞不通，聖人以道自牧而無爲，以德應變而爲用。權者，用也。故云「天下之物，無得以窒之，故變之以權」也。

以此中天下，可以制禮；

以此者，權用也。中者，無太過、不及之病也。權用合宜，不失天下民心，則可以制禮，正上下君臣，別尊卑父子也。故云「以此中天下，可以制禮」也。

以此和天下，可以作樂；

樂者，和也。樂貴和而不淫，以此德用撫世，天下和平，禮樂興盛，而風化美也。故云「以此和天下，可以作樂」。作者，興盛。

以此公天下，可以理財；

以此道德撫世，公正無私之人可委而理治天下之財用也。故云「以此公天下，可以理財」也。

以此周天下，可以禦侮；

以此道德撫世，化周天下，其侮尊慢上之民，不期止而自止也。禦者，禁止也。故云「周天下，可以禦侮」也。

以此因天下，可以立法；

以此道德撫世，或因有害天下之民者，可以立法除之；或因有利天下之民者，可以立法行之也。故云「以此因天下，可以立法」。

以此觀天下，可以制器。

以此道德撫世，觀有便於天下之民用者，可以制器而與民用之也。故云「以此觀天下，可以制器」也。

聖人不以一己治天下，而以天下治天下，

聖人無我，以道德撫世，天下之民各安其業，忻樂太平而忘帝力。故云「聖人不以一己治天下，以天下治天下」是也。

天下歸功於聖人，聖人任功於天下，

天下之民，或有歸太平之功於聖人，聖人亦不自有其功，而不謂我能治天下。聖人以謙自牧，必任功於天下之民。此釋「聖人不以一己治天下，而以天下治天下」也。故云「天下歸功於聖人，聖人任功於天下」也。

所以堯舜禹湯之治天下，天下皆曰自然。

唐堯、虞舜、夏禹、殷湯，四帝治天下太平，使民忘帝力，天下之民皆曰自然太平，帝力何與焉？故云「堯舜禹湯之治天下，天下皆曰自然」。此章明聖人以道德撫世，無我也。

右第一章

關尹子曰：天無不覆，有生有殺，而天無愛惡；

至大者天，無一物而不蒙天之覆廕，春生秋殺而無心，天豈有愛而生之、惡而殺之耶？故云「天無不覆，有生有殺，而天無愛惡」。

日無不照，有妍有醜，而日無厚薄。

至明者日，無一物而不蒙日之照臨。因有日照，妍者顯其貌美，醜者顯其貌陋，而日平等，妍醜皆照而無心，豈有厚於妍而偏於照？亦無薄於醜而不照也。故云「日無不照，有妍有醜，而日無厚薄」。此章以天日喻聖人普利無私者也。

右第二章

關尹子曰：聖人之道天命，非聖人能自道；

道者，不可思議也。天者，自然而然也。命者，不知所以然而然也。聖人洞徹不思議之道，自然而然，不知所以然而然，道之强名亦不立也，亦無所能也。故云「聖人之道天命，非聖人能自道」也。

聖人之德時符，非聖人能自德；

符者，合也。聖人普利合時，不求報恩，忘其所能，不住著德之名也。故云「聖人之德時符，非聖人能自德」。

聖人之事人爲，非聖人能自事。

事者，用也。聖人以無用之用，普利無窮，用之爲人，亦無能用之心也。故云「聖人之事人爲，非聖人能自事」。

是以聖人不有道，不有德，不有事。

聖人無心，不知所以然而然，故不有道之名，不有德之跡，不有用之用。故云「是以聖人不有道，不有德，不有事」也。此章明聖人掃蕩復本而無我也。

右第三章

關尹子曰：聖人知我無我，故同之以仁；

仁者，慈惠利物也。聖人妙體真空，我本無我，假立我名。聖人悟此，在仁與仁無異也。故云「聖人知我無我，故同之以仁」也。

知事無我，故權之以義；

事者，用也；權，亦用也。聖人了悟無我之用以宜物也。故云「知事無我，故權之以義」。義者，宜也。

知心無我，故戒之以禮；

聖人悟本來妙心元無我相，故戒人以履儀則之行也。故云「知我無我，故戒之以禮」也。禮者，履也，亦儀則也。

知識無我，故照之以智；

聖人悟靈識之源本來無我，故用照之以鑑是非真僞也。故云「知識無我，故照之以智」也。智者，是是非非之謂智也，亦名審真僞之謂智也。

知言無我，故守之以信。

聖人悟無言之言，亦無我相之名，故保任真誠，言行相符也。故曰「知言無我，故守之以信」也。此章明聖人無我，妙用五常之德者也。

右第四章

關尹子曰：聖人之道，或以仁爲仁，或以義爲仁，或以禮、以智、以信爲仁。

以者，用也。聖人以道爲體，以五常爲用，用之於慈惠惠物，故云「聖人之道，或以仁爲仁」也。或裁是非，令物合宜而本於慈，故云「以義爲仁」也。或履儀則而本於慈惠，或鑑真僞而本於慈惠，或言行相符而本於慈惠，故云「以禮、以智、以信爲仁」者也。

仁義禮智信，各兼五者，

或行仁而兼於義禮智信，或行義而兼於禮智信仁，或行禮而兼於智信仁義，或行智而兼於信仁義禮，或行信而兼於仁義禮智，故云「仁義禮智信，各兼五者」。

聖人一之不膠，天下名之不得。

聖人洞徹真空，離種種邊，超諸法相，一無所得，不染寓名，無名可呼。天下之人，不可得而名貌聖人也。故云「聖人一之不膠，天下名之不得」也。不膠者，不染著也。此章明聖人無用之用，不存名跡。

右第五章

關尹子曰：勿以行觀聖人，道無蹟；

聖人逆行順行，鬼神莫測。蓋真空之道，無〔一〕跡可循，故不可以行觀聖人也。故云「勿以行觀聖人，道無跡」也。蹟者，踪跡也。勿者，禁止之辭也。

勿以言觀聖人，道無言；

勿以言觀聖人者，聖人無言之言，令人薦悟言外之旨。言外之旨者，即道也。道本無名，言之不可及也。

勿以能觀聖人，道無爲；

勿得以所能觀聖人者，聖人無爲而爲，爲以無爲，故云「勿以能觀聖人，道無爲」也。

〔一〕「無」，原無，據明刊本補。

勿以貌觀聖人，道無形。

勿得以貌相觀聖人，聖人貌不異衆人，體冥真空，無形可覩，故云「勿以貌觀聖人，道無形」也。此章明聖人之道不屬跡、言、爲、形，不可以行、言、貌觀也。

右第六章

關尹子曰：行雖至卓，不離高下；

人修善卓然異衆，衆爲下而善行爲高，高下對待，不離於跡，故云「行雖至卓，不離高下」也。此章釋前章「勿以行觀聖人」也。

言雖至工，不離是非；

人有能言妙理異於衆人，衆人言之不妙爲非，能言妙理爲是，是非對待，不離名相，故云「言雖至工，不離是非」。工者，巧妙也。此章釋前章「勿以言觀聖人」。

能雖至神，不離巧拙；

人有能造作所爲神妙異衆，不能者爲拙，能爲者爲巧，巧拙對待，不離有爲，故云「能雖至神，不離巧拙」也。此章釋前章「勿以能觀聖人」。

貌雖至殊，不離妍醜。

人有相貌美然殊衆，衆貌不美者爲醜，而貌美者爲妍，妍醜對待，不離假形，故云

「貌雖至殊，不離妍醜」也。此章釋前章「勿以貌觀聖人」也。

聖人假此以示天下，天下冥此，乃見聖人。

聖人降世，假行、言、能、貌以示天下，故云「聖人假此以示天下」。天下學人當於行、言、能、貌未萌之前薦悟洞徹者，窈冥真空，聖人妙道也。故云「天下冥此，乃見聖人」也。此章明示學人隨流得妙也。

右第七章

關尹子曰：聖人師蜂立君臣，師蜘蛛立網罟，師拱鼠制禮，師戰蟻制兵。

上古聖人因見蜜蜂有尊卑之序，因是得其師，遂立君臣以撫世也，故云「聖人師蜂立君臣」也。中古聖人因見蜘蛛結網取食，由是得其師，遂立網罟，取禽獸以供祭也，故云〔一〕「師蜘蛛立網罟」也。聖人因見山中之鼠望人拱立而鳴，由是得其師，遂制禮樂以正上下、别尊卑、序人大倫也。仍見二穴之螻蟻，戰鬭争食相咬，由是得其師，遂制兵以伐逆，故云「師拱鼠制禮，師戰蟻制兵」也。

衆人師賢人，賢人師聖人，聖人師萬物。唯聖人同物，所以無我。

〔一〕「云」，原無，據明刊本補。

衆人師問賢人，以學五常百行，故「衆人師賢人」也。賢人師問聖人，以學無爲大道，故「賢人師聖人」也。聖人慈悲普利，因萬物天然之理，由是得其師，種種方便，普利天下，故「聖人師萬物」也。聖人洞徹真空，處世和光不耀，同塵不染，不異衆人，體同虛空而無我，故云「唯聖人同物，所以無我」。此章明聖人普利無窮者也。

右第八章

關尹子曰：聖人曰道，觀天地萬物皆吾道。倡和之，始終之，青黄之，卵翼之。不愛〔一〕道，不棄物；不尊君子，不賤小人。

聖人心冥至道，反觀天地萬物，皆吾妙道也。故云「聖人曰道，觀天地萬物皆吾道」也。又觀夫婦之倡和，萬物之始終，草木之青黄，雌雄之卵翼，無非妙道也。故云「倡和之，始終之，青黄之，卵翼之」。聖人了悟天地萬物，巨細洪纖，飛潛動植，無非妙道，不生愛道棄物、尊君子賤小人之念也。故云「不愛道，不棄物；不尊君子，不賤小人」也。

賢人曰物，物物不同，旦旦去之，旦旦與之，長之短之，直之方之，是爲物役者也。

〔一〕「愛」，原作「受」，據明刊本改。

物者，用也。賢人迷體而專用，用之不一，故「賢人曰物，物物不同」也。旦者，日也。賢人日日捨去諸惡，日日與人善言，令人行之，故「旦旦去之，旦旦與之」也。賢人訓人，明是者理長、非者理短，務要人行正直端方之行，故「長之短之，直之方之」也。迷體專用，用之不一，捨取去與，長短方直，辯之不息者，是專用爲人物之使役也。故云「是爲物役者也」。

殊不知聖人鄙雜厠、別分居，所以爲人，不以此爲己。

鄙雜厠者，鄙薄雜混厠染不浄之人；別分居者，以禮儀正君臣父子、尊卑上下，別男女、夫婦、兄弟之序也。賢人殊不知聖人鄙薄混雜厠染不浄之人，立禮儀，別分居，君臣、父子、夫婦、兄弟、男女之居處，不令混雜穢行者，所以爲天下人，不以此爲己也。故云「殊不知聖人鄙雜厠、別分居，所以爲人，不以此爲己」也。此章明道無不在，聖人利物無我。

右第九章

關尹子曰：聖人之於衆人，飲食衣服同也，屋宇舟車同也，貴賤貧富同也。

聖人洞徹妙道，大隱於世，和光不耀，同塵不染。何謂和光同塵、不異衆人？食服、屋宇、舟車、貴賤、貧富者是也。聖人處世，凡食亦食，凡衣亦衣，凡居屋宇亦居屋宇，凡乘舟車亦乘舟車，凡仕而貴亦仕而貴，凡庶而賤亦庶而賤，凡無財而貧亦無財而貧，凡有財而富亦有財而富，寓世之跡，未嘗異人，故云「聖人之於衆人，飲食衣服同也，屋宇舟車同也，貴賤貧富同也」。

衆人每同聖人，聖人每同衆人。彼仰其高，侈其大者，其然乎？其不然乎？

衆人之跡，與聖人寓世之跡不異，故云「衆人每同聖人」也。聖人每同衆人，彼衆人仰慕聖人之道高德大，故云「彼仰其高、侈其大者」也。聖人有時建立妙用，平等普利，不求報恩，彼衆人仰慕道之高，侈廣德之大，及其聖人掃蕩復本，不立一塵，陰陽不能測，神鬼莫能窺，而況於凡乎？故云「其然乎？其不然乎」。此章明聖人隱顯莫測也。

右第十章

關尹子曰：魚欲異群魚，捨水躍岸即死；虎欲異群虎，捨山入市即擒。

魚者，喻衆人也。水者，喻汪洋妙道也。人欲履非義、生異謀，則違至道，人誅鬼責，不得終其天年而死，如魚異群魚，捨去其水，跳躍於岸上，即枯而死也。故云「魚欲異群魚，捨水躍岸即死」也。虎者，喻君子也。山者，喻巍巍至德也。君子殉名而失德之實，希慕爵禄，被富貴所惑，而不知退止，或被讒下，或悞履危機而不得善終，如虎欲異於群虎，捨離大山，入於城市，被人擒捉而擊死。故云「虎欲異群虎，捨山入市即擒」

也。即者，就也。

聖人不異衆人，特物不能拘爾。

聖人行不崖異，跡同衆人，非道不履，非德不行，體冥真空，萬緣無礙，逍遥自在，獨脱無羈，芒然彷徨乎塵垢之外，超然優游乎象帝之先，故云「聖人不異衆人，特物不能拘爾」。特者，獨也。此章明聖人行不崖異，寓世逍遥。

右第十一章

關尹子曰：道無作，以道應世者，是事非道；

作者，爲也。事，用也。聖人以道爲體，無爲自然，故云「道無作」也。聖人以德爲用，從體起用，故云「以道應世者」也。從體起用，應變無窮，衆人見聖人應用之事，便即爲道之妙體，殊不知是用非體也，故云「是事非道」也。

道無方，以道寓物者，是物非道。

道本無形，豈有八極上下十方哉？以者，用也。物者，人也。寓者，寄託於玄妙之言而教人物者。衆人見聖人有此道理玄妙之言，便即爲道，殊不知是訓人之跡，亦非道也。故云「道無方，以道寓物者，是物非道」。

聖人竟不能出道以示人。

竟者，終也。示者，曉示也。道乃真空，無形無相，無相似，無比倫，心不可思而知，口不能言而議，在人心開了悟，密契而已。雖是聖人，終不能拈出妙道以曉示學人也。故云「聖人竟不能出道以示人」也。此章明道由心悟，雖聖人不能與人道也。

右第十二章

關尹子曰：如鍾鍾然，如鍾鼓然，聖人之言則然；

鍾鼓者，不自聲也，感而接應，應聲無心，以喻聖人感而後應，應言無心也。鍾聲清，以喻聖人感而後應，以理訓人，令從理悟入也。故云「如鍾鍾然」。鼓聲濁，以喻聖人感而後應，以事訓人，令從事而悟入也。故云「如鍾鼓然，聖人之言則然」也。

如車車然，如車舟然，聖人之行則然。

車舟者，不自行也，感而後行，行而無心，以喻聖人迫而後動，不得已而後行，行而無心也。車行有跡，以喻聖人有時撫世，有時輔世，普利天下，其跡昭然，萬世不泯者也。故云「如車車然」也。舟行無跡，以喻聖人不得已而應世，所行之德，上德不德，即跡而無跡，使賢愚莫知，鬼神不測。故云「如車舟然，聖人之行則然」也。

唯莫能名，所以退天下之言；唯莫能知，所以奪天下之智。

道本無名，强名曰道，泯去强名，道亦不立。故云「唯莫能名」也。莫能名者，言無所議。雖天下有能者，於此而退默也。故云「所以退天下之言」也。道本無情，思之不可得而知也。思之不可得而知者，雖天下有大知之人，於此奪之而無用也。故云「唯莫能知，所以奪天下之智」。此章明聖人言行無心，道不可思議者也。

右第十三章

關尹子曰：蝍蛆食蛇，蛇食鼃，鼃食蝍蛆，互相食也。

蝍蛆者，蜈蚣也。鼃者，蝦蟇也。蜈蚣入蛇鼻竅，喫蛇腦髓，蛇吞蝦蟇，蝦蟇吞蜈蚣，三蟲互相吞食，故云「蝍蛆食蛇，蛇食鼃，鼃食蝍蛆」。以起喻也。

聖人之言亦然，言有無之弊，又言非有非無之弊，又言去非有非無之弊，

聖人所垂名言法相，喻似蝍蛆、蛇、鼃互相吞食，故云「聖人之言亦然」。聖人之言有是一邊，無是一邊，迷人住著二邊，乃爲學道之弊病也。此一句合蝍蛆食蛇之喻也，故云「言有無之弊」也。既知有無二邊是非者，不著有、不著無，唯行中道，又言非有非無之弊也。既知非有非無中道是病者，則去除非有非無，不立二邊中道。迷人不悟，住著此言便即爲道者，亦是學道之弊病也。此合蛇食鼃，鼃食蝍蛆之喻也，故云「又言去非有非無之弊」也。

言之如引鋸然。

向言有無、非有非無、去非有非無皆爲弊者，其言互相掃蕩，如引拽鋸，一來一往，其跡愈深矣。故云「言之如引鋸然」也。

唯善聖者不留一言。

留者，住也。聖人之言譬如筌蹄，筌者，所以在魚，得魚而忘筌；蹄者，所以在兔，得兔而忘蹄。言者，所以在意，得意而忘言。忘言者，不住著於言也。唯善悟聖人之道者，不住著於言默，不可得而互相掃蕩也。故云「唯善聖者不留一言」也。此章明聖人之道不屬名言，擬議即爲弊病。

右第十四章

關尹子曰：若龍若蛟，若蛇若龜，若魚若蛤，龍皆能之。

龍之爲物，乘乎雲氣，養乎陰陽，聚而成形，散而成章，變化莫測，能小能大，大則充塞天地，小則爲蛟、蛇、龜、魚、介蛤之類也。故云「若龍若蛟，若蛇若龜，若魚若蛤，龍皆能之」。此借喻也。

蛟，蛟而已，不能爲龍，亦〔一〕不能爲蛇，爲龜，爲魚，爲蛤。

〔一〕「亦」，原無，據明刊本補。

蛟似龍而非龍，而終化龍者，必以其蛟也，未化龍時，水獸而已。故云「蛟，蛟而已」也。蛟爲水獸，不能變化，豈能爲龍、爲蛇、爲鼉、爲魚、爲蛤者哉？故云「不能爲龍，亦不能爲蛇，爲鼉，爲魚，爲蛤」。此亦借喻者也。

聖人龍之，賢人蛟之。

水喻道，龍喻聖人，蛟喻賢人，蛇鼉喻君子，魚蛤喻衆人。龍、蛟、水蛇、鼉、魚、蛤，俱在水中，自生至老，吞吐受用，各無欠少。蛟、蛇、鼉、魚、蛤同生在水而不能變於水，唯龍變之。聖、賢、君子、衆人同生於道，自生至老，日用俱足，各無欠少。賢人、君子、衆人同生於道而不了於道，唯聖人了之。故云「聖人龍之，賢人蛟之」也。此合喻也。此章明道在聖凡，無餘無欠，人不了而聖了也。

右第十五章

關尹子曰：在己無居，形物自著。其動若水，其靜若鏡，其應若響。

唯真常在，故云「在己」。不住空相，故云「無居」。真空圓明，物物昭彰，故云「形物自著」也。著者，昭彰也。真空獨露，不住空相，頭頭顯見，物物昭彰。其動也，如水流復澄而無跡；其靜也，如明鏡鑑形而無心；其應物也，如空谷傳聲而常寂。故云「在己無居，形物自著。其動若水，其靜若鏡，其應若響」也。

芒乎若亡，寂乎若清。

聖人洞了真空，心如寒灰枯木，似無生意，故云「芒乎若亡」也。芒者，芒昧也，如寒灰無光也。亡者，如枯木無生意也。心源澄徹，湛然清淨，如水之静定而清澄也。故云「寂乎若清」也。寂者，静之也。

同焉者和，得焉者失。

利根之人，同氣相求，學於聖人。聖人動容密示，利根者直下洞徹，轉凡成聖，故云「同」也。先聖唱之於前，後聖和之於後，故云「同焉者和」也。鈍根之人未悟道，無所得，執持聖人名言法相，似爲有所得，有此見解不忘，失之遠矣，故云「得焉者失」。

未嘗先人，而常隨人。

聖人寓世，感而後應，不得已而爲中下者立名言法相，盡是方便。然未嘗先立此名言，爲中下之人有此染著迷病，然後隨分釋縛、隨病施方也。故云「未嘗先人，而常隨人」也。此章明聖人動静無心，感而後應者也。

右第十六章

關尹子曰：渾乎洋乎？遊太初乎？

大道渾然，汪洋無邊，即聖人之體也。故云「渾乎洋乎」也。太易者，未見氣也。

太初者，氣之始也。一氣始萌道之用，乃聖人即體即用。即體即用，遨遊無朕也。故云「遊太初乎」也。

時金已，時玉已，時糞已，時土已。

了道聖人，寓世不違時，時可輔世而治天下，人以謂如金之貴，故云「時金已」；時可撫世而安天下，人以謂如玉寶之尊也，故云「時玉已」也；時可晦隱，卑辱貧賤，利物濟人，人輕如糞土，故云「時糞已，時土已」。

時翔物，時逐物，

聖人寓世，時可獨善，則逍遥翱翔，如鸞鳳沖霄，不見其跡，故云「時翔物」也。時可隨衆，不露神通，故云「時逐物」也。逐者，隨之也。

時山物，時淵物。

聖人寓世，時可山居澗飲、月卧雲眠，而韜光自樂；或時可孤舟短棹、煙蓑雨笠、遨遊江湖，天子不得臣，諸侯不得友，放任逍遥，故云「時山物，時淵物」也。

端乎權乎？狂乎愚乎？

端乎權乎者，此釋前「時金已，時玉已」也，言輔世撫世，端正法則，權變政治，以安慰天下也。故云「端乎權乎」。狂乎愚乎者，此釋前「時糞已，時土已」。時翔物，時逐物，時山物，時淵物」也，謂聖人有時放任自得，不拘法則，隱顯莫測，如狂如愚，不可得而彷彿也。故云「狂乎愚乎」也。此章明聖人隨時達變，隱顯莫測也。

右第十七章

關尹子曰：人之善琴者，有悲心，則聲悽悽然；有思心，則聲遲遲然；有怨心，則聲回回然；有慕心，則聲裴裴然。

悽悽者，悲愴之聲也。遲遲者，思慮之聲也。回回者，違怨之聲也。裴裴者，慕戀之聲也。人心所念，寓之於琴，隨聲發見。心念悲哀，則琴聲悽悽然感愴也，故云「人之善琴者，有悲心，則聲悽悽然」也；心念思慮，則琴聲遲遲然如思慮也，故云「有思心，則聲遲遲然」也；心念怨人，則聲回回然違恨也，故云「有怨心，則聲回回然」也；心念慕羨，則聲裴裴然戀著也，故云「有慕心，則聲裴裴然」。

所謂悲思怨慕者，非手非竹，非絲非桐。得之心，符之手；得之手，符之物。人之有道者，莫不中道。

向之所謂心念悲思怨慕，非是手、竹、絲絃、桐琴而自有此悽遲回裴之聲也。故云「所謂悲思怨慕者，非手非竹，非絲非桐」也。因人善琴，得之於心，心之所念，符合於手，手之所動，符合於絲竹桐琴之物，自然心之所念，隨聲發見。彼善琴者，尚能隨聲發見心之所念，況善悟有道之士乎！有道之士，體用如如，拈來放下，語默起居，無非中道也。故云「得之心，符之手；得之手，符之物。人之有道者，莫不中道」也。此章明動静語默無非是道也。

右第十八章

關尹子曰：聖人以有言、有爲、有思者，所以同乎人；

言、爲、思者，皆用也。聖人應用之跡，有時與凡人不異，故云「聖人以有言、有爲、有思者，所以同乎人」也。

以未嘗言、未嘗爲、未嘗思者，所以異乎人。

嘗者，曾也。未曾言、爲、思者，言、爲、思未萌已前，真空之體也。聖人真空之體，本與凡人不異，爲凡迷而聖悟，所以異乎凡人也。故云「以未嘗言、未嘗爲、未嘗思者，所以異乎人」也。此章明迷人同聖人之跡、不同聖人之道也。

右第十九章

關尹子曰：利害心愈明，則親不睦；賢愚心愈明，則友不交；是非心愈明，則事不成；好醜心愈明，則物不契。

心專明審何者爲利，一向求利；心專明審何者爲害，一向避害。如此，雖父子之親，亦不相和睦，況於他人乎？故云「利害心愈明，則親不睦」也。心專明審何者爲賢，何者爲愚，一向親賢而遠愚，彼既賢於我，必以我爲愚，亦遠之矣。如此，則至老不能交同志之友也。故云「賢愚心愈明，則友不交」也。心專明審何者爲是，何者爲非，一向就是而捨非，被是非之名所拘，凡事無巨細，皆不敢爲。如此，則事無大小，皆不能成也。故云「是非心愈明，則事不成」也。心專明審何者爲好，何者爲醜，一向愛好而惡醜，愛惡迷心，一向著色，雖夫婦之情，不相契合矣。故云「好醜心愈明，則物不契」也。愈者，專也。物者，人物也。

是以聖人渾之。

是以者，因上結下之辭也。渾者，渾然真心，不生分別也。是以聖人真心渾然，不生分別，則無利害、賢愚、是非、好醜之名，故云「是以聖人渾之」也。此章明聖人真心渾然，不生分別者也。

右第二十章

關尹子曰：世之愚拙者，妄援聖人之愚拙自解。

援者，引也。世間有等愚魯拙鈍之人，恐人笑之，妄引聖人韜晦佯狂愚拙之跡，以自〔一〕解釋，謂聖人亦有此愚拙也。故云「世之愚拙者，安援聖人愚拙自解」。

殊不知聖人時愚時明，時拙時巧。

世之愚拙之人，殊不知聖人隨時達變，不滯於跡。時可隱者，則佯狂如愚，則隱之至也；時可顯者，則名超日月也；時可無爲，則忘所能而如拙鈍也；時可有爲，善巧方便垂示迷人也。故云「殊不知聖人時愚時明，時拙時巧」也。此章明聖人隱顯莫測也。

右第二十一章

關尹子曰：以聖師聖者賢人，以賢師聖者聖人。

以聖知師聖人之德，造之極者，僅爲賢人也。故云「以聖師聖者賢人」也。以賢人之心師聖人之道，造之極者，乃爲聖人也。故云「以賢師聖者〔二〕聖人」也。

蓋以聖師聖者，徇跡而忘道；以賢師聖者，反跡而合道。

德用有跡，蓋以聖智師聖人之德用，是徇德用之跡，忘道之體也。故云「蓋以聖師聖者，徇跡而忘道」也。道體真空，無跡可徇，蓋以賢人之心師聖人之道，心開悟解，體

〔一〕「自」，原作「九」，據明刊本改。
〔二〕「聖者」，原無，據經文補。

冥真空，與跡相反而合道也。故云「以賢師聖者，反跡而合道」也。此章明從本降跡，徇跡而爲賢人；從跡復本，反跡而爲聖人。

右第二十二章

關尹子曰：賢人趨上而不見下，衆人趨下而不見上。聖人通乎上下，惟其宜之。

賢人明理，謂形而上者謂之道，形而下者謂之器，一向見於理，殊不知理障是一邊，故云「賢人趨上而不見下」也。衆人昧於理，迷著事用，殊不知事障亦是一邊也，故云「衆人趨下而不見上」也。上者，理也。下者，事也。聖人洞了真空，不拘事理，有時以理示人，有時以事示人，觀機垂訓，聖人逆順合宜，應變無方也。故云「聖人通乎上下，惟其宜之」也。

豈曰離賢人衆人，别有聖人也哉！

聖人如水，賢人衆人如冰，水因寒而凝結爲冰，冰遇暖而復化爲水，冰雖未化，不可謂冰不是水也，爲冰通身是水也。聖迷爲凡，凡悟復爲聖，雖凡未悟，不可謂凡不是聖也，爲凡通身是聖也。迷者不悟，悲哉！如此，則要知水者，休離冰尋，即冰是水也；要悟聖人之道，休離凡究，即凡是聖也，明矣。故云「豈曰離賢人衆人，别有聖人也哉」。也哉者，深嘆迷人之辭也。此章明道在聖凡，平等具足，但迷悟不同也。

右第二十三章

關尹子曰：天下之理，夫者唱，婦者隨；牡者馳，牝者逐；雄者鳴，雌者應。

天下有自然之理，陽尊陰卑，陽剛陰柔，陽先陰後，故夫先唱而婦隨後應和也；走獸牡陽先馳行，牝陰隨後逐趕之也；飛禽雄陽先鳴於上風，雌陰應鳴於下風也。故云「天下之理，夫者唱，婦者隨；牡者馳，牝者逐；雄者鳴，雌者應」。

是以聖人制言行，而賢人拘之。

聖人因觀天下有自然陰陽、尊卑、先後之理，遂制立君臣、父子、夫婦、兄弟尊卑先後之言行，古今賢人不敢違越而行之，是彼此言行拘束定，而不得自在逍遥也。故云「是以聖人制言行，而賢人拘之」。此章明聖人道超法則，垂範後世也。

右第二十四章

關尹子曰：聖人道雖虎變，事則鱉行；道雖絲棼，事則棊布。

虎變者，喻聖人道之威光赫然，應變無方。鱉行者，喻聖人用事不得已而緩緩後應。故云「聖人道雖虎變，事則鱉行」。絲棼者，喻聖人之道紛然無所不包羅。棊布者，喻聖人用事著著有條道理路下落也。故云「道雖絲棼，事則棊布」也。此章明聖人之道難測，用事有法則也。

右第二十五章

關尹子曰：所謂聖人之道者，胡然孑孑爾，胡然徹徹爾，胡然堂堂爾，胡然臧臧爾。

孑孑者，無對待也。徹徹者，盡善盡美也。堂堂者，深奥難測也。臧臧者，妙之又妙也。胡者，何也。言聖人之道，何其孑孑然超諸對待也！故云「所謂聖人之道者，胡然孑孑爾」也。聖人之道何其徹徹然盡善盡美，何其堂堂然深奥難測，何其臧臧然妙之又妙，讚美不盡也！故云「胡然徹徹爾，胡然堂堂爾，胡然臧臧爾」者也。

惟其能〔一〕徧偶萬物，而無一物能偶之，故能貴萬物。

偶者，待也。惟道無我，能生萬物而與萬物不異，而萬物待道而生，而道無所待，故能超貴乎萬物。故云「惟其能徧偶萬物，而無一物能偶之，故能貴萬物」也。無一物能偶者，無一物比配道也。此章明道超諸有，迥絶對待。

右第二十六章

關尹子曰：雲之卷舒，禽之飛翔，皆在虚空中，所以變化不窮。

〔一〕「能」，原無，據明刊本補。

雲之爲物，地水之氣上升結而爲雲，在虚空中，或卷或舒，聚散往來，無跡可見也。禽之爲物，陽氣化生，飛翔虚空中，南北東西，惟意所適，來往縱横，無跡可覓。雲禽皆在虚空中，卷舒飛翔，變化往來不窮也。故云「雲之卷舒，禽之飛翔，皆在虚空中，所以變化不窮」也。此借喻也。

聖人之道則然。

聖人之道，洞了真空妙有，體用如如，應變無方，如雲之卷舒、禽之飛翔，縱横變化，無有窮極，而無蹤跡可循也。故云「聖人之道則然」也。此章明聖人之道變化無窮而隱顯莫測也。

右第二十七章

文始真經注卷之三

文始真經注卷之四

神峰逍遥子牛道淳直解

四符篇符者，精神魂魄也。凡一十七章。

關尹子曰：水可析可合，精無人也；

五行中，水析而分爲萬水，合而爲一水，不假他物而獨見，以此知水無人也。水在人屬腎藏之精，故精無人也。故云「水可析可合，精無人也」。

火因膏因薪，神無我也。

五行中，火因油膏燈草，或以柴薪爇之，見火之形。若無膏薪，則火不能獨見，以此知火無我也。火在人屬心藏之神，故神無我也。故云「火因膏因薪，神無我也」。

故耳蔽，前後皆可聞，無人；智崇，無人；一奇，無人；冬凋秋物，無人；黑不可變，無人；北壽，無人，皆精。

水既無人，所在皆無人也。水在藏爲腎，在形爲耳，耳乃腎之外表。耳蔽，著聲聽之，前後皆聞。耳既屬水，亦無人也，故云「耳蔽，前後皆可聞，無人」也。水在五常〔一〕爲智，智見孤高名曰崇也。智既屬水，無人，故曰「智崇，無人」也。水在數爲一，一乃奇數，即水之生數也。一既屬水，亦無人也，故云「一奇，無人」也。水在時爲冬，冬嚴寒，故能凋秋草木之物。冬既屬水，亦無人也，故云「冬凋秋物，無人」。水在色爲黑，黑不可以變別色。黑既屬水，亦無人也，故云「黑不可變，無人」。水在方爲北，水壽，長久不枯涸，以此知全精者多壽也。北既屬水，亦無人也，故云「北壽，無人」也。已上耳、智、一、冬、黑、北六者，皆屬水。水在五神屬精，故云「皆精」。

舌即齒牙成言，無我；禮卑，無我；二偶，無我；夏因春物，無我；赤可變，無我；南夭，無我，皆神。

火既無我，所在皆無我也。火在藏爲心，在形爲舌，舌乃心之外表。舌獨不能言，即齒成言也。舌既屬火，亦無我也，故云「舌即齒牙成言，無我」也。火在五常爲禮，禮以謙卑爲本。禮既屬火，亦無我也，故云「禮卑，無我」。火在數爲二，二乃偶數也，即火之生數也。二既屬火，亦無我也，故云「二偶，無我」也。火在時爲夏，夏因春生草木

〔一〕「常」，原作「當」，據明刊本改。

之物而長之也。夏既屬火，亦無我也，故云「夏因春物，無我」。火在色爲赤，赤可變爲別色也。赤既屬火，亦無我也，故云「赤變，無我」也。火在方爲南，火易滅，故壽夭，是知縱真火者多夭也。南既屬火，亦無我也，故云「南夭，無我」也。已上舌、禮、二、夏、赤、南六者，皆屬火。火在五神爲神，故云「皆神」也。

以精無人，故米去殼〔一〕則精存；

水在五神爲精，水既無人，精亦無人。以精無人，譬如穀去皮殼則精米存之，此無人之象也。故云「以精無人，故米去殼則精存」也。

以神無我，故鬼憑物則神見。

火在五神爲神，火既無我，神亦無我。以神無我，譬如鬼憑附人物則見神通，此無我之象也。故云「以神無我，故鬼憑物則神見」也。

全精者，忘是非，忘得失，在此者非彼；

人能保全至精，孤然不與萬法爲侶，則善是惡非、寵得辱失俱忘之矣。既孤然不與萬法爲侶，是在此精而已，不假彼法而獨存也。故云「全精者，忘是非，忘得失，在此

〔一〕「殼」，原作「穀」，據注文改。

者非彼」者也。

抱神者，時晦明，時强弱，在彼者非此。

人能保抱至神，冥然無我，隨時達變。時可晦隱，則晦隱而獨善；時可明顯，則明顯而濟天下；時可行仁德自强不息，則行仁德而自强不息也；時可謙卑柔弱，則謙卑柔弱而自牧也。晦明强弱，在彼時而已，非在此神也，爲神無我也。故云「抱神者，時晦明，時强弱，在彼者非此〔一〕」也。此章明全精神者，無我人者也。

右第一章

關尹子曰：精神，水火也。五行互生滅之，其來無首，其往無尾。

精屬水，神屬火，故「精神，水火也」。水生木，木生火，火生土，土生金，金生水；水滅火，火滅金，金滅木，木滅土，土滅水也，故云「五行互生滅」也。正月二月木旺，三月木旺十二日、土旺十八日，四月五月火旺，六月火旺十二日、土旺十八日，七月八月金旺，九月金旺十二日、土旺十八日，十月十一月水旺，十二月水旺十二日、土旺十八日。春夏秋冬四時，循環往來，首尾可尋，故云「其來無首，其往無尾」也。

〔一〕「在彼者非此」，原作「在此者非彼」，據經文改。

則吾之精，一滴不存亡爾；

精屬水，故曰「一滴」也。吾之至精之道，不屬有無存亡也。故云「則吾之精，一滴不存亡爾」也。

吾之神，一欻無起滅爾。

神屬火，故曰「一欻」。吾之至神，一欻之間無生無滅也。起者，生也。故云「吾之神，一欻無起滅爾」。

惟無我無人，無首無尾，所以與天地冥。

如上所說，神無我，精無人，五行互生滅之，其來無首，其往無尾，以此知惟無我人、首尾者，所以與天地同本於窈冥之道也。故云「惟無我無人，無首無尾，所以與天地冥」也。此章明精神無人我，與天地同生於道。

右第二章

關尹子曰：精者水，魄者金，神者火，魂者木。

水在五神爲精，故云「精者水」也。金在五神爲魄，故云「魄者金」也。火在五神爲神，故云「神者火」也。木在五神爲魂〔一〕，故云「魂者木」也。

〔一〕「魂」，原作「魄」，據明刊本改。

精主水，魄主金，金生水，故精者魄藏之；

精屬水，魄屬金，金是水之母，金生水也，以此知魄隱藏精也。故云「精主水，魄主金，金生水，故精者魄藏之」也。

神主火，魂主木，木生火，故神者魂藏之。

神屬火，魂屬木，木乃火之母，木生火，以此知魂隱藏神也。故云「神主火，魂主木，木生火，故神者魂藏之」也。

惟水之爲物，能藏金而息之，能滋木而榮之，所以析魂魄；

希玄子賈本有此四句，似與經文勢相聯，不失次序，故亦從而解之也。金放於水中，則隱息而不見。木得水，則滋生榮旺。精既屬水，魄既屬金，魂既屬木，水既藏金，以此知精能析分魂魄也。故云「惟水之爲物，能藏金而息之，能滋木而榮之，所以析魂魄」。

惟火之爲物，能鎔金而銷之，能燔木而燒之，所以冥魂魄。

火能鎔銷其金，亦能燒燔其木。神既屬火，魄既屬金，魂既屬木，火既能銷金燔木，以此知神能合魂魄也。故云「惟火之爲物，能鎔金而銷之，能燔木而燒之，所以冥魂魄」也。

惟精在天爲寒，在地爲水，在人爲精；

精屬水，水在天時則爲冬寒，水在地形則爲五行之水，水在人五神則爲精也。故云「惟精在天爲寒，在地爲水，在人爲精」也。

神在天爲熱，在地爲火，在人爲神；

神屬火，在天時則爲夏熱，在地形則爲五行之火，在人五神〔一〕則爲神也。故云「神在天爲熱，在地爲火，在人爲神」。

魄在天爲燥，在地爲金，在人爲魄；

魄屬金，在天氣則爲炎燥，在地形則爲五行之金，在人五神則爲魄也。故云「魄在天爲燥，在地爲金，在人爲魄」。

魂在天爲風，在地爲木，在人爲魂。

魂屬木，在天氣則爲風，在地形則爲五行之木，在人五〔二〕神則爲魂也。故云「魂在天爲風，在地爲木，在人爲魂」也。

惟以我之精，合天地萬物之精，譬如萬水可合爲一水；

〔一〕「神」下原有「則人五神」，據明刊本改。
〔二〕「五」，原作「王」，據明刊本改。

因萬水可合爲一水之喻，以此知吾之精可合天地萬物之精爲一精也。故云「惟以我之精，合天地萬物之精，譬如萬水可合爲一水」也。

以我之神，合天地萬物之神，譬如萬火可合爲一火。

因萬火可合爲一火之喻，以此知吾之神可合天地萬物之神爲一神也。故云「以我之神，合天地萬物之神，譬如萬火可合爲一火」。

以我之魄，合天地萬物之魄，譬如金之爲物，可合異金而鎔之爲一金；

因異金可合鎔之爲一金之喻，以此知吾之魄可合天地萬物之魄爲一魄也。故云「以我之魄，合天地萬物之魄，譬如金之爲物，可合異金而鎔之爲一金」也。

以我之魂，合天地萬物之魂，譬如木之爲物，可接異木而生之爲一木。

因異木可接爲一木之喻，以此知吾之魂可合天地萬物之魂爲一魂也。故云「以我之魂，合天地萬物之魂，譬如木之爲物，可接異木而生之爲一木」也。

則天地萬物皆吾精、吾神、吾魄、吾魂，何者死？何者生？

如上所説，則天地萬物精神魂魄同生於道也。既同生於道者，道豈有生死哉？故云「天地萬物皆吾精、吾神、吾魄、吾魂，何者死？何者生」也。此章明天地與我並生，萬物與我爲一，一生於道，道無生死者也。

右第三章

關尹子曰：五行之運，因精有魂，因魂有神，因神有意，因意有魄，因魄有精。

金木水火土，五行運轉，互相生也。精屬水，魂屬木，水生木，故云「五行之運，因精有魂」也；神屬火，木生火，故云「因魂有神」也；意屬土，火生土，故云「因神有意」也；魄屬金，土生金，故云「因意有魄」也；精屬水，金生水，故云「因魄有精」也。

五者回環不已，

精、神、魂、魄、意五者相生，循環不已也。已者，止也。故云「五者循環不已」也。相生者，精生魂，魂生神，神生意，意生魄，魄生精，精復生魂也。若人心神不生，則意不生，爲無火則無土也；意不生則魄不生，爲無土則無金也；魄不生則精不生，爲無金則無水也；精不生則魂不生，爲無水則無木也；魂不生則神不生，爲無木則無火也。以此則知，一心不生，五者皆廢，乃出輪迴之捷徑也。

所以我之僞心流轉造化，幾億萬歲未有窮極。

僞心者，業識也。一切衆生，業識忙忙，無本可據，流浪生死，出轂入轂，四生六道，販骨如山，輪迴不知幾億萬歲，尚未有窮極出離也。大聖垂慈，是經由是而說也。故云「所以我之僞心流轉造化，幾億萬歲未有窮極」也。造化者，生死也。我者，一切衆生是也。

然核芽相生，不知幾萬株，天地雖大，不能芽空中之核；

果木有核者，埋於土内，則生芽長成樹，復結果生核，核復埋土生芽，芽又長成樹、生核，如此相生，不知幾萬株樹而不窮。故云「然核芽相生，不知幾萬株」也。此喻心含識，則僞心流轉造化，幾億萬歲未有窮極也。若將果核以線繫之懸於空中，彼天地雖大，豈能生芽哉？故云「天地雖大，不能芽空中之核」也。此喻一心合於真空，造化不能輪迴也。

雌卵相生，不知其幾萬禽，陰陽雖妙，不能卵無雄之雌。

禽之雌，因與雄交而生其卵。雌覆卵而生小禽，長大復有雌雄相交而生卵，如此相生，不知其幾千萬億禽也。故云「雌卵相生，不知其幾萬禽」也。此喻心背覺合塵，生死不已也。彼禽之雌不與雄交合，彼陰陽雖妙，豈能生卵哉？故云「陰陽雖妙，不能卵無雄之雌」。此喻心不合塵，則無生死者也。

惟其來干我者，皆攝之一息，則變物爲我，無物非我。所謂五行者，孰能變之？

我者，心也。心本無心，因物境來相干，則一息之間心忽見也，以此知即物是心也。故云「惟其來干我者，皆攝之一息，則變物爲我」也。若無物境來干，則心不見，心既不見，即是真空，五行豈能變真空哉？不能變真空者，則無生死輪迴也。故云「無物非我。所謂五行者，孰能變之」。故云「見物便見心，無物心不見。十方通塞中，真心無不徧」，正謂此也。此章明一念纔生，則落五行，輪迴不已；一心不生，則真空陰陽不能陶鑄矣。

右第四章

關尹子曰：衆人以魄攝魂者，金有餘則木不足也；

魄者，陰也。妄想貪著，衆惡是也。魂者，陽也。清静無染，衆善是也。衆人愚癡顛倒，妄想貪著，外行衆惡，内貪色慾，外損陰德，内耗元陽，陽魂耗盡，陰魄獨强，惡習所攝，死沉陰界，如水流下，蓋屬乎陰者自降也。陰魄既獨强，陰魄屬金，是金有餘也。陽魂既耗盡，陽魂屬木，是木不足也。攝，制伏也，以强魄制伏弱魂也。故云「衆人以魄攝魂者，金有餘則木不足也」。

聖人以魂運魄者，木有餘則金不足也。

運者，周行也。聖人初學道時，心開了悟，清静無染，外行衆善，不住行善之跡，内保元陽，不住空相，離種種邊，純陽流住，陽魂運化，陰魄消寂，功滿蜕形，升乎陽界，所以爲聖人也。如火發往上行，蓋屬乎陽自升也。陽魂既運化，魂屬木，是木有餘也。

陰魄既消寂，魄屬金，是金不足也。

蓋魄之藏，魂俱之；魂之游，魄因之。

魄屬陰，陰主静。静者，隱藏之義也。魄隱藏於夜，魂亦俱隨魄隱藏也。故云「蓋魄之藏，魂俱之」也。蓋者，大蓋如此也。魂屬陽，陽屬動。動者，浮游之義。魂浮游於晝，魄因隨之而浮游也。故云「魂之游，魄因之」者也。

魂晝寓目，魄夜舍肝。寓目能見，舍肝能夢。

魂乃肝藏之神，目乃肝之外表，魂晝寓目，即無疑也。魄乃肺藏之神，鼻乃肺之外表，應當「魄夜舍肺」，今經言「魄夜舍肝」，於文理違背，傳寫之誤也。且從舍肝解之，終是牽强。爲魂晝寓游於目，魄因隨之寓游於目也；魄夜舍藏於肺，魂俱游而舍藏於肺也。此論之甚當。若言魂晝寓游於目，魄因而隨寓游於目；魄夜舍藏於肝，魂俱隨而舍藏於肝，肝是魂之本家，不應説俱隨之也，以此論牽强尤甚也。魂晝寓游於目，能見諸色相，皆魂識所辯也，故云「魂晝寓目」「寓目能見」也。魄夜舍藏於肺者，能作諸夢境，皆尸魄妄想顛倒所成也，故云「魄夜舍肺」「舍肺能夢」也。

見者魂，無分别，析之者分别。析之曰天地者，魂狃習也。

狃者，狎也。魂晝寓游於目，能見衆色相，皆魂所辯也，故云「見者魂」也。魂初寓目，本無分别，故云「無分别」也。忽生分别之識，故云「析之者分别」也。既生分别之識，則知在上曰天、在下曰地也，故云「析之者天地」也。既識天地，則是魂識狎習。染狎於識性，如犀牛翫〔一〕月，月形入角，雖盡犀牛形，亦不能去角中之月也。識染天地萬物者，亦復如是也。乃輪迴之因塵劫不能出者，爲此識也，故云「魂狃習也」。

夢者魄，無分别，析之者分别。析之曰彼我者，魄狃習也。

魄夜舍藏於肺，能作諸夢，故云「夢者魄」也。魄初舍肺，本無分别，而生分别之識，則分析曰彼人此我者，皆魄識狃習，顛倒夢想而迷真著妄也。故云「無分别，析之者分别。析之曰彼我者，魄狃習也」。

火生土，故神生意；

郭子謙本有此七字，甚與經文勢通暢，故亦從而解之。神屬火，意屬土，火生土，故神生意也。故云「火生土，神生意」也。

土生金，故意生魄。

意屬土，魄屬金，故意生魄也。故云「土生金，故意生魄」。

〔一〕「翫」，疑當作「望」。

神之所動，不名神，名意；意之所動，不名意，名魄。

動者，生也。神之所生，即不得名神也，乃名之爲意。神屬火，意屬土，火生土，以此知神生則名意也。故云「神之所動，不名神，名意」也。意之所生，不得名意，乃名之爲魄也。魄屬金，土生金，以此知意生則名魄也。故云「意之所動，不名意，名魄」也。

惟聖人知我無我，知物無物〔一〕，皆因思慮計之而有。

聖人了悟真空，元本無我。真空者，思慮未萌。思慮未萌者，内不知有我，外不知有物也。知者，悟也。聖人了悟真空，元無物我，今計物我者，皆因思慮妄計之而有也。故云「惟聖人知我無我，知物無物，皆因思慮計之而有」。

是以萬物之來，我皆對之以性，而不對之以心。性者，心未萌也。

是以者，因上仍下之辭也。因上凡人以思慮妄計萬物彼我，以此萬物之來，吾但以性對之。性者真空，真空應物常寂，故云「是以萬物之來，我皆對之以性」也。但對之以性，而不對之以心者，何也？答曰：性者，心未萌生也。心未萌者，即是真空之性也。故云「而不對之以心。性者，心未萌也」。

〔一〕「物」，原作「我」，據明刊本改。

無心則無意矣，蓋無火則無土；無意則無魄矣，蓋無土則無金。

心屬火，意屬土，無火不生土，故云「無心則無意矣，蓋無火則無土」也。意屬土，魄屬金，無土則不生金，故云「無意則無魄矣，蓋無土則無金」。

一者不存，五者皆廢。

一者，心也。一心不生，則神、意、魄、精、魂五者皆廢，而不相生也。故云「一者不存，五者皆廢」也。

既能渾天地萬物以爲魂，斯能渾天地萬物以爲魄。

既者，因前章説以我之魂合天地萬物之魂也。既能以我之魂渾同天地萬物之魂，斯能以我之魄渾同天地萬物之魄也。故云「既能渾天地萬物以爲魂，斯能渾天地萬物以爲魄」。

凡造化所妙皆吾魂，凡造化所有皆吾魄，則無一物可役我者。

如上説者，我之魂魄渾同天地萬物之魂魄，以此知凡造化者所妙所有皆吾魂魄也，故云「凡造化所妙皆吾魂，凡造化所有皆吾魄」。造化者，造物也。既與造物者游，則能役萬物，無一物能役吾也。經云「一道能作萬物，終無有一物能作道者、能害道者」，與此同也。故云「則無一物可役我者」也。此章明一心既萌，則五神妄生不已；

一心不生，則五神還原，可與造物同游。

右第五章

關尹子曰：鬼云爲魂，鬼白爲魄，於文則然。

云字傍鬼字爲魂字，白字傍鬼字爲魄字，於文字則如是。故云「鬼云爲魂，鬼白爲魄，於文則然」。

鬼者，人死所變。

有一分陰不盡，不能爲仙；有一分陽不盡，不能爲鬼。以此知人元陽耗盡，雖未死，亦死也。人是戴轂鬼，鬼是脱轂人。蓋妄結惡習，死沉陰界，變而爲鬼也。故云「鬼者，人死所變」也。

云者風，風者木；白者氣，氣者金。

陽氣爲云，云升無陰相接，化而爲風。風屬巽，巽屬木，故云「云者風，風者木」也。白色屬金，金氣化爲白色，故云「白者氣，氣者金」。

風散故輕清，輕清者上天；金堅故重濁，重濁者入地。

風屬陽，能散萬物，故輕清也。風既屬陽，又輕清，自然上升於天，故云「風散故輕清，輕清者上天」也。金形屬陰，故堅而重濁。金既屬陰，形堅而重濁，自然下沉於地也，故云「金堅故重濁，重濁者入地」也。

輕清者，魄從魂升；重濁者，魂從魄降。

人修衆善則屬陽，死則善福所資，則其氣輕清，自然魄從魂升於陽界，此亦自然之類也。故云「輕清者，魄從魂升」也。人行衆惡則屬陰，死則惡業所攝，則其氣重濁，自然魂從魄降，下沉於陰界，亦自然之類也。故云「重濁者，魂從魄降」也。

有以仁升者，爲木星佐；有以義升者，爲金星佐；有以禮升者，爲火星佐；有以智升者，爲水星佐；有以信升者，爲土星佐。

人專一行仁惠，行之至也，死而上升爲木，歲星之輔佐也，爲仁屬木也，亦自然而然各從其類也，故云「有以仁升者，爲木星佐」也。人專行義以宜物，行之至也，死而上升爲金，太白星之輔佐也，爲義屬金也，故云「有以義升者〔一〕，爲金星佐」也。人專行禮以尊君父，行之至也，死而上升爲火，熒惑星之輔佐也，爲禮屬火也，故云「有以禮升者，爲火星佐」也。人專以智別真僞是非，從真是而不從僞，行之至也，死而上升爲水，極星之輔佐也，爲智屬水也，故云「有以智升者，爲水星佐」也。人專行誠信，

〔一〕「者」，原無，據明刊本補。

言行相符，行之至也，死而上升爲土，鎮星之輔佐也，爲信屬土也，故云「有以信升者，爲土星佐」也。

有以不仁沉者，木賊之；不義沉者，金賊之；不禮沉者，火賊之；不智沉者，水賊之；不信沉者，土賊之。

人行不仁，則衆惡獨擅，行之至也，則死而沉於陰界，則東嶽拘而治罪，爲東嶽屬木，既拘而治罪，非木賊而何？故云「有以不仁沉者，木賊之」也。人專行不義，一切顛倒，不合義理，行之至也，則死而沉於陰界，則西嶽拘而治罪，爲西嶽屬金也，故云「有以不義沉者，金賊之」也。人專行無禮，侮慢君父，不忠不孝，行之至也，則死而沉於陰界，則南嶽拘而治罪，爲南嶽屬火，故云「有以不禮沉者，火賊之」也。人專行不智，愚癡所障，不鑑真僞是非，一切倒錯，則死而沉於陰界，則北嶽拘而治罪，爲北嶽屬水也，故云「有以不智沉者，水賊之」也。人專行不誠信，一切誑言妄語，言行相違，誑妄過重，則死而沉於陰界，則中嶽拘而治罪，爲中嶽屬土也，故云「有以不信沉者，土賊之」也。已上行五常之德，則爲五星之佐，背五常之德者，反被〔一〕五行賊之，可不慎歟？

〔一〕「被」，原作「彼」，據明刊本改。

魂魄半之，則在人間。

人行半善半惡，則罪福兩停，善屬陽魂，惡屬陰魄，如此則不升陽界，不沉陰界，只在人間宛轉生死也，故云「魂魄半之，則在人間」。

升魂爲貴，降魄爲賤；靈魂爲賢，厲魄爲愚；輕魂爲明，重魄爲暗；

前生作善多，則升魂爲今生富貴，故云「升魂爲貴」也。前生作惡多，則降魄爲今生貧賤之人也，故云「降魄爲賤」也。前生有慧明理，則靈魂爲今生賢人也，故云「靈魂爲賢」也。前生無慧，愚癡剛悍，則厲魄爲今生愚人也，故云「厲魄爲愚」也。前生智性爲善，則輕魂爲今生聰明人也，故云「輕魂爲明」也。前生無智性爲惡，則重魄爲今生癡暗也，故云「重魄爲暗」。

陽魂爲羽，鈍魄爲毛；明魂爲神，幽魄爲鬼。

今生輕薄作惡，死而陽魂爲羽蟲之類，故「陽魂爲羽」也。今生癡鈍作惡，死而鈍魄爲毛蟲之類，故「鈍魄爲毛」也。今生聰明正直，疾惡樂善，死而明魂爲神祇也，故「明魂爲神」也。今生好幽暗，行奸盜，作諸不善，死而幽魄爲鬼也，故「幽魄爲鬼」也。

其形其居，其識其好，皆以五行契之。

貴賤、賢愚、明暗、羽毛、神鬼，其形狀居處雖不同，皆因業識所好之因，各報如此之果也。如好五常之因，得報爲五星卿佐之果也；如違五常之因，報有五嶽治罪之果也。故云「其形其居，其識其好，皆以五行契之」。

惟五〔一〕行之數，參差不一，所以萬物之多，盈天地間猶未已也。

水生數一、成數六，火生數二、成數七，木生數三、成數八，金生數四、成數九，土生數五、成數十。故云「惟五行之數，參差不一」也。五行陰陽，相推相蕩，交感變化，巨細洪纖，飛潛動植，所以紛紛擾擾，不止於萬億之多，充盈於天地之間，生生化化，感異類創生，猶未止息也。故云「所以萬物之多，盈天地間猶未已也」。

以五事歸五行，以五行作五蟲，可勝言哉？

以事者，皆用也。五用者，視、聽、食、息、思。歸五行者，目乃肝之外表，肝屬木，故目視屬木也；耳乃腎之外表，腎屬水，耳聽屬水也；舌乃心之外表，心屬火，故舌食屬火也；鼻乃肺之外表，肺屬金，故鼻息屬金也；意乃脾之神，屬土，故意思屬土也。故云「以五事歸五行」也。五行者，木、火、土、金、水也。五蟲者，鱗、羽、倮、毛、甲也。東方甲乙木，作鱗蟲，三百六十種，龍爲長也；南方丙丁火，作羽蟲，三百六十種，鳳凰

〔一〕「五」，原無，據明刊本補。

爲長也；中央戊己土，倮蟲，三百六十種，聖人爲長也；西方庚辛金，作毛蟲，三百六十種，麒麟爲長也；北方壬癸水，作甲蟲，三百六十種，靈龜爲長也。故云「以五行作五蟲」。可任論動植之物也，故云「可勝言哉」也。勝者，任也。言者，論也。

譬如兆龜數蓍，至誠自契，五行應之。誠苟不至，兆之數之，無一應者。

兆龜數蓍，見解一柱首章也。向來所説貴賤、賢愚、明暗、羽毛、神鬼五常之因果，譬如以至誠祝願，鑽龜觳，數蓍草，五行應之以吉凶之兆也。人之其形、其居、其識、其好，皆以五行契之，亦復如是也。故云「譬如兆龜數蓍，至誠自契，五行應之」也。若鑽龜數蓍之時而心不至誠，吉凶之兆無一應也，人心無所愛著，絶其所好，清淨無染，離種種邊，不落因果輪迴，亦復如是也。故云「誠苟不至，兆之數之，無一應者」也。

聖人假物以游世，五行不得不對。

聖人假借四大之貌，物以五常之德，普利群品，爲之妙用也。既以五常爲妙用，寓游世間，普利群品，以仁屬木，義屬金，禮屬火，智屬水，信屬土，既爲之五常，不得不對屬於五行也。故云「聖人假物以游世，五行不得不對」也。此章明心有染著，則落因果；心離染著，則出輪迴。

右第六章

關尹子曰：三者具有魂。魂者識，目者精，色者神。見之者爲魂，耳口鼻心之類。

魂具此識、精、神三也，故云「三者具有魂」也。魂晝寓目，目視而辯五色，亦具識、精、神，然後能視辯之也。故云「魂者識，目者精，色者神」也。謂目之辯色者，魂識也，目之神水乃精神也。不獨視爲然，耳聽聲，口嘗味，鼻聞香，心思境，皆同具有識、精、神，方能別辯聲味香境也。故云「見之者爲魂，耳口鼻心之類」也。類者，同也。

在此生者，愛爲精，爲彼生父本；觀爲神，爲彼生母本。愛觀雖異，皆因〔一〕識生。

在此生身者，爲彼父生愛識戀母，愛爲精，精屬水；彼母生觀識戀父，觀爲神，神屬火。父母交感精神，爲此生身之本也。故云「在此生者，愛爲精，爲彼生父本；觀爲神，爲彼生母本」。父母愛觀雖不同，皆因〔二〕識情交感生子則同也。故云「愛觀雖異，皆因識生〔三〕」也。

彼生生本，在彼生者。一爲父，故受氣於父，氣爲水；二爲母，故受血於母，血爲火。

〔一〕「因」，原作「同」，據明刊本改。
〔二〕「因」，原作「用」，據明刊本改。
〔三〕「皆因識生」，原作「皆因同生」，據明刊本改。

彼父母，生生之本也。爲父精屬水，水數一，故一爲父也。此身受生之初，先得父之精氣，以成胎元，精氣屬水，故云「彼生生本，在彼生者。一爲父，故受氣於父，氣爲水」也。爲母血屬火，火數二，故二爲母也。此身受生之初，次得母之血氣，以成胎本，血氣屬火，故云「二爲母，故受血於母，血爲火」。

有父有母，彼生生矣。

有父有母，陰陽交感，彼爲父父母母，而生生不窮矣，故云「有父有母，彼生生矣」。

惟其愛之無識，如鎖之交；觀之無識，如燈之照。吾識不萌，吾生何有？

惟以至仁不仁，平等普利而無識，不求報恩，不住行仁之跡，雖與世交，如鎖鐄相交，而無情識之心也。故云「惟其愛之無識，如鎖之交」也。仁者兼愛也。圓明定慧，如大圓鏡，鑑物無心，如燈破暗，照物無識也。故云「觀之無識，如燈之照」也。如上所說，至仁不仁，平等普利而無心，定慧圓明，應物而無識，吾識不萌生，吾生死何有哉？故云「吾識不萌，吾生何有」哉！此章明識是生死之種，無識則無生死輪迴也。

右第七章

關尹子曰：如桴扣鼓，鼓之形者，我之有也；鼓之聲者，我之感也。桴已往矣，餘聲尚存，終亦不存而已矣。

寓游於世，物來相感，如似桴槌扣擊於鼓，感而後聲也，故云「如桴扣鼓」也。我之所有精神，如鼓之形；我之應感，如鼓之聲也。故云「鼓之形者，我之有也；鼓之聲者，我之感也」。桴槌已往，鼓餘聲尚在，如感我者已往，我之精神魂魄之識尚未能忘，回光照破此識而忘之，是終亦不存也。故云「桴已往矣，餘聲尚存，終亦不存而已矣」。

鼓之形如我之精，鼓之聲如我之神。其餘聲者，猶之魂魄。

吾之歷歷精明，如鼓之形也；吾之寂然不動，感而遂通，如鼓之聲也。故云「鼓之形如我之精，鼓之聲如我之神」也。吾之魂魄之識，物感不忘，猶似桴已往矣，鼓之餘聲尚存也。故云「餘聲者，猶魂魄」也。

知夫倏往倏來，則五行之氣我何有哉？

人能了悟本性真空，物境倏忽來往，應變常寂，如此，金木水火土五行之氣，於真空何有哉？故云「知夫倏往倏來，則五行之氣我何有哉」。此章明真空不屬五行也。

右第八章

關尹子曰：夫果之有核，必待水火土三者具矣，然後相生不窮。三者不具，如大旱、大潦、大塊，皆不足以生物。

果木之中有子核，埋於土內，必待雨陰水之滋潤、晴陽火之薰蒸，然後核生芽，芽長成樹，樹復結果核，核依前種之，水火土三者滋潤薰蒸，復生芽長樹結果核，相生無有盡期也。故云「夫果之有核，必待水火土三者具矣，然後相生不窮」也。若果核不埋於土，無陰雨陽晴滋潤薰蒸，安能生芽成樹哉？若無水火土，如似大亢旱時，大水澇時，大乾土塊時，三時種物皆不得生也。故云「三者不具，如大旱、大潦、大塊，皆不足以生物」也。潦者，澇也。足者，得也。

精水、神火、意土，三者本不交，惟人以根合之，故能於其中橫見有事。

精屬水，神屬火，意屬土，精神意三者本不交生於物，惟人之父母以二根交合，精神意識混融於恍惚之際，橫妄見其象，有此胞胎之事，生生不窮。如果核得水火土，生芽長樹，復結果核，生生不窮也。故云「精水、神火、意土，三者本不交，惟人以根合之，故能於其中橫見有事」也。

猶如術呪，能於至無見多有事。

父母未交合之時，各自真空之性，本來清静無物，以二根交合精神意而生子者，猶法術呪士巫覡之類，能於至無中呼召鬼神，妄見變化怪異之事也，故云「猶如術呪，能於至無見多有事」也。此章明本來清静，元無生死，人迷愛慾，屈沉生死也。

右第九章

關尹子曰：魂者，木也。木根於冬水，而花於夏火。故人之魂藏於夜精，而見於晝神。

魂者，木也。木冬時歸根復命，得冬水炁滋養，於夏得火炁薰蒸，則發花也，故云「魂者，木也。木根於冬水，而華於夏火」也。精屬水，魂屬木，水生木，故云「人之魂藏於夜精」也。夜屬陰，陰屬水，晝屬陽，陽屬火，神屬火，魂晝寓目以見神彩，故云「而見於晝神」也。

合乎精，故所見我獨，蓋精未嘗有人；合乎神，故所見人同，蓋神未嘗有我。

精屬水，水無人也，精亦無人也。合乎至精，則歷歷孤明，不與萬法爲侶也，故云「合乎精，故所見我獨，蓋精無人」也。合乎至神，則冥冥莫測，感而後應，應人事而無我也。神屬火，火無我，神亦無我也，故云「合乎神，故所見人同，蓋神未嘗有我」也。此章明全乎至精至神者，無人我也。

右第十章

關尹子曰：知夫此身如夢中身，隨情所見者，可以飛神作我而遊太清；

知者，悟也。人能了悟四大假合之身，如塵埃、聚沫、浮漚、夢幻不堅固。虚妄不實之身，皆是隨妄情所見，以爲有我。了悟如此，洞徹真空，以飛騰神用，不疾而速，不行而至，太清之境，無日不遊也。太清者，真空之妙道也。故云「知夫此身如夢中身，隨情所見者，可以飛神作我而遊「太清」也。

知夫此物如夢中物，隨情所見者，可以凝精作物而駕八荒。

物者，用也。人能悟此六用神通，亦如夢幻不實，了悟知此，洞徹真空，以凝澄清精微之體，而作生妙用，駕馭八荒，而爲頃刻之遊也。故云「知夫此物如夢中物，隨情所見者，可以凝精作物而駕八荒」也。八荒者，四海之外謂之八紘，八紘之外謂之八演，八演之外謂之八區，八區之外謂之八極，八極之外謂之八荒，八荒之外謂之鴻荒廣莫之界也。又太清者，太上所居之天也，在四種民天之上，即太清仙境也。大開之士以真空太虛爲體，遠及八荒之外，近在眉睫之間，陰陽莫測，鬼神難窺，不假他物，八荒之外、太清仙境而爲咫尺頃刻之遊也。或示變化警愚迷，啓誠信向道之心；或以飛神作身外之身，而乘空履虛，升遊太清仙境；或以凝精作龍虎、鸞鳳、龜鶴、梁鯉、箕棲之類，駕馭而適八荒之外，以爲遊戲也。

是道也，能見精神而久生，能忘精神而超生。

是者，此也。道者，不可思議之道也。了悟不可思議之妙道，則形如枯木，心似寒灰，自然神定精凝，返老還童延形，長生久視，如廣成子千二百歲，身未嘗衰是也。故云「是道也，能見精神而久生」也。既身心如枯木寒灰，即是以忘精神，而遠超生滅也，故云「能忘精神而超生」也。

吸氣以養精，如金生水；

氣白色屬金，世有衛生小功法，以鼻吸氣，在息須臾，微微緩出，以爲養精攻病，以氣養滋其精，如金生水，爲氣屬金，精屬水也，故云「吸氣以養精，如金生水」也。

吸風以養神，如木生火，

世有小功法以治心者，以鼻引清風，微微來往出入，則心不亂而神定，亦得其所養，如木生火，爲風屬木，神屬火也，故云「吸風以養神，故木生火」也。

所以假外以延精神。

如上所説，吸氣吸風以養精神，是假外以延留精神，不令耗散也，故云「所以假外以延精神」也。

漱水以養精，精之所以不窮；

世有小功法，以漱津液而保養其精，不令走泄，而精益無窮也，故云「漱水以養精，精之所以不窮」也。

摩火以養神，神之所以不窮，

世有小功法，凝思以手摩臍輪，令熱如火，久而神益無窮也，故云「摩火以養神，神之所以不窮」也。

所以假内以延精神。

如上所説，潄津液之水，摩臍輪之火，不假外物，是假内以延留精神，不令耗散也，故云「所以假内以延精神」也。

若夫忘精神〔一〕而超生者，吾嘗言之矣。

若夫洞了真空，精神返源，窈冥莫測，不知有精神之可忘，亦無生滅之可超，吾嘗垂示學人言之矣，其他假外假内小功小法，吾未嘗言之也，故云「若夫忘精神而超生者，吾嘗言之矣」。此章明道由心悟，而行小功小法，莫之及也。

右第十一章

關尹子曰：人勤於禮者，神不外馳，可以集神；

禮在五行屬火，神亦屬火。禮者，謹敬也。人心專以謹敬慎獨，不欺闇室，則心神不馳騁，而凝集静定也。故云「人謹於禮者，神不外馳，可以集神」也。謹者，專也。

人勤於智者，精不外移，可以攝精；

〔一〕「神」，原無，據明刊本補。

智在五行屬水，精亦屬水。智者，明真僞是非，專以保真忘僞，則名從是違非也，如此則精不妄泄於外，可以攝養至精也。故云「人勤於智者，精不外移，可以攝精」也。攝者，養也。

仁則陽而明，可以輕魂；義則陰而冥，可以御魄。

仁在五行屬木，魂亦屬木。仁以静自利，以慈利他，慈善屬陽，静則明了，魂神輕清而澄湛也，故云「仁則陽而明，可以輕魂」也。義在五行屬金，魄亦屬金，洞了真空，與道相真，陰隱窈冥，令尸魄止静而澄澈也，故云「義則陰而冥，可以御魄」也。御者，使止也。此章明五常爲道之妙用也。

右第十二章

關尹子曰：蜣蜋轉丸，丸成精思之，而有蝡白存丸中，俄去殼而蟬。

蜣蜋推糞，轉爲丸毬，丸毬既成，鑽入土中，抱丸而精一思之。其蜣蜋精神氣俱入丸中，化爲蝡白蟲。經秋冬春三時氣含養，得夏火氣薰蒸，出土，緣上草木牆壁之類。俄頃之間，從脊裂開，退去皮殼，化而爲蟬，飛遊林木，吸風飲露而鳴也。故云「蜣蜋轉丸，丸成精思之，而有蝡白存丸中，俄去殼而爲蟬」也。

彼蜣不思，彼蝡奚白？

彼蜣蜋不抱糞丸精思之，彼蜈蟲何得生白哉！皆因妄想而形隨之而變也，故云「彼蜣不思，彼蜈奚白」也。奚者，何也。此章明生死變化，皆因妄想貪著而有也。

右第十三章

關尹子曰：庖人羹蠏，遺一足机上。蠏已羹，而遺足尚動。是生死者，一氣聚散爾。

庖厨之人將螃蠏作羹之時，遺留螃蠏一脚足机卓案上。其螃蠏作成羹，而遺留之脚尚自摇動，以此知「是生死者，一氣聚散爾」。氣聚則生，氣散則死，遺足尚動者，氣未散盡也。故云「庖人羹蠏，遺一足机上。蠏已羹，而遺足尚動。是生死者，一氣聚散爾」。

不生不死，而人横計曰生死。

横者，妄也。本來面目，真空之性，禀自五太之前。五太之前未有一氣，以此明知真空之性不屬氣也。不屬氣者則無聚散，無聚散者則無生死也。如此則知不悟性者，但見氣聚成形以爲生，氣散形壞以爲死，豈不妄計哉？故云「不生不死，而人横計曰生死」也。此章明性本無生死，迷人妄計而恐怖也。

右第十四章

關尹子曰：有死立者，有死坐者，有死卧者，有死病者，有死藥者，等死，無甲乙之殊。

世間或有人立地化去者，或有坐地化去者，或有卧地化去者，或有因病重化去者，或有因服毒藥化去者，立、坐、卧、病、藥五等之不同，其死則不異也，無甲死者如何、乙死者如何之殊異也。故云「有死立者，有死坐者，有死卧者，有死病者，有死藥者，等死，無甲乙之殊」也。

若知道之士，不見生，故不見死。

知者，悟也。悟道之士，洞了真空，心無生滅，反觀四大假合，如塵埃聚沫，如蘧廬僦舍，暫寄而已，不見生死之可逃也。故云「若知道之士，不見生，故不見死」也。此章明道無生死，了道者無生死之可見也。

右第十五章

關尹子曰：人之猒生死、超生死者，皆是大患。

患者，病也。迷人不悟道無生死而能生死者，則不生不死也。未悟如此，起猒生死之心，擬欲直超生死者，皆是學道之大病也，故云「人之猒生死、超生死者，皆是大患」也。

譬如化人，若有猒生死心、超生死心，止名爲妖，不名爲道。

化人者，教化人也。譬如爲人師範，教化迷人學道，令人生猒離生死之心、超越生死之心，止名爲教人學妖怪不祥之事，豈名爲教人學道哉？故云「譬如化人，若有猒生死心、超生死心，止名爲妖，不名爲道」也。此章明了道者無生死之可猒超也。

右第十六章

關尹子曰：計生死者，或曰死已有，或曰死已無，或曰死已亦有亦無；

妄計生死之人，或曰假身如賃舍，舍壞人存，身死性存也，故云「計生死者，或曰死已有」也。或有人曰，人生一世，草生一秋，人死如燈滅，已死則無有也，故云「或曰死已無」也。或有人曰，人死無蹤跡，却有附人而通傳者，直疑亦有亦無也，故云「或曰死已亦有亦無」也。

或曰當喜者，或曰當懼者，或曰當任者，或曰當超者。愈變識情，馳騖不已。

或有人曰，生不靈而死靈，生不樂而死樂，惟神之有形，猶形之有疣，苟無其疣，何所不可？如此不亦以死而爲喜乎？故云「或〔一〕曰當喜者」也。或有人曰，人死爲鬼，冥冥長夜，無三光之所照，無家鄉之所居，無相識之依託，無飲饌之所食，黑暗陰界，誠可懼也，故云「或曰當懼者」也。或有人曰，人之生死，倏然而來，倏然而往，不喜不懼，

〔一〕「或」，原無，據明刊本補。

任其自然，故云「或曰當任者」也。或有人曰，人之生死，欲超不難，一志學道，直超生死，故云「或曰當超者」也。向來妄計生死者，言死已有已無，亦有亦無，當喜、懼、任、超之，人人所言，愈變妄識，迷情奔馳騖驟之不止也，故云「愈變識情，馳騖不已」也。

殊不知我之生死，如馬之手，如牛之翼，本無有，復無無。譬如火水，雖犯火水，不能燒之，不能溺之。

向來妄計生死之人，殊不知本來元無生死，而妄計生死者，如妄計馬有手而妄執，如牛有翼而妄飛。馬牛本來無手翼，而妄計有手翼也，以譬喻則知本來元無有生死，復無無有也，故云「殊不知我之生死，如馬之手，如牛之翼，本無有，復無無」也。本來真空妙有，與太虛同體。以空合空，如以火投火，不間其明，火不燒火也；以水投水，不間其清，水不溺水也，故云「譬如火水，雖犯火水，不能燒之，不能溺之」也。此章明情識不萌，元無生死也。

右第十七章

文始真經注卷之四

文始真經注卷之五

神峰逍遥子牛道淳直解

五鑑篇 鑑者，心也。凡二十章。

關尹子曰：心蔽吉凶者，靈鬼攝之；心蔽男女者，淫鬼攝之；心蔽幽憂者，沉鬼攝之；心蔽逐放者，狂鬼攝之；心蔽盟詛者，奇鬼攝之；心蔽藥餌者，物鬼攝之。

蔽者，執蔽也，蒙昧也。人心專一執蔽吉凶禍福、五行陰陽者，則有靈通之鬼統攝而蒙昧也，故云「心蔽吉凶者，靈鬼攝之」也；人心專一執蔽嬰姹夫婦、御女採戰之術，則有淫慾之鬼統攝而蒙昧也，故云「心蔽男女者，淫鬼攝之」也；人心專一執蔽幽暗憂愁，則沉溺之鬼攝而蒙昧也，故云「心蔽幽憂者，沉鬼攝之」也；人心專一執蔽逐走放飛畋獵者，則有狂蕩之鬼統攝而蒙昧也，故云「心蔽逐放者，狂鬼攝之」也；人心專一執蔽盟誓呪詛者，則奇異之鬼統攝而蒙昧也，故云「心蔽盟詛者，奇鬼攝之」也；人心專一執蔽修合服食藥餌者，則有藥物之鬼統攝而蒙昧也，故云「心蔽藥餌者，物鬼攝之」也。

如是之鬼，或以陰爲身，或以幽爲身，或以風爲身，或以氣爲身，或以土偶爲身，或以彩畫爲身，或以老畜爲身，或以敗器爲身。

如上所説靈鬼、淫鬼、沉鬼、狂鬼、奇鬼、物鬼六等之鬼，統攝蒙昧六等執蔽之人也，故云「如是之鬼」也。鬼無形相，必附託物以爲身，或以附託陰影爲身而見形昧人者，故云「或以陰爲身」也；鬼或有附託幽暗以爲身而見形昧人者，故云「或以幽爲身」也；鬼或有附託旋風以爲身而見形昧人者，故云「或以風爲身」也；鬼或有附託陰氣以爲身而見形昧人者，故云「或以氣爲身」也；鬼或有附託土偶塑人以爲身而見形昧人者，故云「或以土偶爲身」也；鬼或有附託彩畫人物之像以爲身而見形昧人者，故云「或以彩畫爲身」也；鬼或有附託老畜走獸以爲身而見形昧人者，故云「或以老畜爲身」也；鬼或有附託敗壞器物以爲身而見形昧人者，故云「或以敗器爲身」也。

彼以其精，此以其精，兩精相搏，則神應之。

彼者，附託陰、幽、風、氣、土偶、彩畫、老畜、敗器八者之鬼也。此者，心蔽吉凶、男女、幽憂、逐放、盟詛、藥餌六者之人也。爲此人專一執蔽已上六者之事，精執不移，彼附託鬼之精與人精兩相激搏，而鬼有靈通神異之應也。故云「彼以其精，此以其精，兩精相搏，而神應之」也。

爲鬼所攝者，或解奇事，或解異事，或解瑞事。其人傲然，不曰鬼于躬，惟曰道于躬。

心執蔽之人，爲靈、淫、沉、狂、奇、物六鬼統攝蒙昧者，或解珍奇之事，或解異怪之事，或解祥瑞之事，預言必應，衆人敬之以爲聖。其解奇異瑞事之人，傲然不言有鬼附於身，唯言至道於身，有此靈通也。故云「爲鬼所攝者，或解奇事，或解異事，或解瑞事。其人傲然，不曰鬼于躬，惟曰道于躬」也。

久之，或死木，或死金，或死繩，或死井。

爲鬼所攝之人，預解奇異瑞事，傲然以爲得道。久之，或自觸樹木而死，或以刀刃自刎而死，或以繩自縊而死，或自投井而死也。故云「久之，或死木，或死金，或死繩，或死井」也。

惟聖人能神神而不神於神，役萬物而執其機，可以會之，可以散之，可以禦之。日應萬物，其心寂然。

惟有了道聖人，洞徹真空妙有，了悟不神之神，陰陽莫測，神鬼難窺，化身周徧塵沙界，妙用神通無量，韜晦不顯也，故云「惟聖人能神神而不神於神」也。了道聖人能呼召風雨，役使萬神而執機也。執者，把握也。了道聖人不唯能呼召風雨而役使萬神，更能使可以會而聚之，可以散而分之，可以禦而止之也，故云「可以會之，可以散之，可以禦之」也。了道聖人之心，如月印衆水，如風鳴萬籟，如懸鏡鑑形，如空谷傳聲，應變而常寂常明、常清常靜也，故云「日應萬物，其心寂然」也。此章明心有執蔽皆邪，心無蔽皆道也。

右第一章

關尹子曰：無一心，五識並馳，心不可一；無虛心，五行皆具，心不可虛；無靜心，萬化密移，心不可靜。

無者，禁止之辭也。謂本來妙心，元自不二，垂誡學人無得專心守一。若萌專心守一之念，則守一之念與視、聽、食、息、思之五識相並奔馳，不得一也。以此明了，則知心不可守一也，故云「無一心，五識並馳，心不可一」也。本來妙心，元無一物，等同太虛，垂誡學人無得專心虛廓。若萌專心虛廓之念，與喜火、怒木、思土、憂金、恐水之五行，皆同具足，不得虛也。以此明了，則知心不萌虛廓之念也，故云「無虛心，五行皆具，心不可虛」也。本來妙心，元自清靜，垂誡學人無得專心守靜。若蒙專心守靜之念，與萬化密遷移而不得靜也。以此明了，則知心不可守靜也，故云「無靜心，萬化密移，心不可靜」也。

借能一則二偶之，借能虛則實滿之，借能靜則動摇之。

本來妙心，元自不二，於不二妙心，萌守一之念，則守一之念與不二妙心爲二偶對也，故云「借能一則二偶之」也。此釋「心不可一」也。本來妙心，元無一物，等同太虛，於此無物妙心，萌專虛廓之念，則專虛廓之念填實滿塞無物之妙心也，故云「借能虛則實滿之」也。此釋「心不可虛」也。本來妙心，元自清靜，猶如虛空，無動無摇，於本靜妙心，萌守靜之念，守靜之念既生，則是動摇妙心也，故云「借能靜則動摇之」也。此釋「心不可静」也。

惟聖人能斂萬有於一息，無有一物可役吾之明徹；散一息於萬有，無有一物可間吾之云爲。

惟了道聖人之心，猶如太虛，無所不容，化身億萬，一息之間，返本還源。如一切水月，一真月統攝，其水月波流，無有一水可没溺真月之明徹也，故云「惟聖人能斂萬有於一息，無有一物可役吾之明徹」也。了道聖人，一息之間，散布化身，周徧塵沙界，如一真月普見一切水也。一切水波流不停，無有一切水可間斷真月之光明云爲照耀也，故云「散一息於萬有，無有一物可間吾之云爲」也。此章明本來妙心，元自不二，虛静應變，縱奪無妨也。

右第二章

關尹子曰：火千年，俄可滅；識千年，俄可去。

火本無我，因膏因薪而見形。雖千年之久，若俄頃膏薪俱盡，則火亦隨之而滅也，故云「火千年，俄可滅」也。此起喻也。迷人業識忙忙，無本可據，輪迴億劫，不能出離者，皆因此識也。識亦無我，依境而見。雖千萬年之久，若蒙師點化，直下頓悟，本來妙心，元自清静，等同太虚，則俄頃之間，境忘識去矣，如薪盡火滅也，故云「識千年，俄可去」也。此喻也。此章明識是生死根，境忘識去，出輪迴之要者也。

右第三章

關尹子曰：流者舟也，所以流之者，是水非舟；運者車也，所以運之者，是牛非車；思者心也，所以思之者，是意非心。

人但見舟之流行，殊不知所以使舟流行者，是水流行，非舟自能流行也，故云「流者舟也，所以流之者，是水非舟」也。人但見車之運行，殊不知所以使車運行者，是牛拽之運行，非車能自運行也，故云「運者車也，所以運之者，是牛非車」也。此舟車二者，借喻也。人但知心之思慮，殊不知所以能思慮者，是意識能思慮，非本來妙心有思慮也，故云「思者心也，所以思之者，是意非心」也。此合喻也。

不知所以然而然。惟不知所以然而然，故其來無從，其往無在。

本來妙心，真空爲體，妙有爲用，體用如如，應變無窮，神鬼難窺，陰陽莫測，不知所以然而然也。不知所以然而然，本來妙心元在五太之前，象帝之先，洞然明了，其來不知從何而生來，冥然隱密，其往不知所在而居止，故云「不知所以然而然」。惟不知所以然而然，故其來無從，其往無在」也。

其來無從，其往無在，故能與天地本原，不古不今。

疊上二句，謂本來妙心不知從何而生來，冥然隱密，往然不知所在，如此，天地與吾同本原妙心而生。本原妙心，不屬時節，故不古不今也，故云「其來無從，其往無在，故能與天地本原，不古不今」也。此章明本原妙心禀自五太之前，非思慮之所知也。

右第四章

關尹子曰：知心無物，則知物無物；知物無物，則知道無物；知道無物，故不尊卓絶之行，不驚微妙之言。

本來妙心，以道爲體，以物爲用。了悟道心，元無一物，等同虛空，體用如如，應變常寂，故云「知心無物，則知物無物；知物無物，則知道無物」也。知者，悟也。物無物者，應變常寂也。洞悟道心，體用無物，故不尊尚卓高絶代之行，爲行雖卓絶，不離於跡，道本無跡，故不尊尚也。不驚異精微玄妙之言，爲言雖微妙，不離於名，道本無名，故不驚異也。故云「知道無物，故不尊卓絶之行，不驚微妙之言」也。此章明道心應變常寂，非言行之可及也。

右第五章

關尹子曰：物我交心生，兩木摩火生。

心本無心，因物而見，物我相交而心生顯見，如兩木相鑽摩而生火也，故云「物我交心生，兩木摩火生」也。

不可謂之在我，不可謂之在彼；不可謂之非我，不可謂之非彼。執而彼我之則愚。

我本無我，因物來干，心忽顯見，非我自生心也，故云「不可謂之在我」也。物來相感，心雖顯見，心如虚空，與彼物無礙，故云「不可謂之在彼」也。若無我者，物雖來感，則心不生。心既有生，不可謂之非我也，故云「不可謂之非我」也。我本〔一〕無我，彼物若不來感，則心亦不生。心本不生，因感而生，不可謂之非彼物也，故云「不可謂之非彼」也。迷人不悟無我無心，與物無礙，而妄立我心，與物作對，執有彼我，觸物有礙，非愚而何？故云「執而彼我之則愚」也。而者，汝也。執汝彼我而不忘，乃愚迷之人

〔一〕「本」，原作「未」，據明刊本改。

也。此章明心本無彼我，與物無礙，迷人妄立彼我，與物作對也。

右第六章

關尹子曰：無恃爾所謂利害是非。爾所謂利害是非者，果得利害是非之乎？

無者，禁止之辭也。恃者，倚賴也。言無得恃賴汝之所言利害是非也，故云「無恃爾所謂利害是非」也。汝所言利害是非者，皆妄情所〔一〕計，豈可利定爲利，害定爲害，是定爲是，非定爲非？利害是非，隨妄情變化，豈可一定之邪？既不可一定，隨時妄情所計之耳，果何得利害是非者哉！故云「爾所謂利害是非者，果得利害是非之乎」。

聖人方且不識不知，而況於爾？

運化利害是非者，造物也。造物窈冥，莫測其所以。雖聖人大智圓通，於窈冥造物，方且不識不知，而況爾凡乎？故云「聖人方且不識不知，而況於爾」也。此章明利害是非，造物者運化，凡不可預測也。

右第七章

關尹子曰：夜之所夢，或長於夜，心無時。

〔一〕「所」，原作「無」，據明刊本改。

長於夜，應作晝，於義則通也，蓋傳寫之悮也。迷人夜間作夢，或夢生長於晝，以此知本來妙心不屬時之數也，故云「夜之所夢，或長於晝，心無時」也。

生於齊者，心之所見皆齊國也，既而之宋、之楚、之晉、之粱，心之所存各異，心無方。

有人生長於齊國，心之所見之境，皆齊國而已。而者，汝也。之者，往也。既汝往宋國，又往楚晉粱之三國，四國境界不同，心之所存之境亦異，以此知本來妙心不屬方位也。故云「生於齊者，心之所見皆齊國也，既而之宋、之楚、之晉、之粱，心之所存各異，心無方」也。此章明本來妙心，不屬時數方位也。

右第八章

關尹子曰：善弓者，師弓不師羿；善舟者，師舟不師奡；

羿者，古人善射之號也。昔帝嚳賜羿弓矢，爲司射之官，居窮石之地。至堯時，十日並出，命羿射之，中九日而落之也。後纂夏后相之位，號有窮國君，因羿以爲名。其臣寒浞殺之，因有其室而生奡。奡多力，能陸地推舟而行，後爲夏后相子少康所殺也。其師者，法則也。善射弓者，以弓爲法，取中也。既以中爲則，不〔一〕必以羿爲法也，故云

〔一〕「不」，原無，據明刊本補。

「善弓者，師弓不師羿」也。善操舟者，以舟爲法則，務所往無滯爲法則也。既以舟所往無滯爲則，不必以奡爲法也，故云「善舟者，師舟不師奡」也。此借喻也。

善心者，師心不師聖。

善悟本來妙心，元自清静無爲，逍遥自在，不染不著。既以善了妙心，以悟爲則，不必以聖人爲法也，故云「善心者，師心不師聖」也。此合喻也。此章明心以悟爲則，因超凡聖也。

右第九章

關尹子曰：是非好醜，成敗盈虚，造物者運矣，皆因私識執之而有。

以善美爲是好，以惡陋爲非醜，以事物興〔一〕榮爲成盈，以事物廢枯爲敗虚也。殊不知是非好醜，成敗盈虚，皆自然造物者所運，吾何容心哉？而迷者執之以爲有實，殊不知皆因己私妄識計之也。故云「是非好醜，成敗盈虚，造物者運矣，皆因私識執之而有」也。

於是以無遺之，猶存；以非有非無遺之，猶存；無曰莫莫爾，無曰渾渾爾，猶存。譬猶昔游

〔一〕「興」，原作「與」，據明刊本改。

再到，記憶宛然。

既知是非好醜，成敗盈虛，皆因私識執之而有，於是以無遺其私識，猶有計無之識尚存，故云「於是以無遺之，猶存」也。又以非有非無遺其計無之識，猶有計非有非無之識尚在，故云「以非有非無遺之，猶存」也。曰莫計非有，莫計非無，故云「無曰莫莫爾」也。又以無遺之，曰渾然無莫計非有，渾然無莫計非無，猶有渾渾然無莫計之識尚在，故云「無曰渾渾爾，猶存」也。以識遣識，何異泥裏洗土？以識遣識者，譬如昔日曾游之境，今日再到，忽然記憶，舊之識宛然尚在，終不能忘遺也，故云「譬猶昔游再到，記憶宛然」也。

此不可忘，不可遣。善去識者，變識爲智。

此識不可得而忘，亦不可得而遣。善去識者，洞了真空之心體，以識變爲智慧，爲心妙有之用也，故云「此不可忘，不可遣。善去識者，變識爲智」也。

變識爲智之説，汝知之乎？曰：想如思鬼心慄，思盜心怖。曰：識如認黍爲稷，認玉爲石，皆浮游罔象，無所厎止。

厎者，平穩也。向來演變識爲智之説，汝還曉知之乎麽？故云「變識爲智之説，汝知之乎」。此設問也，却自答曰：曰想者，譬如人思此處有妖鬼，則心悚然戰慄而恐懼。又思此處有强盗，則心怯然而怕怖也。故云「曰：想如思鬼心慄，思盗心怖」也。曰識者，譬如人妄認黍以爲稷者，似黍而黑；又如人妄認玉爲石，此迷妄想識皆浮游無象，無所得悟本來妙心真空平穩之地而休歇也。故云「曰：識如認黍爲稷，認玉爲石，皆浮游罔象，無所底止」也。罔者，無也。止者，休歇也。

譬覩奇物，生奇物想，生奇物識。此想此識，根不在我。

向來所説想識，譬如人覩奇異之物，則生異物之想識。此奇異想，本心元無，因覩奇異之想識也，故云「譬覩奇物，生奇物想，生奇物識。此想此識，根不在我」也。想者，心思也。識者，心别辯也。

譬如今日，今日而已，至於來日，想識殊未可卜。及至來日，紛紛想識，皆緣有生。

先説此想此識根不在我，恐人信之不及，再設喻以曉之。譬如今日從旦至夕，今日想識之事已知之矣。至於來日想識之事，殊未可預卜度而知之，故云「譬如今日，今日而已，至於來日，想識殊未可卜」也。及至來日，隨事物旋生紛紛擾擾之想識，以知想識根不在我，皆因有事物而旋生也，故云「及至來日，紛紛想識，皆緣有生」也。緣者，因也。

曰想曰識，譬如犀牛望月，月形入角，特因識生，始有月形，而彼真月，初不在角。

本來妙心，元無想識，恐人信之不及，復設喻以曉之。譬如犀牛角中元無月形，特因犀牛望月，生此月中之想識，月形入角而始生月形也，而彼天上真月，初不曾在角也。故云「曰想曰識，譬如犀牛望月，月形入角，特因識生，始有月形，而彼真月，初不在角」也。

胸中天地萬物亦然。知此説者，外不見物，内不見情。

人胸臆中所懷天地萬物之識，亦如犀牛望月，月形入角也，故云「胸中天地萬物亦然」也。人能曉知如上所説譬喻者，則外不見物，内不見情也。此章明本來妙心，元無情識，皆因心迷，妄生情識也。

右第十章

關尹子曰：物生於土，終變於土；事生於意，終變於意。

萬物生於土，萬物終盡之時，復變化爲土，故云「物生於土，終變於土」也。此起喻也。土在脾神爲意，萬事生於意，萬事俱忘，終變爲意，故云「事生於意，終變於意」。此合喻也。

知夫惟意，則俄是之，俄非之，俄善之，俄惡之。意有變，心無變；意有覺，心無覺。

如上所説譬喻，則知萬事有無，惟此意根也。知此意根所生之事，俄頃之間，非化爲是，是化爲非，惡化爲善，善化爲惡也，故云「知夫惟意，則俄是之，俄非之，俄善之，俄惡之」也。意根有遷變，本來妙心無遷變；意根有知覺，本來妙心無有知覺也，故云「意有變，心無變；意有覺，心無覺」也。

惟我一心，則意者塵往來爾，事者歘起滅爾。吾心有大常者存。

本來妙心，元自不二，故云「惟我一心」也。塵者，法也。意根能生萬法，能滅萬法，滅則往，生則來，故云「則意者塵往來爾」也。若意根不生萬事，如火燒薪，歘然而起，薪盡歘然而滅也，故云「事者歘起滅爾」也。歘者，速也。大常者，乃本來妙心真空之體，廣無邊際，越古今而無有變異，非存而何，故云「吾心有大常者存」也。此章明心之大常禦意之小變也。

右第十一章

關尹子曰：情生於心，心生於性。情，波也；心，流也；性，水也。

人之妄情從心上生，心從性上生也，故云「情生於心，心生於性」也。人迷情如水之波浪，人逐境之心如流動之水，人之本性如水之源也。波、流、源有三名而無二體，爲波、流、源皆是水也；情、心、性有三名而無二體也，爲情、心、性皆是真也。故云「情，波也；心，流也；性，水」也。

來干我者，如石火頃。以性受之，則心不生，物浮浮然。

萬物來相干吾者，俄頃之間，如電光石火。但以真空之性受之，則心不生知識。物境浮浮然，如太虛之雲，不礙虛空；如空谷傳聲，應變常寂也。故云「來干我者，如石火頃，以性受之，則心不生，物浮浮然」也。此章明心性不二，應變無礙也。

右第十二章

關尹子曰：賢愚真僞，有識者，有不識者。

世間有真賢真愚，有僞賢僞愚，世人或有能變識，或有不能變識者。故云「賢愚真僞，有識者，有不識者」也。

彼雖有賢愚，彼雖有真僞，而謂之賢愚真僞者，繫我之識。

彼世間雖是賢愚真僞，而別辯賢愚真僞者，皆繫我之妄識也，故云「彼雖賢愚，彼雖真僞，而謂之賢愚真僞者，繫我之識」也。

知夫皆識所成，故雖真者亦僞之。

若知別辯賢愚真僞，皆妄識所成，識既是妄，故雖真實亦名假僞不真也。故云「知夫皆識所成，故雖真者亦僞之」也。此章明妄識非真心也。

右第十三章

關尹子曰：心感物，不生心，生情；物交心，不生物，生識。物尚非真，何況於識！識尚非真，何況於情！

本來妙心，元自清静，因物所感也。心本無生，而所以生者，情也，故云「心感物，不生心，生情」也。一切物來交干於心，心别變物者，非物也，乃心之識見也，故云「物交心，不生物，生識」也。一切物境幻生幻滅，尚猶虚妄，何況於識，豈不爲妄僞哉？故云「物尚非真，何況於識」也。既知識是妄僞，何況於情，豈不是妄哉？故云「識尚非真，何況於情」也。

而彼妄人於至無中執以爲有，於至變中執以爲常。

而彼衆迷妄之人，於本來至真妙心元無一物之中，忽生妄識，堅執爲有，染著不捨，不能明了本心也，故云「而彼妄人於至無中執以爲有」也。彼迷妄衆人，於妄識生滅不停、逐境變化之識神中，堅執爲本心之大常。噫！殊不知此妄識之神，乃輪迴之種也，故云「於至變中執以爲常」也。

一情認之，積爲萬情；萬情認之，積爲萬物。物來無窮，我心有際。

本來清静妙心上，忽生一迷情，不覺是妄，認以爲真，情情旋生，新新嗣緒，乃積之爲億萬之情也，故云「一情認之，積爲萬情」也。迷人於萬億之情，又不覺是妄，而認妄爲真，染著物境，念念遷流，情波浩渺，積之億萬物境也，故云「萬情認之，積爲萬物」也。際者，邊境也。本來妙心，猶如虚空，廣無邊際，爲妄識迷情專權，間截虚空，妄立境界，限量邊際，迷染萬物，而逐無窮物遷流也，故云「物來無窮，我心有際」也。

故我之良心受制於情，我之本情受制於物。可使之去，可使之來，

心迷逐情，妄立境界，不由了悟良妙之心，專由迷妄之情驅使，是本來良妙之心，倒受制於迷妄之情，如臣反拘制君也，故云「故我之良心受制於情」也。我之本來正情既迷染萬物，倒被萬物驅使，是本來正情受制於萬物，如百姓反拘制大臣也，故云「我之本情受制於物」也。心迷逐情，情迷染物，迷情妄染物境，限盡死後，被愛染物境牽引，愛染重處受生，生生死死，百千萬劫輪迴，無有出期，去來不已也，故云「可使之去，可使之來」也。

而彼去來，初不在我，造化役之，因無休息。

人之五情，則屬五行也。五情者，喜屬火，怒屬木，思屬土，憂屬金，恐屬水。五情既屬五行，五行陰陽造化，陶鎔天地萬物，驅役死生去來，無有休息之期也。究其所以，皆因五情迷妄，而有此去來死生。五情未萌之前，安有死生去來哉？以此知而彼去來初不在我，皆因迷情妄染，落於五行造化陶鑄中，役使輪迴，因無休息也。故云

「而彼去來，初不在我。造化役之，因無休息」也。

殊不知天地雖大，能役有形，而不能役無形；陰陽雖妙，能役有氣，而不能役無氣。

迷人妄染愛境，被天地陰陽造化役使，輪迴無休。殊不知迷情未萌之前，本來良妙之心，猶如虛空無形，雖天地陰陽造化之大，但能役使迷染有形之情，豈能役使如虛空良妙之心哉？故云「殊不知天地雖大，能役有形，而不能役無形」也。迷情既萌，元氣隨之，則落陰陽造化役使輪迴也。迷情未萌，元氣返本，與真空同體，陰陽造化雖妙，豈能役使真空哉？故云「陰陽雖妙，能役有氣，而不能役無氣」也。

心之所之，則氣從之；氣之所之，則形應之。

之者，往也。心之所往，則氣從之而往也。心猶帥也，氣猶軍也，氣之從心，如衆軍從帥也，故云「心之所之，則氣從之」也。心迷妄愛，染著諸境，氣亦從之，而有此輪迴之身形也，故云「氣之所之，則形應之」也。

猶如太虛，於至無中變成一氣，於一氣之中變成萬物，而彼一氣不名太虛。

道本無名無形，猶如太虛，能運一氣，一氣分而爲陰陽，一氣陰陽變化天地萬物，既名一氣，不名太虛，無形名之道也，而況於萬物乎？故云「猶如太虛，於至無中變成一氣，於一氣中變成萬物，而彼一氣不名太虛」也。此起喻也。

我之一心能變爲氣爲形，而我之心無氣無形。

吾之本來良妙之心，以真空爲體。思慮未萌之前，體同太虛；思慮既萌，所之則氣從之；氣之所之，則形應之。如太虛中變成一氣，於一氣中變成萬物也，故云「我之一心能變爲氣爲形」也。思慮未萌之前，本來良妙之心，元無氣無形也，故云「而我之心無氣無形」也。

知夫我之一心無氣無形，則天地陰陽不能役之。

知者，悟也。了悟本來不二之良心，猶如太虛未變爲氣爲形之時，未有天地陰陽，令誰役之？假使有天地陰陽，豈能役使虛空哉？故云「知夫我之一心無氣無形，則天地陰陽不能役之」也。此章明心迷，墮陰陽陶鑄，而輪迴不已；心悟，出陰陽陶鑄，永不輪迴也。

右第十四章

關尹子曰：人之平日，目忽見非常之物者，皆精有所結而使之然；

人之平安之日，目忽然見非常奇異之物境者，皆是精神與物境凝結，而忽然使之變化如此之異也。故云「人之平日，目忽見非常之物者，皆精有所結而使之然」也。

人之病日，目忽見非常之物者，皆心有所歉而使之然。

人之患熱病之日，被熱氣所燒而眼花，忽然見非常奇異之物境，皆是熱病所燒，而心不足使然也。故云「人之病日，目忽見非常之物者，皆心有所歉而使之然」也。歉者，不足也。

苟知吾心能於無中示有，則知吾心能於有中示無。

苟者，識也。知者，悟也。如上所説，平日病日目忽見非常之物，以此誠能了悟本來妙心，元無一物，等同太虚，皆於無中示見非常之有，以此了悟即非常之有，昭示本來無物之妙心也。故云「苟知吾心能於無中示有，則知吾心能於有中示無」也。

但不信之，自然不神。或曰厥識既昏，孰能不信？我應之曰：「如捕蛇師，心不怖蛇。彼雖夢蛇，而不怖畏。」

若人平日或病日，目忽見非常鬼神怪異之境，但悟本心清静，元無一物，一切有相皆是虚妄，如此則明了，不信不著，彼怪自然不呈神異也。故云「但不信之，自然不神」也。厥者，其也。孰者，誰也。或有人問：其識情既昏昧，妄見非常神鬼奇異，誰便能不信哉？故云「厥識既昏，孰能不信」。此設問也，却自答曰：譬如能以法禁蛇之師，捕捉其蛇，心不怕蛇。彼雖睡夢見蛇，亦無怕怖畏懼之心也。以此明了，則知但不信之，自然不神也。故云「應之曰：如捕蛇師，心不怖蛇。彼雖夢蛇，而無畏怖」也。此答上問也。

故黄帝曰：「道無鬼神，獨往獨來。」

以捕蛇譬喻答或問之人，恐信之不及，又引軒轅黄帝書中所載之言以證之。黄帝書中有言，道無鬼神，鬼屬陰，神屬陽，妙道不屬陰陽，故無鬼神也。假使有鬼神，亦不能窺妙道也。妙道運斡，陰陽往來，而陰陽不能對偶於道也。故云「故黄帝曰：『道無鬼神，獨往獨來』」也。此章明隨流得妙心，悟妙道，鬼神不能測也。

右第十五章

關尹子曰：我之思慮日變，有使之者，非我也，命也。苟知惟命，外不見我，内不見心。

我本無我，因識妄立，思慮營營，日日千變萬化，本非無我之我也，乃是不知所以然而然之命運化思慮也。故云「我之思慮日變，有使之者，非我也，命也」。命者，不知所以然而然也。使者，運化也。誠能了悟不知所以然而然，乃是真空之道也。命者，道之異名也。了悟真空之道，則外無我相可見，内無心相之可見也。故云「苟知惟命，外不見我，内不見心」也。此章明我心本空，道非思慮可及也。

右第十六章

關尹子曰：譬如兩目，能見天地萬物，暫時回光，一時不見。

真空心體，元無一物，窈冥莫測，忽生思慮，妄有所見，了然回光，返於真空。譬如人之兩目，能觀見天地萬物之形狀，暫時收回眼光，一時俱不見天地萬物也。故云「譬如兩目，能見天地萬物，暫時回光，一時不見」也。此章釋前章思慮日變，命使之然也。

右第十七章

關尹子曰：目視雕琢者，明愈傷；耳聞交響者，聰愈傷；心思玄妙者，心愈傷。

目徹視爲明。目專視雕琢金玉精巧花樣，久視不已，而愈傷其明，經云「五色令人目盲」是也。故云「目視雕琢者，明愈傷」也。耳徹聽爲聰。耳專聞五音交響，久聽不已，愈傷其聰，經云「五音令人耳聾」是也。故云「耳聞交響者，聰愈傷」也。玄妙之法爲塵。心本清静，元無一法，即是玄妙之源也。不悟本心，專思古人玄妙之法，殊不知玄妙之法俱是塵垢，染汙本心，愈甚傷心也，經云「滌除玄覽」是也。故云「心思玄妙者，心愈傷」也。此章明本來妙心，不屬六塵也。

右第十八章

關尹子曰：勿以我心揆彼，當以彼心揆彼。

勿者，禁止之辭也。揆者，忖度揣量也。垂誡學道之人，寓遊於世，勿得有心忖度揣量彼人。或有用人，當因人之賢而賢之，因人之愚而愚之，以此進退於人，不失人心也。故云「勿以我心揆彼，當以彼心揆彼」也。

知此說者，可以周事，可以行德，可以貫道，可以交人，可以忘我。

人能知此無心，因彼揆彼，賢愚進退而賢愚進退無心，不失人心也。如此，何事不周備，何德不行普，何道不貫通，何人不交友，何我不忘哉！唯了心一法盡善盡美也。故云「知此說者，可以周事，可以行德，可以貫道，可以交人，可以忘我」也。此章明無心寓世，自利利他，衆美從之也。

右第十九章

關尹子曰：天下之理，小不制至於大，大不制至於不可制。

凡在天之下，所有事理，譬如水火，涓涓不塞，漸成江河，熒熒不救，炎炎奈何。又如積木成林，積石成山，積惡成禍，可不慎歟！故云「天下之理，小不制至於大，大不制至於不可制」也。

故能制一情者，可以成德；能忘一情者，可以契道。

故者，因上結下之辭也。制者，治也。人能於一情萌起之時治之，令正而向善，如此，可以成德行也，故云「故能制一情者，可以成德」也。人能於一情萌起之時，了然照破而忘之，則契於無極妙道也，故云「能忘一情者，可以契道」也。此章明爲凡爲聖，在一情之迷悟也。

右第二十章

文始真經注卷之五

文始真經注卷之六

神峰逍遥子牛道淳直解

六匕篇

匕者，食也；食者，形也。凡一十六章。

關尹子曰：世之人以我思異彼思、彼思異我思分人、我者，殊不知夢中人亦我思異彼思、彼思異我思。孰爲我？孰爲人？

彼者，人也。世之迷人以我之思慮異人之思慮，謂人之思慮亦與我思慮不同。如此分别人我，妄生見解，殊不知妄生思慮，彼此天真，隨思慮之妄境作夢也。不獨夜間睡夢爲夢，至於白日，性隨妄慮，皆是夢也。豈可以思夢想異，所思所夢之境不同，而所謂之思夢者不異也。以此論之，誰爲我，誰爲人哉？故云「世之人以我思異彼思、彼思異我思」「孰爲我？孰爲人」也。

世之人以我痛異彼痛、彼痛異我痛分人、我者，殊不知夢中人亦我痛異彼痛、彼痛異我痛。孰爲我？孰爲人？

世之迷人以我疼痛相異，如二人同灸，灸處不同，而疼痛不異也。豈可以疼痛妄分同異人我哉？殊不知夢中之人，亦以疼痛相異，及至覺來，却又無别人，如此則知夢中疼痛是妄識，白日疼痛亦是妄識。如此，誰爲我，誰爲人哉？故云「世之人以我痛異彼痛、彼痛異我痛分人、我者，殊不知夢中人亦我痛異彼痛、彼痛異我痛。孰爲我？孰爲人」也。

爪髪不痛，手足不思，亦我也，豈可以思痛異之！

先説思痛妄幻不異，恐人信之不及，又設譬喻以曉之。如人之爪甲與頭髮，剪之不害疼痛，又如人手共脚不思慮。爪髪手脚皆我所有，不痛不思，豈可以思痛妄分人我哉？故云「爪髪不痛，手足不思，亦我也，豈可以思痛異之」也。

世之人以獨見者爲夢、同見者爲覺，殊不知精之所結，亦有一人獨見於晝者；神之所合，亦有兩人同夢於夜者。二者皆我精神，孰爲夢？孰爲覺？

世之迷人以獨自所見之境、他人不見者，以爲是夢；衆人同見之境，以爲覺也。故云「世之人以獨見者爲夢、同見者爲覺」也。殊不知人之精與物凝結，正晝日忽見非常之境，亦他人不得見，唯我獨見之，以此知不獨夜夢爲夢也，故云「殊不知精之所結，亦有一人獨見於晝者」也。以我之神與彼之神相合，亦有兩箇人同夢於夜也，以此知同見未必爲覺也，故云「神之所合，亦有兩人同夢於夜者」也。精結獨見，神合同見，二者皆我之精神變化，而妄生同異之境，以此知誰爲夢，誰爲覺，夢是妄夢，覺是妄覺，覺夢皆妄，奚有彼此之異哉！故云「二者皆我精神，孰爲夢？孰爲覺」也。

世之人以暫見爲夢、久見爲覺，殊不知暫之所見者，陰陽之氣；久之所見者，亦陰陽之氣。二者皆我陰陽，孰爲夢？孰爲覺？

世之迷人以夜夜暫見之境以爲夢，以日日久見之境以爲覺也，故云「世之人以暫見爲夢，久見爲覺」也。殊不知夜間暫見之夢境，乃是精神魂魄陰陽之氣變化所成；晝中久見之境，亦是精神魂魄陰陽之氣妄有色塵之見也，故云「殊不知暫之所見者，陰陽之氣；久之所見者，亦陰陽之氣」。暫見、久見二者，皆是精神陰陽之氣變化識見。識見既妄，覺夢非真，以此知孰爲之夢，孰爲之覺哉。非有真覺者，不知此妄覺夢也，故云「二者皆我陰陽，孰爲夢？孰爲覺」也。此章明迷人夢覺皆妄也。

右第一章

關尹子曰：好仁者，多夢松柏桃李；好義者，多夢兵刀金鐵；好禮者，多夢簠簋籩豆；好智者，多夢江湖川澤；好信者，多夢山嶽原野。役於五行，未有不〔一〕然者。

〔一〕「不」，原無，據明刊本補。

仁屬木，人專好行仁慈，識神多夢松柏桃李之木也，故云「好仁者，多夢松柏桃李」也。義屬金，人專好行義宜，識神多夢兵刀金鐵之金也，故云「好義者，多夢兵刀金鐵」也。禮屬火，禮者，儀則也，人專好行禮儀，識神多夢燒荒烈焰，或夢簠簋籩豆祭器儀則之物也，故云「好禮者，多夢簠簋籩豆」也。簠者，以竹爲之，内外皆圓也；簋者，以竹爲之，外圓内方也；籩者，外方内圓，以盛乾物；豆者，以木爲之，以盛濕物也。已上四物，皆以紅漆漆之，按火色也。智屬水，人專好行智以別真僞者，識神多夢江湖川澤之水也，故云「好智者，多夢江湖川澤」也。信屬土，人專好行信實不妄，識神多夢山嶽原野之土也，故云「好信者，多夢山嶽原野」也。然人專好仁木、義金、禮火、智水、信土，役於五常，夢此五行之偏也，故云然。

夢中或聞某事，或思某事，夢亦隨之，五行不可拘。

晝爲妄想，夜爲妄夢。方其夢中，忽聞某事，忽思某事，念逐境遷，夢亦隨之，以此心偏執於五行。心不偏執，五行亦不可得而拘之，故云「夢中或聞某事，或思某事，夢亦隨之，五行不可拘」也。

聖人御物以心，攝心以性，則心同造化，五行亦不可拘。

御物者，皆用也。聖人以真空之性爲心之體，以妙有之物爲心之用，體用如如，應變常寂。上與造物者同游，下與外死生無終始者爲友，而陰陽五行不可得而拘也。造化者，造物也。故云「聖人御物以心，攝心以性，則心同造化，五行亦不可拘」也。御物以心者，以心御物爲用也；攝心以性者，以心攝還真空之性爲體也。此章明心迷，被五行拘之；心了，出五行之拘也。

右第二章

關尹子曰：汝見蛇首人身者，牛臂魚鱗者，鬼形禽翼者，汝勿怪。

汝者，普指世間人也。世間人或見人生頭似蛇而人身者；或見人生臂似牛，上有鱗如魚者；或見人生似鬼形狀，而兩腋有翅如禽翼者，汝世人勿怪。如古人伏犧蛇身人首，神農牛首而人身，岑彭鬼面，此中國之共知也。如東方朔所載四夷之人，西北荒有人，面目手足皆人同，而兩腋有翼而不能飛者；西南荒有人，身毛豬頭者；東北荒有人，朱髮、蛇身、人面而無手足者；南荒有人，口如鳥而有翼能飛，無足者；西荒有人，如虎長毛，人面、虎足、猨牙，尾長一丈八尺者；西北荒又有人，狀如虎而食人，有翼而能飛，知人言語。此皆感陰陽錯戾之氣，而有非常之形，豈足怪哉！故云「汝見蛇首人身者，牛臂魚鱗者，鬼形禽翼者，汝勿怪」也。

此怪不及夢，夢怪不及覺。有耳有目，有手有臂，怪尤矣。

向之所説，人生非常之形，不足爲怪，此怪不及夢。只此一人，及其睡也，夢見諸般異境，人物天地，山川草木，樓臺禽獸，或祥瑞奇異，忽然覺來，一切皆空，不知是箇甚麽物，便能作諸般夢境，此誠可怪也，故云「此怪不及夢」也。覺來看人，一塊肉團，有耳能聞聲，有目能觀色，有手能把物，有臂能運動，無線索抽牽，是誰主張，便能恁麽云爲，中節恰好？此怪尤甚，而世人不知怪也，故云「夢怪不及覺，有耳有目，有手有臂，怪尤矣」也。

大言不能言，大智不能思。

究其六用之源，乃無名無情、真空妙有之道也。無名則大言不能言也，無情則大智不能思也。當於言思未萌之前薦悟，洞然心開，方曉大常御諸小變，向之所怪亦未是也。故云「大言不能言，大智不能思」也。此章明大常御小變，百姓日用而不知也。

右第三章

關尹子曰：有人問於我曰：「爾何族何氏？何名何字？何衣何食？何友何僕？何琴何書？何古何今？」我時默然，不對一字。

或有人問曰：「爾之宗族何姓氏？諱何名？表德何字？」故云「有人問於我曰：『爾族何氏，何名何字』」也。又問：「爾穿何衣服？喫何飲食？與何人爲朋友？使何人爲奴僕？撫何等琴？看何等書？師何古人理？行何今人事？」我默然不答一字，蓋密示不言之教也。故云「何衣何食？何友何僕？何琴何書？何古何今？我時默然，不對一字」也。

或人叩之不已，我不得已應之曰：「尚自不見我，將何爲我所？」

密示向上一機，其人不悟，又叩之不已，又不得已而應之曰：「自已尚猶不見我，真空之上，將何爲我之所哉？」故云「尚自〔一〕不見我，將何爲我所」也。

右第四章

關尹子曰：形可分可合，可延可隱。一夫一婦，可生二子，形可分；一夫一婦，二人成一子，形可合。食巨勝則壽，形可延；夜無月火，人不見〔二〕我，形可隱。

人得道之深者，骨肉都融，形神共妙，可分之爲億萬不爲足，可合之爲一不爲有餘。永劫不壞，形可延也；冥冥莫測，形可隱也。故云「形可分可合，可延可隱」也。恐人信之不及，以俗譬喻曉之。於世俗一夫一婦雙生二子，此形可分之象也；一夫一

〔一〕「自」，原無，據經文補。
〔二〕「不見」，原無，據明刊本補。

婦二人交合生一子，此形可合之象也。人服食巨勝子則壽長，此形可延之象也；夜無月火，人不見己，此形可隱之象也。故云「一夫一婦，可生二子，形可分；一夫一婦，二人成一子，形可合。食巨勝則壽，形可延；夜無月火，人〔一〕不見我，形可隱」也。巨勝，小者名胡麻，大者巨勝，出潞州上黨縣，多生原野，其高三尺餘，其子類牛蒡子而小，蒼黑色，八月中採之。仙人作飯，食之長生。昔韓衆服之，百歲纔服，壽延千歲，莫知其終也。

以一氣生萬物，猶棄髮可換，所以分形；以一氣合萬物，猶破唇可補，所以合形。以神存氣，以氣存形，所以延形；合形於神，合神於無，所以隱形。汝欲知之乎？汝欲爲之乎？

向來以俗譬喻曉於學人，復以真實妙道之用示之。得道之深者，形神俱妙，變化莫測，以一氣化生億萬之形物，如人頭髮，旋落旋生而無窮，此乃形可分之理也，故云「以一氣生萬物，猶棄髮可換，所以分形」也。斂一氣億萬化身之形物，復合而爲一身，猶如人破唇可補爲無缺，此乃形可合之理也，故云「以一氣合萬物，猶破唇可補，所以合形」也。以不神之神，虛寂妙湛，則元氣沖和，永無耗散，久之形神俱妙，長生不死，

〔一〕「人」，原無，據經文補。

此乃形可延之理也，故云「以神存氣，以氣存形，所以延形」也。以形合神，以神合無極妙道，窈冥不見，神鬼難窺，陰陽莫測，此乃形可隱之理也，故云「合形於神，合神於無，所以隱形」也。如此妙道，汝之學人，欲願知之乎麽？汝之學人，欲喜爲之乎麽？此道不可以知，知亦不可以有爲而得也，在人心了悟密契而已，故云「汝欲知之乎，汝欲爲之乎」。此章明了道者分合延隱而無礙也。

右第五章

關尹子曰：無有一物不可見，則無一物非吾之見；無有一物不可聞，則無一物非吾之聞。

世間物物之形，乃色塵也。道眼大開，無物不見，見見皆道也，故云「無有一物不可見，則無一物非吾之見」也。世間物物動鳴，乃聲塵也。天聰大開，無聲不聞，聞聞皆道也，故云「無有一物不可聞，則無一物非吾之聞」也。

五物可以養形，無一物非吾之形；五味可以養氣，無一物非吾之氣。是故吾之形氣，天地萬物。

五行推遷，陰陽造化，而生稜房芒角穗之五穀，以養人形。天地萬物之形，因陰陽五行造化而有，吾形亦因陰陽五行造化而有，以此論之，天地之間，無一物非吾之形也，故云「五物可以養形，無一物非吾之形」也。以五行之氣，造化酸鹹甘辛苦之五味，人食之，保養五臟之氣。萬物因五行之氣而有，吾之身亦因五行之氣而有，以此論之，則無一物非吾之氣。如上所説，則天地萬物皆吾形吾氣也，故云「五味可以養氣，無一物非吾之氣。是故吾之形氣，天地萬物」也。此章明天地與我並生，萬物與我爲一也。

右第六章

關尹子曰：耕夫習牛則獷，獵夫習虎則勇，漁夫習水則沉，戰夫習馬則健，萬物可以爲我。

獷者，壙也，剛悍愚戇也。耕種之夫，使牛久，共牛近，習性剛悍愚戇，故云「耕夫習牛則獷」也。畋獵之夫，逐殺虎豹久，共虎近，習性勇猛大膽也，故云「獵夫習虎則勇」也。漁取水族之夫，久近於水，習性能沉没於水而取物也，故云「漁夫習水則沉」也。征戰之夫，慣騎駿馬，久近於馬，習性便捷輕健也，故云「戰夫習馬則健」也。人性本來清静，但因習情染執，久同物性。如上所説，習牛、習虎、習水、習馬之四者，則獷、則勇、則沉、則健，豈不以物性習爲我之情性也？故云「萬物可以爲我」也。

我之一身，内變蟯蛔，外蒸虱蚤，瘕則龜魚，瘻則鼠螘，我可爲萬物。

蟯者，腹中細蟲也。蛔者，腹中大蟲也，一名蟷虰也。因所食相感陰陽之氣，變生蟯蛔蟲也。蝨子垢蚤，因身外衣暖，游汗薰蒸而生也。瘕者，瘡也。昔人生瘡於背，徐生一龜，引首囓肉，苦痛而死也。昔人生瘡於腰，徐生一魚，每動則不勝其痛也。瘻者，亦瘡也。人生瘡於項，有肉鼠也。昔有一僧，嫌螘緣循於欄楯，以火燒之俱盡。不數日，僧生一瘡，潰開皆螘也。人身內變蟯蛔之蟲，身外薰蒸生蝨子垢蚤，感疾生瘡，或爲龜爲魚、爲鼠爲螘之七蟲，以此知我亦可爲萬物也。故云「我之一身，內變蟯蛔，外蒸蝨蚤，瘕則龜魚，瘻則鼠螘，我可爲萬物」也。此章明有我則物爲我而我爲物，無我則造化莫能移也。

右第七章

關尹子曰：我之爲我，如灰中金，而不若礦砂之金。破礦得金，淘砂得金。揚灰終身，無得金者。

我者，能所自專之心也。心如火而無我，因膏因薪而見火之形，膏薪若盡，而火爲灰矣。心本無我，因境而見，境忘心滅，無能所自專之我也，故云「我之爲我，如灰中金」也。灰中無金，則灰心無我也。礦者，金樸也。礦砂喻六塵也。六塵者，色聲香味觸法也。而不若礦砂之金者，以喻我心也。如要取金，向礦砂尋之可得金也。破鍊其礦，淘去其砂，必得其金。若播揚其灰，直饒終老此身，無得其金也。此喻心本無我，因六塵而見也。如要見心，向六塵諦觀，則見心流。因流悟源，隨流得之妙也。若六塵浄盡，心復真空，直饒天眼龍睛，亦視之不見，況於凡乎？故云「不若礦砂之金。破礦得金，淘砂得金。揚灰終身，無得金者」也。此章明我本無我，因境妄立也。

右第八章

關尹子曰：一蜂至微，亦能游觀乎天地；一鰕至微，亦能放肆乎大海。

蜂鰕喻人，天地大海喻大道也。蜂鰕微小，亦能游觀乎天地之間，放肆乎大海之内。人雖微小，亦能了其大道，廣無邊際，超凡越聖，迥出陰陽之外也。故云「一蜂至微，亦能游觀乎天地；一鰕至微，亦能放肆乎大海」也。游觀、放肆者，皆自得優游也。此章明人雖微小，能了大道也。

右第九章

關尹子曰：土偶之成也，有貴有賤，有士有女，其質土，其壞土，人哉！

土偶者，以泥塑人像也。塑成人像，或爲官人，或爲奴僕，或爲男子，或爲女人，俱是泥土塑成之形質。人之見識，隨形相而生，分别貴賤男女也。噫！殊不知俱是泥土，何妄分貴賤男女哉！此喻人雖有貴賤男女之身，俱是地水火風之四大假合，如塵埃聚沫，何妄分貴賤男女哉！故云「土偶之成也，有貴有賤，有士有女，其質土，其壞土，人哉」也。此章明人迷假合，妄分貴賤男女也。

右第十章

關尹子曰：目自觀，目無色；耳自聽，耳無聲；舌自嘗，舌無味；心自揆，心無物。衆人逐於外，賢人執於内，聖人皆僞之。

目是根，色是塵，目離塵返照，方悟目本清静，元無色塵也，故云「目自觀，目無色」也。耳是根，聲是塵，耳離塵返聽，方悟耳本清静，元無聲塵也，故云「耳自聽，耳無聲」也。舌是根，味是塵，舌離塵返嘗，方悟舌本清静，元無味塵也，故云「舌自嘗，舌無味」也。心是根，物者法也，法是塵，心離塵返自揆度忖量，方悟心本清静，元無物法塵也，故云「心自揆，心無物」也。一切衆生，染著六塵，逐緣外事而迷真也，故云「衆人逐於外」也。賢人捨離外事，執守内理，因有取捨，執守内理，却成理障而違道也，故云「賢人執於内」也。聖人外不染六塵，則悟事障之僞妄也；内不取捨執守於理，則悟理障之僞妄也，故云「聖人皆僞之」也，蓋不住三際也。此章明心本清静，不住三際中邊也。

右第十一章

關尹子曰：我身五行之氣，而五行之氣，其性一物。

人身五臟之氣，肝氣屬木，内隱魂也；心氣屬火，内隱神也；肺氣屬金，内隱魄也；腎氣屬水，内隱精也；脾氣屬土，内隱意也。精神魂魄意，五神復性，乃五氣朝元也。故云「我身五行之氣，而五行之氣，其性一物」也。言五神復性，五氣朝元，總爲不二也。妙性也，物者性之妙用也。

借如一所，可以取火，可以取水，可以生木，可以凝金，可以變土，其性含攝，元無差殊。

既是五神復性，五氣朝元，是一性又復能生神火、精水、魂木、魄金、意土也。爲五神復性，五氣朝元，即是性中含攝五行，元無差殊之異也。故云「借如一所，可以取火，可以取水，可以生木，可以凝金，可以變土，其性含攝，元無差殊」也。

故羽蟲盛者，毛蟲不育；毛蟲盛者，鱗蟲不育。知五行互用者，可以忘我。

五蟲言其三者，其二可知也。五蟲者，鱗、羽、毛、甲、倮也。羽蟲屬火，毛蟲屬金，火〔一〕正盛旺時，則金不生也，故云「羽蟲盛者，毛蟲不育」也。育者，生也。毛蟲屬金，鱗蟲屬木，金正盛旺時，則木不生也，故云「毛蟲盛者，鱗蟲不育」也。以此則知鱗蟲盛者，倮蟲不育，倮蟲屬土，木旺土不生也。倮蟲盛者，甲蟲不育，甲蟲屬水，土旺水不生也。甲蟲盛者，羽蟲不育，水旺火不生也。以此則知心不生，則意不育；意不生，則魄不生；魄不生，則精不生；精不生，則魂不生；魂不生，則神不生；神不生，則心不

〔一〕「火」，原無，據明刊本補。

生；心不生，則無我可忘也。故云「知五行互用者，可以忘我」也。此章明道爲五行祖，性爲五神之源也。

右第十二章

我，能見遠行。

關尹子曰：枯龜無我，能見大知；磁石無我，能見大力；鍾鼓無我，能見大音；舟車無我，能見遠行。

無我者，無心也。枯乾龜殼而無心，人以誠鑽之，則兆知未來之吉凶，非大知而何？故云「枯龜無我，能見大知」也。磁石無心，稍近於針，則吸針相著，非大力而何？故云「磁石無我，能見大力」也。鍾鼓無心，撞之擂之，其聲遠振，非大音而何？故云「鍾鼓無我，能見大音」。舟車無心，因水因牛，載物到遠，非遠行而何？故云「舟車無我，能見遠行」也。

故我一身雖有知有力，有音有行，未嘗有我。

聖人無心，無知無不知，洞徹物理；無力無不力，衆魔不敢侵；無音無不音，威音盡妙；無行無不行，頃刻遊徧十方，而未嘗有我有心也。故云「故我一身雖有知有力，有音有行，未嘗有我」也。此章明無我之道，盡善盡美也。

右第十三章

關尹子曰：蜮射影能斃我，知夫無知者亦我，則普天之下，我無不在。

蜮者，水蟲名也，一名短弧，一名水弩，其狀如鱉，三足長三五寸，多生南方，含沙射人影，能令人死，故云「蜮射影能斃我」也。以此則知影本無知，蜮但射影能令人死，是知無知亦我也。若知無知亦我，則知溥天之下，有識無情，無非是我也。我者，無我之我，體同虛空，無所不在也，故云「知夫無知者亦我，則溥天之下，我無不在」也。此章明無我之我即是妙道，妙道無所不在也。

右第十四章也

關尹子曰：心憶者猶忘飢，心忿者猶忘寒，心養者猶忘病，心激者猶忘痛。

人心憶著於事，猶能終日忘於飢餒也，故云「心憶者猶忘飢」也。人當嚴凝冰雪之時，忿然心火暴發，裸身袒臂於露地，汗流浹體，猶能忘於寒冷也，故云「心忿者猶忘寒」也。世之君子得養心之術，遇一切危亡，或染篤疾病，亦不動心介懷，如此猶能忘於病疾也，故云「心養者猶忘病」也。二人互相激發，心怒相擊，殘傷肢體，而不覺疼痛，故云「心激者猶忘痛〔一〕」也。

〔一〕「痛」，原作「疼痛」，據經文改。

苟吸氣以養其和，孰能飢之？存神以滋其暖，孰能寒之？養五臟以五行，則無傷也，孰能病之？歸五臟於五行，則無知也，孰則痛之？

先説世人有心，但因憶、忿、養、激之四者，猶能忘飢寒病痛，何況無心了道者乎？了道無心，元氣沖和，綿綿呼吸，能一日百食，百日一食而不飢也，故云「苟吸氣以養其和，孰能飢之」也。孰者，何也。了道無心，精神永固，真火薰蒸能敵嚴寒也，故云「存神以滋其暖，孰能寒之」也。了道無心，百脉調暢，五臟安和，五神澄徹，五氣氤氳，百病不生也，故云「養五臟以五行，則無傷也，孰能病之」也。了道無心，心肝脾肺腎，歸屬火木土金水，忘其知識，白刃臨項，不懼不痛，如剪髮去垢，何疼痛之有哉？故云「歸五臟於五行，則無知也，孰能痛之」也。此章明飢寒病痛，有我而難逃，了道無心，超飢寒病痛之苦也。

右第十五章

關尹子曰：人無以無知無爲者爲無我，雖有知有爲，不害其爲無我。

先説枯龜、磁石、鍾鼓、舟車無我，恐人一向認無知無爲以爲無我，又垂誡學人，無得認以無知無爲如同死物，方名無我。如此，則黑山下鬼窟裏作活計也。殊不知無知無不知，無爲無不爲，寂然不動，感而遂通，雖知雖爲，何妨以爲無我哉！故云「人無以無知無爲者爲無我，雖有知有爲，不害其爲無我」也。

譬如火也，躁動不停，未嘗有我。

既説了有知有爲不害其爲無我，恐人信之不及，又説譬喻以曉之。如火本無我，因薪見形，火之發也，躁動緣燒不停。火未曾有我也，如真空應變常寂而無我也，故云「譬如火也，躁動不停，未嘗有我」也。此章明真空無我，不拘知爲有無也。

右第十六章

文始真經注卷之六

文始真經注卷之七

神峰逍遥子牛道淳直解

七釜篇 釜者，化也。凡十三章。

關尹子曰：道本至無，以事歸道者，得之一息；事本至有，以道運事者，周之百爲。

無者，真空也。至道本來真空，以用復體，一喘息之間了悟也，故云「道本至無，以事歸道者，得之一息」也。事者，用也。有者，妙有也。以妙有爲用也，即體即用，應化無窮也，故云「事本至有，以道運事者，周〔一〕之百爲」也。

得道之尊者，可以輔世；得道之獨者，可以立我。

尊者，極貴也。不失道之極貴，可用輔佐世之太平，利他也，故云「得道之尊者，可以輔世」也。以者，用也。獨者，不二也。我者，真空之體也。不失道之不二，可攝妙

〔一〕「周」，原作「用」，據明刊本改。

有之用，復真空之體，自利也，故云「得道之獨者，可以立我」也。

知道非時之所能拘者，能以一日爲百年，能以百年爲一日；

知者，悟也。道者，真空妙有不可思議之道也。了悟真空妙有不可思議之道，猶如太虛空，非時數之所能拘管也。凡所有形，皆有數盡之時。海有時而枯，山有時而摧，日月有時而昏暗，天地有時而崩陷。唯此真空之道，不屬時數，能用一日爲百千萬年，能用百千萬年爲一日也。故云「知道非時之所能拘者，能以一日爲百年，能以百年爲一日」也。

知道非方之所能礙者，能以一里爲百里，能以百里爲一里。

道本無形，非十方之能礙；至神無我，非八極之能拘。不疾而速，不行而至，體同太虛，用亦同太虛。了悟如此，能用一里行時周徧八荒之外，能用周徧八荒作一里行時也。故云「知道非方之所能礙者，能〔一〕以一里爲百里，能以百里爲一里」也。

知道無氣能運有氣者，可以召風雨；

了悟至道一氣未生之前，道運生氣，變化陰陽，而爲風雨。大達之士，從真空密運

〔一〕「能」，原無，據明刊本補。

妙用，立致雲雷，呼召風雨也。故云「知道無氣能運有氣者，可以召風雨」也。

知道無形能變有形者，可以易鳥獸也。

了道之士，神通無量，與造物者同游，能無形化有形，能有形化無形，隱顯自如，能令飛禽化走獸，走獸化飛禽，縱横妙用，變化無窮矣。故云「知道無形能變有形者，可以易鳥獸」也。

得道之清者，物莫能累，身輕矣，可以騎鳳鶴；

道不屬清濁，能濁能清。了道之士，清浄無染，猶如虛空，萬物豈能累虛空哉？形神俱妙，與真空同體，空無錙銖之重，不假所乘，頃刻周徧十方之外，示見神變，以警愚迷，或騎鳳鶴，或乘彩雲，昭示中下，啓向道之誠也。故云「得道之清者，物莫能累，身輕矣，可以騎鳳鶴」也。如衛叔卿乘白鶴，王子晉乘鳳吹簫升天也。

得道之渾者，物莫能溺，身冥矣，可以席蛟鯨。

了道之士寓世，同塵不染，和光不耀，隱晦之至也，故云「得道之渾者，物莫能溺，身冥矣」也。莫能溺者，不染也。身冥者，隱晦也。或示神通，以蛟龍鯤鯨爲席，乘坐而游太虛也，故云「可以席蛟鯨」也。如古人夏禹乘龍而導百川，李太白跨蛟虬，劉知古乘金鯉，琴高控赤鯉升天者是也。

有即無，無即有，知此道者，可以制鬼神；

有者，妙有之用也；無者，真空之體也。即用即體，即體即用，體用如如。了悟此道，可以制伏鬼神以爲役使之用，故云「有即無，無即有，知此道者，可以制鬼神」也。如劉根善役使鬼神，漢天師善制鬼神於成都是也。

實即虛，虛即實，知此道者，可以入金石；

實者，實有也；虛者，真空也。真空實有者，乃至道之體用不二也。了悟體用不二，則虛實相通，可以蹈水火、入金石而無礙也。故云「實即虛，虛即實，知此道者，可以入金石」也。

上即下，下即上，知此道者，可以侍星辰；

上者，五太之前妙道也；下者，至德萬行也。妙道爲體，德行爲用，體用一源，則上下不二。了此道者，萬象森羅以爲侍衛也。故云「上即下，下即上，知此道者，可以侍星辰」也。

古即今，今即古，知此道者，可以卜龜筮。

古者，理也；今者，事也。以理爲體，以事爲用，體用如如。了此道者，寂然不動，感而遂通，如龜筮之兆吉凶，誠信無妄也。故云「古即今，今即古，知此道者，可以卜龜筮」也。

人即我，我即人，知此道者，可以窺他人之肝肺；

人者，境也；我者，心也。心境兩忘，道眼開明。了此道者，則能無見無不見，可測他人肺腹思慮之念也，謂之他心通也。故云「人即我，我即人，可以窺人之肺肝」也。

物即我，我即物，知此道者，可以成腹中之龍虎。

天地與我並生，萬物與我爲一。了此道者，即吾之肝神可化爲龍，吾之肺神可化爲虎，乘之跨之，而游太清之境也。故云「物即我，我即物，知此道者，可以成腹中之龍虎」也。

知象由心變，以此觀心，可以成女嬰；

萬象之境，皆由心神變化而見也。以此諦觀，心體真空，内藏妙有之用，即心藏之神化爲姹女，腎藏之神化爲嬰兒，姹嬰匹配，性命混融，而出離生死也。故云「知象由心變，以此觀心，可以成女嬰」也。

知氣由心生，以此吸神，可以成鑪冶。

心之所之，則氣從之，以此知氣由心生，心了真空，如水澄徹。呼吸神氣，綿綿無間，則心火下降，腎水上升。水火既濟，以成大丹，若人服之，永超生死之病矣，故云

「知氣由心生，以此吸神，可以成鑪冶」矣。已上龍虎、姹嬰至鑪冶，後聖以丹喻道者，源於此也。

以此勝物，虎豹可伏；以此同物，水火可入。

以此至道至德，威光赫赫，物物歸尊，虎豹順伏以爲乘騎，故云「以此勝物，虎豹可〔一〕伏」也。以此至道，體同太虛，水火豈能溺燒虛空哉！了道者無所不同，故能大浸稽天而不溺，大旱金石流土山焦而不熱也，故云「以此同物，水火可入」也。

惟有道之士能爲之，亦能能之而不爲之。

以上從輔世立我，一里一日爲百里百年，召風雨，易鳥獸，騎鳳鶴，席鮫鯨，制鬼神，入金石，侍星辰，卜龜筮，窺肺肝，成龍虎、女嬰、鑪冶，伏虎豹，入水火之十八神通妙用，唯了道聖人悉能爲之，亦能不爲。能爲之，神通變化也。蓋道貴真誠，韜晦爲上，驚愚駭俗之神異，聖人不爲也。此十八神異便是。事本至有，以道運事者，周之百爲也，故云「惟有道之士能爲之，亦能能之而不爲之」也。此章明道德體用，變化無窮，而聖人韜晦，不驚駭愚俗也。

〔一〕「可」，原作「可以」，據經文改。

右第一章

關尹子曰：人之力，有可以奪天地造化者，

人能了道者，上與造化者同游，可以奪天地陰陽造化生成之妙也，故云「人之力，有可〔一〕以奪天地造化者」也。

如冬起雷，夏造冰，死尸能行，枯木能華，

了道者能顛倒陰陽，冬能起雷，夏能凝冰，如老成子學於尹文，能存亡自在，翻校四時，冬起雷，夏造冰，飛者走，走者飛，終身不著其術，世莫傳焉者是也，故云「如冬起雷，夏造冰」也。昔太上以大玄生符投徐甲之枯骨，即時復活能行，故云「死尸能行」也。純陽祖師以丹活安州枯柳，又以丹活萊州枯槐，而枝葉復榮華，故云「枯木能華」也。

豆中攝鬼，

昔郭璞真人撒小豆數百顆於牆外，盡化爲赤衣鬼，以符爲神將，一一縛之，投入井中也，故云「豆中攝鬼」也。

〔一〕「可」，原無，據明刊本補。

杯中釣魚，

昔左慈真人共曹操飲酒，以銅盆貯水，擲釣餌於中，俄頃釣得金鯉尺餘而鱠之也，故云「杯中釣〔一〕魚」也。

畫門可開、

唐太宗詔吴道子，於宫壁以墨水潑之，以幕幪之，良久撤去幪幕，請太宗觀畫，其山水草木、人煙鳥獸悉具。俄頃，見巖下一洞門，道子指洞曰：「此中神仙。」遂以手擊之，洞門忽開，道子踊身入洞，以手招帝，帝不敢入洞，須臾復合而不見。故云「畫門可開」也。

土鬼可語，

昔廬山廟中泥塑神鬼能言禍福，欒巴真人咒之，乃野狸精所託而見也，彼野狸精尚能使土鬼能語，況神仙乎？故云「土鬼能語」也。

皆純氣所爲，故能化萬物。

如上所説，冬起雷，夏造冰，死尸能行、枯木能華，豆中攝鬼、杯中釣魚，畫門可開、

〔一〕「釣」，原作「釣出」，據經文改。

土鬼能語之八者，皆得純而無雜，真空妙道，能運一氣，變化萬物。此乃是向之所説人之力有可以奪天地造化者也，故云「皆純氣所爲，故能化萬物」也。

今之情情不停，亦氣所爲，而氣爲物，有合有散，

今迷人之心情，流浪如水波之不停，亦强陽之氣所爲也。彼强陽之氣，自生至壯，氣合而充溢，自壯至老，氣散而衰敗也。故云「今之情情不停，亦氣所爲，而氣之爲物，有合有散」也。

我之所以行氣者，本未嘗合，亦未嘗散。

聖人了悟真空之道，乃得元氣之祖。元氣之祖未曾有合散也，故云「我之所以行氣者，本〔一〕未嘗合，亦未嘗散」也。本者，祖也。

有合者生，有散者死，

彼迷人所受一斤元氣，男子得八數，二八一十六歲爲始走泄，不知保養，三年損一兩，三十年損十兩，三六十八，總四十八年，一十六兩元氣耗散俱盡，四十八又加十六歲，乃八八六十四卦，數之盡也。元氣既盡，但有五穀之氣滋養之，雖名曰人，其實爲

〔一〕「本」，原作「本來」，據明刊本改。

鬼矣。女人所受元氣十四兩，女人得七數，二七一十四歲，天癸降，元氣爲始走泄，二年半損一兩，二十五年損十兩，外有四兩，十年損盡，二十五加十年，總三十五年，又加十四歲，乃七七四十九。中陽數盡，天癸枯乾，但有五穀之氣滋養，雖名曰人，其實爲鬼也。男女元氣既盡，等候死矣，以此知氣聚則生，氣散則死也。故云「有合者生，有散者死」也。合者，聚也。

彼未嘗合、未嘗散者，無生無死，客有去有來，郵常自若。

彼了道聖人得元氣之祖，未曾有聚有散，以此則知無生無死也。郵者，驛舍也。客者，使客也。客有去來，而驛舍自若自如，不移不動，無去無來。客者喻氣也，去來喻散聚也，郵者喻道也。道運元氣，升降往來，氣聚則生，氣散則死。而道運氣者，非氣也。非氣者，無聚散生死去來也。故了道者無聚散、生死、去來也，故云「客有去來，郵常自若」也。自若者，如如不動不變也。此章明道爲元氣之祖，變化無窮，而無去來生死也。

右第二章

關尹子曰：有誦呪者，有事神者，有墨字者，有變指者，皆可以役神御氣，變化萬物。

法籙之士傳受呪訣，專精禱誦，以致靈驗，如九字傍通，密誦十萬八千徧，如意使用，驗如影響也，故云「有誦呪者」也。世有設像，專一恭敬事奉，隨心禱祝，無有不應，故云「有事神者」也。法籙家有傳受玄壇批降，於紙墨寫字，以報未來吉凶禍福，其驗無爽，故云「有墨字者」也。法籙家有傳受手降報指，令患者手於香鑪上展之，法師搯訣，召將良久，手指大小變爲高低，法師以辯鬼神作祟之由，其驗無差也，故云「有變指者」。誦呪、事神、墨字、變指之四者，皆可以役使鬼神，御運元氣，能變化萬物，以昭神靈也。故云「皆可以役神御氣，變化萬物」也。

惟不誠之人，難於自信，易於信物，故假此爲之。

人人有真空妙道，威光無量，頭頭具足，用無欠少，一念開悟，位齊諸聖，能役使鬼神，呼召雷雨，神通無量。人人有奇特，説與時人，便自不誠信之，既難信於自己，容易信於物。聖人慈悲，要啓信道之心，故假誦呪、事神、墨字、變指之誠，以彰靈驗也。故云「惟不誠之人，難於自信，易於信物，故假此爲之」也。

苟知爲誠，有不待彼而然者。

苟者，誠也。誠知誦呪、事神、墨字、變指有靈通因誠而有者，既知唯誠感神，有不待彼誦呪、事神、墨字、變指而亦能役使鬼神也，故云「苟知爲誠，有不待彼而然者」也。

此章明誠爲役神之本，誠爲入道之由也。

右第三章

關尹子曰：人一呼一吸，日行四十萬里，化可謂速矣。

人一呼一吸爲一息，一晝一夜一萬三千五百息。一息氣行六寸，晝夜氣行八百一十丈，脉行五十度也。十百爲一千，十千爲一萬，十萬爲一億，十億爲一兆。人之一息，日行四十萬里，即是一息日行四億里，十息日行四兆里，一百息日行四十兆里，千息日行四百兆里，一萬息日行四千兆里，三千息日行一千二百兆里，五百息日行二百兆里，總計一晝夜日行五千四百兆里也。以此則知大化可謂之速疾也，故云「人一呼一吸，日行四十〔一〕萬里，化可謂速矣」。

惟聖人不存不變。

聖人洞徹真空之道則無我，無在無不在也，真空越古今，而無有變異也。古云「添一歲減一年，真空不動然」是也，故云「惟聖人不存不變」也。不存者，無我也。此章明道不屬大化，能運大化也。

右第四章

〔一〕「十」，原無，據明刊本補。

關尹子曰：青鸞子千歲而千歲化，桃子五仕而心五化。

青鸞子者，古之聖人也。聖人之形，隨時改化，歲歲更變，直至千歲，無時不移易變化也。然化化者，有不化者存也。不化者，真常不變異之道也。如聖人行年六十而六十化也，未嘗不始之是而卒之非也，故云「青鸞子千歲而千歲化」也。桃子者，古之賢人也，五仕而爲官，而心五度改化。如遽伯玉行年六十而六十化，未知六十之是，而非五十九之非也。古云「停燈於缸，後焰非前焰；假容於鑑，今吾非故吾」是也，故云「桃子五仕而心五化」也。

聖人賓事去物，豈不欲建立於世哉！有形數者，懼化之不可知也。

事者，用也。聖人賓事不以用爲主也。道體真空，不著物境，而物境自遠也，故云「聖人賓事去物」也。聖人不以建立妙用爲主，而保任真空之體，但感而後應，應變常寂，而豈不欲建立妙用利世哉？但不以用爲主也。若以建立妙用爲主，而反以真空之體爲賓，則墮形數之跡。人天小果，有漏之因，如影隨形，雖有非實。既墮形數之跡，則彼大化遷移改變也。以此則明有形數者，懼汩大化也。學道之人，不可不悟此也。故云「豈不欲建立於世哉！有形數者，懼化之不可知也」。不可知者，爲纔萌知識即落大化也。此章明以真之體爲主，以建立妙用爲賓也。有體有用，則化化而不化也。

右第五章

關尹子曰：萬物變遷，雖互隱見，氣一而已。惟聖人知一而不化。

萬物俄生俄長，俄老俄死，無時不變遷。春木隱，夏火見；夏火隱，秋金見；秋金隱，冬水見；冬水隱，春木見；土隱見於四季。五行四時，互相隱見，生生化化而不息，皆一氣運轉，相推相蕩而行鬼神也。故云「萬物變遷，雖互隱見，氣一而已」也。聖人了悟不二之妙道猶如虛空，故不隨大化而遷移也。故云「聖人知一而不化」也。知者，悟也。此章明道運大化而不化也。

右第六章

關尹子曰：爪之生，髮之長，榮衛之行，無頃刻止。衆人見之於著，不能見之於微；

人手爪甲共人頭髮，旋生旋退。及人身血行之榮，氣行之衛，晝夜周流，而共爪髮生長，俱無頃刻之時止息而不生長流行也。故云「爪之生，髮之長，榮衛之行，無頃刻〔一〕止」也。著者，麤跡也。衆人但見麤跡顯見，而不能見微細爪髮之生長、榮衛之行也。故云「衆人見之於著，不能見之於微」也。

〔一〕「刻」，原無，據明刊本補。

賢人見之於微，而不能任化。

郭子謙本有此十一字添入，甚有次序，故亦從而解之也。賢人但見於微妙而不能了心，故不能任化無化也。故云「賢人見之於微，而不能任化」也。

聖人任化，所以無化。

聖人了獨立而不改之體，任周行而不殆之用也。任周行而不殆之用，即任化也；了獨立而不改之體，即無化也。故云「聖人任化，所以無化」也。此章明道獨立而不改，周行而不殆也。

右第七章

關尹子曰：室中有常見聞矣。既而之門、之鄰、之里、之黨，既而之郊、之山、之川，見聞各異，好惡隨之，和競從之，得失成之。

堂內退房曰室，五家爲鄰，五鄰爲里，五百家爲黨，城郭之外曰郊也。人居堂室之內，所見聞人物之境，以爲尋常日日見聞也。故云「室中有常見聞矣」也。之者，往也。既以從室往院門，又往鄰里鄉黨，或又往城外郊野，又往山林川澤，眼見衆色形相之境不同，耳聞衆聲之境不同，故云「既而之門、之鄰、之里、之黨，既而之郊、之山、之川，見聞各異」也。眼見耳聞色聲之境各異，有喜而好愛之，有不喜而惡嫌之，有和順同樂之境，有違逆争競之境，有可取而得之，有可捨而失之，如此之境，隨情變化，隨從成就之。故云「好惡隨之，和競從之，得失成之」也。

是以聖人動止有戒。

止者，静也。戒者，禁止也。聖人垂訓學人，一動一静，令有禁止聲色，謹慎行藏，不隨見見聞聞色聲之境遷變也，故云「是以聖人動止有戒」也。動止有戒者，訓學人也，彼既是聖人，又何戒哉！此章明迷人隨色聲改變也。

右第八章

關尹子曰：譬如大海，能變化億萬蛟魚，水一而已。

大海喻前道運大化也，蛟魚喻賢愚也。大海能變化億萬蛟魚，俱生在一水中也；道能運大化，變億萬賢愚，同生於一道也。故云「譬如大海，能變化億萬蛟魚，水一而已」也。此乃起喻也。

我之與物，蓊然蔚然，在大化中，性一而已。知夫性一者，無人無我，無死無生。

蓊然者，草木叢生稠密之貌也。蔚然者，草木繁盛之貌也。我之與物，蓊然蔚然，如荒草叢生，林木繁盛，不可勝數，俱在大化中，道性不二而已也，故云「我之與物，蓊然蔚然，在大化中，性一而已」。此合喻也。了悟真空不二之道性，外不見人之過，内不見我之自是，心同太虚，無滅無生也。故云「知夫性一者，無人無我，無死無生」也。死者，滅也。此章明道性無人我，死生不屬大化也。

右第九章

關尹子曰：天下之理，是或化爲非，非或化爲是；恩或化爲讎，讎或化爲恩。

天下事理隨人妄情而變，同於己者謂之是，或因公事違己私情，前日之是化之爲非也；不同於己者爲非，或因私事順己私情，前日之非化之爲是也。故云「天下之理，是或化爲非，非或化爲是」也。天下之恩莫大於君父，或因公事公理違己私情，前日莫大之恩化爲莫大之讎也，世有弑君弑父者是也；天下之讎莫大於敵國，或因私事私理順己私情，前日莫大之讎化爲莫大之恩也，世有敵國和好結親者是也。故云「恩或化爲讎，讎或化爲恩」也。

是以聖人居常慮變。

是以者，因上仍下之辭也。聖人垂訓學人，安性之大常，戒情之小變，不徇私也，故云「是以聖人居常慮變」也。居者，安也。慮者，審思而戒慎也。此章明徇妄情之小變，則是非恩讎之不正，任真性之大常，冥是非之恩讎者也。

右第十章

關尹子曰：人之少也，當佩乎父兄之教；人之壯也，當達乎朋友之箴；人之老也，當警乎少壯之説。萬化雖移，不能厄我。

人之年少之時，父兄有教詔之言，當書之佩帶於身，依從而行之無忘也，故云「人之少也，當佩乎父兄之教」也。壯年之時，或有同門之朋，同志之友，相爲箴規藥石德之病，當通達曉解，不憚改過，日新其德也，故云「人之壯也，當達乎朋友之箴」也。人之老年之時，歷事既久，飽諳是非得失，當以所諳事理警戒於少壯之人，演説訓之無猒，乃仁人之心也，故云「人之老也，當警乎少壯之説」也。如上所説，少從父兄教，壯達朋友箴，老警少壯説，則不逆爲人之理也。任理而寓游於世，雖萬化密移，但不違拒造物，順之而無危厄也，故云「萬化雖移，不能厄我」也。此章明任理則可與造物同游而無厄也。

右第十一章

關尹子曰：天下之理，輕者易化，重者難化。

天下之理性，所稟輕清之氣，其人必根性明利，則容易化之而開悟也，故云「天下之理，輕者易化」也。所稟重濁之氣，其人必根性暗鈍，則難化之而悟也，故云「重者難化」也。

譬如風雲，須臾變滅；金玉之性，歷久不渝。

渝者，變也。譬如風雲之氣，須臾頃刻變滅，没而不見也，故云「譬如風雲，須臾變滅」也。此喻前輕者易化也。金性堅，玉性硬，故能歷時長久不變改也，故云「金玉之性，歷久不渝」也。此喻前重者難化也。

人之輕明者，能與造化俱化而不留，殆有未嘗化者存。

人之所禀輕清之氣，根性明利，心易開悟，能與造化同游而無滯也，故云「人之清明者，能與造化俱化而不留」也。不留者，不滯也。既然了悟與造化同游而無滯，則任化而無化，行小變而不失大常也，故云「殆有未嘗化者存」也。存者，不失大常也。此章明利根者易悟，任化而無化也。

右第十二章

關尹子曰：二幼相好，及其壯也，相遇則不相識；二壯相好，及其老也，相遇則不相識。如雀蛤鷹鳩之化，無昔無今。

二人年幼，相愛喜好，游戲相狎，及其相别多年，俱長壯盛，變貌更形，二人再相遇，則不能相識如幼之時也。故云「二幼相好，及其壯也，相遇則不相識」也。二人年壯相爲莫逆之交，喜好同學，及其相别多年，更形易貌，皓首蒼顔，皮皺絞皺，二人再相遇，則不能相識如壯年相好也。故云「二壯相好，及其老也，相遇則不相識」也。二幼化壯，二壯化老，如雀入水化爲蛤，又如鳩之化爲鷹鷂也。化書云「蛇化爲黿，雀化爲蛤」是也。又列子云「鷂化爲鸇，鸇化爲布穀，布穀復化爲鷂」是也。布穀者，即鳩之異名也。故云「如雀蛤鷹鳩之化，無昔無今」也。雀爲蛤之昔，蛤爲雀之今。雀之爲蛤，蛤全體是雀也；鳩之爲鷂，鷂全體是鳩也。如此形雖變，性無古今也。此章明形隨化化而不息，性越古今而無變異也。

右第十三章

文始真經注卷之七

文始真經注卷之八

神峰逍遥子牛道淳直解

八籌篇

籌者，物也。凡六章。

關尹子曰：古之善揲蓍灼龜者，能於今中示古，古中示今；高中示下，下中示高；小中示大，大中示小；一中示多，多中示一；人中示物，物中示人；我中示彼，彼中示我。

蓍龜見解一柱首章。古之人有善揲蓍草，若以熱鐵錐灼鑽龜殼，以兆未來、過去、見在之吉凶也，能以今之事，示曉古之理，復以古之理，示曉今事之吉凶得失也，故云「古之善揲蓍灼龜者，能於今中示古，古中示今」也。高者，天也。天屬陽，陽屬吉也。下者，地也。地屬陰，陰者屬凶也。揲蓍灼龜，能於吉中示告人之凶，復能凶中示告人之吉也，故云「高中示下，下中示高」也。小者，一身也。大者，天下國家也。揲蓍灼龜，能於一身告示天下國家之禍福也，復能於天下國家告示一身之吉凶也，故云「小中示大，大中示小」也。一者，人君也。多者，百姓也。揲蓍灼龜，能於人君告示百姓之禍福，復能於百姓告示人君之吉凶也，故云「一中示多，多中示一」也。物者，財物也。揲蓍灼龜，能於人之得失告示財物多寡也，復於財物多寡告示人之得失也，故云「人中示物，物中示人」也。彼者，父母、兄弟、妻子也。揲蓍灼龜，能於我之八字，告示父母、兄弟、妻子存亡得失多寡也，復於父母、兄弟、妻子存亡得失多寡，告示我之八字貴賤、禍福也，故云「我中示彼，彼中示我」也。

是道也，其來無今，其往無古；其高無蓋，其低無載；其大無外，其小無內；其本無一，其末無多；其外無物，其內無人；其近無我，其遠無彼。

是者，此也。此真空不可思議之道，非同揲蓍灼龜分析今古、高下、大小、一多、人物、彼我之六對待也。道不屬時，獨往獨來，無古今之異也，故云「是道也，其來無今，其往無古」也。道不屬形位，充塞虛空上下，無所不在，非似天地定於蓋載也，故云「其高無蓋，其低無載」也。道不屬內外中邊，言其大者，廣無邊際，言其小者，視之不見，故云「其大無外，其小無內」也。道不屬數，不可定於一多也，道爲五太、二儀、萬物之本源，運行一氣，化生天地萬物。天地萬物無須臾離於道，若離於道，則天地萬物壞滅也，以此知天地萬物爲道之末也，故云「其本無一，其末無多」也。此「其本無一，其末無多」，郭子謙本有此八字，於經甚有次序，故亦從而解之也。道不屬人物，內外不二也，故云「其外無物，其内無人」也。道不屬彼我，遠近不二也，故云「其近無我，其遠無彼」也。

不可析，不可合，不可喻，不可思，惟其渾淪，所以爲道。

道如虚空，無散無聚也，故云「不可析，不可合」也。道無相似，無比倫，無情識，故不可以言議而譬喻，不可以心思而知解也，故云「不可喻，不可思」也。若人了悟，本自具足，本自見成，本自全真，不假修爲造作扭捏也，如此强名曰道也，故云「惟其渾淪，所以爲道」也。此章明道不屬形數，不可分析而知也。

右第一章

關尹子曰：水潛，故蘊爲五精；火飛，故達爲五臭；木茂，故華爲五色；金堅，故實爲五聲；土和，故滋爲五味。

精者，精神之精也，水性好潛隱於内，故蘊積爲五蟲之精。五蟲者，鱗羽毛甲倮也。水在藏爲腎，在五神爲精也，故云「水潛，故蘊爲五精」也。火性好飛揚於外，故通達人鼻，爲腥羶香焦朽之五臭也，故云「火飛，故達爲五臭」也。木性好榮茂，故華發爲青黄赤白黑五色也，故云「木茂，故華爲五色」也。金性堅硬，故實而擊之，爲宫商角徵羽之五音，聽之爲五聲也。土性温和，故滋酸鹹甘辛苦之五味也，故云「土和，故滋爲五味」也。

其常五，其變不可計，其物五，其雜不可計。

其常五者，五常也，仁義禮智信也。仁屬木，義屬金，禮屬火，智屬水，信屬土也。其物五者，金木水火土也。變者，雜也。此金木水火土之五行，仰之爲五星，俯之爲五嶽，位之爲五方，變之爲五色，擊之爲五音，族之爲五姓，物之爲五金，氣之爲五臭，潛之爲五精，滋之爲五味，動之爲五蟲，植之爲五行，善之爲五德，惡之爲五賊，身之爲五藏，神之爲五神，識之爲五情也。故云「其常五，其變不可計；其物五，其雜不可計」也。

然則萬物在天地間，不可執謂之萬，不可執謂之五，不可執謂之一；

向之五行，變化萬物，紛紛擾擾於天地之間，其雜不可勝數計筭，豈定執謂之萬哉？故云「然則萬物在天地間，不可執謂之萬」也。萬物歸屬五行，其常五，其變不可計，豈可執定謂之五行哉？故云「不可執謂之五」也。五行歸屬於一，一統億萬，生生化化而不息，豈可執定謂之一哉？故云「不可執謂之一」也。

不可執謂之非萬，不可執謂之非五，不可執謂之非一。

天地之間，蓊然蔚然，紛紛擾擾之物，豈止於億萬哉？奈何總名謂之萬物也，故云

「不可執謂之非萬」也。萬物紛紛，雖多，終歸屬於五行也，故云「不可執謂之非五」也。五行雖變不可計，終屬一氣之統攝也，故云「不可執謂之非一」也。

或合之，或離之，以此必形，以此必數，以此必氣，徒自勞爾。物不知我，我不知物。

或將萬物五行合之爲一，或將一氣離之爲五行萬物也，故云「或合之，或離之」也。既有合有離，以此必屬萬物之形，故云「以此必形」也。以此萬物必屬五行之數也，故云「以此必數」也。以此五行必屬一氣也，故云「以此必氣」也。向來分別萬物、五行、一氣，俱屬妄情，已落形數氣化之變也，謾徒自勞爾。若妄情返於真性，則物我如如，各不相知，迥出形數氣運變化之外也，故云「徒自勞爾。物不知我，我不知物」也。此章明纔萌妄情，即落形數氣運之化，妄情復本，則形數氣運不可得而拘也。

右第二章

關尹子曰：即吾心中，可作萬物。蓋心有所之則愛從之，愛從之則精從之。

心本清淨，元無一物，等同太虛，於此清淨心上，忽萌一妄情，於此不覺是妄，則情情相續，積之爲萬情，萬情迷染萬物也。經云「一情認之，積爲萬情；萬情認之，積爲萬物」是也。故云「即吾心中，可作萬物」也。蓋心之妄情有所往，則隨所愛之境從而往之也。愛屬水，水屬精，心情有所愛之境，則精神亦從之所往也，故云「蓋心有所之則愛從之，愛從之則精從之」也。之者，往也。

蓋心有所結，先凝爲水，心慕物涎出，心悲物淚出，心愧物汗出。

元氣周身，隨心感而出見，蓋心有住著，彼所住著之境結縛也，故云「蓋心有所結」也。心先與物凝滯，則元氣化而爲水也。心若有所慕愛可食之物，則元氣於口中化爲涎液而出見也，故云「先凝爲水，心慕物涎出」也。心感悽愴，親戚死喪，忽然悲哀，則元氣於眼中化爲淚而出見也，故云「心悲物淚出」也。自作不善之行，見人忽起慚愧之心，則元氣於面化爲汗而出見也，故云「心愧物汗出」也。

無暫而不久，無久而不變。

暫者，不久也。久者，常靜也。變者，動也。若無暫生暫滅之情念，而不能悟真空常靜之心體也，故云「無暫而不久」也。若無悟真空常靜之心體，而不能應群動之變而常寂也，故云「無久而不變」也。

水生木，木生火，火生土，土生金，金生水，相攻相剋，不可勝數。

人心藏屬火，内藏神，其神情好喜也；肝藏屬木，内藏魂，其魂情好怒也；脾藏屬土，内藏意，其意情好思也；肺藏屬金，内藏魄，其魄情好憂也；腎藏屬水，内藏精，其精情好恐也。精生魂，則恐生怒，故云「水生木」也；魂生神，怒生喜，故云「木生火」

也；神生意，喜生思，故云「火生土」也；意生魄，思生憂，故云「土生金」也；魄生精，憂生恐，故云「金生水」也。「攻」字應作「生」字，恐傳寫之誤也，應作「相生相剋」也。相剋者，水剋火，火剋金，金剋木，木剋土，土剋水也。五行相生相剋，化生天地萬物，萬物相生相剋，不可以數計筭也，故云「相生相剋，不可勝數」也。

嬰兒蘂女，金樓絳宫，青蛟白虎，寶鼎紅鑪，皆此物，有非此物存者。

腎藏屬坎，坎中陽爻謂之嬰兒，即精化元陽之氣也；心藏屬離，離中陰爻謂之蘂女，即心液之神也；肺藏屬兑，兑屬金，管十二節，謂之金樓也，又謂之十二重樓也；心藏屬火，火色赤，謂之絳宫也；肝藏屬木，内藏魂，木色青，謂之青蛟，又謂之青龍也；肺藏屬金，内藏魄，金色白，謂之白虎。故云「嬰兒蘂女，金樓絳宫，青蛟白虎」也。身中元氣屬陽，陽屬乾也，乾屬金，乃謂之寶鼎也；心中之神屬陰，陰屬坤，心屬火，火色紅，乃謂之紅鑪也。身心謂之乾坤鼎鑪也。既身心爲鼎鑪，即神氣爲藥物也，故云「寶鼎紅鑪，皆此物」也。此物者，即神氣也。道無形名，乃爲神氣之祖，神氣之祖者，乃不可思議之道也，故云「有非此物存者」也。此章明道運神氣，變化無窮也。

右第三章

關尹子曰：鳥獸俄呦呦，俄旬旬，俄逃逃；草木俄茁茁，俄停停，俄蕭蕭。天地不能

留，聖人不能繫，

呦呦者，鳥獸之子初生之聲也。旬旬者，鳥獸經數旬長大也。逃逃者，鳥獸老而死亡，如人逃遁不見也。茁茁者，草木初生芽也。停停者，草木長大停停卓立也。蕭蕭者，草木老枯蕭蕭無葉也。言鳥獸俄生俄長，俄頃之間復變而爲死也，故云「鳥獸俄呦呦，俄旬旬，俄逃逃」也。草木俄生俄長，俄頃之間復變而爲枯死也，故云「草木俄茁茁，俄停停，俄蕭蕭」也。鳥獸草木生時不得不生，長時不得不長，老時不得不老，死時不得不死。生長老死四者，大化之流行，雖天地之廣大，聖人之神通，亦不能暫留繫，而使不生長老死也，故云「天地不能留，聖人亦不能繫」也。

有運者存焉爾。

造物運斡一氣，陰陽五行四時相推相蕩，生生化化無有窮極，故云「有運者存焉爾」也。

有之在彼，無之在此，鼓不桴則不鳴；偶之在彼，奇之在此，桴不手則不擊。

有造化之運，在彼迷情形氣之數也，故云「有之在彼」也。無物真空之道，在此心開了悟，與道冥合，不屬形氣時數，造化安能運之哉？故云「無之在此」也。心既開悟，不生妄情，不染物境，清浄湛然，猶如虛空，彼造物豈能陶鑄虛空哉？心了如此，似鼓不用桴擊，則鼓不鳴響也，故云「鼓不桴則不鳴」也。與造化對偶，在彼迷情也，故云「偶之在彼」也。不與造化對偶，則奇然無侣，在此真空了悟之心也，故云「奇之在此」也。真空心尚未萌，豈有迷情染物哉！真空如此，似桴不用手則不能擊鼓也，故云「桴不手則不擊」也。此章明迷染萬物，則不能逃於大化也；悟真空，則大化不能遷也。

右第四章

關尹子曰：均一物也，衆人惑其名，見物不見道；賢人析其理，見道不見物；

一者，不二之道也。物者，天地萬物也。天地萬物，咸賴不二之道而有其生也，故云「均一物」也。道寓於天地萬物，無所不在。衆人爲天地萬物之名惑亂其心，心迷著物，見物不見不二之道也，故云「衆人惑其名，見物不見道」也。賢人能分析事理，昭昭明白，明見道理，外忘萬物，故云「賢人析其理，見道不見物」也。

聖人合其天，不見道，不見物，一道皆道。

聖人了悟，冥契天真，了道之實，忘道之名，道名尚忘，何況物哉！故云「聖人合其天，不見道，不見物」也。道元不二，道無不在，故云「一道皆道」也。

不執之即道，執之即物。

心無所住，全身放下，即冥契真空妙有之道也，故云「不執之即道」也。心有所住，染著種種之邊，即迷情逐於境物也，故云「執之即物」也。此章明未能洞徹賢愚，一例屬迷；了然悟徹，凡聖不二也。

右第五章

關尹子曰：知物之僞者，不必去物。譬如土牛木馬，雖情存牛馬之名，而心忘牛馬之實。

知者，悟也。了悟所有物境，皆是僞妄不真，自然心不染著，湛然清静，不必去除物境也，故云「知物之僞者，不必去物」也。了悟所有物境僞妄不真，自然不染，譬如泥土塑成牛，木雕刻成馬，見之，雖然情存牛馬之名像，而心自然忘牛馬之真實也，故云「譬如土牛木馬，雖情存牛馬之名，而心忘牛馬之實」也。此章明了悟物境之僞妄〔一〕，心自然清静無染也。

右第六章

文始真經注卷之八

〔一〕「妄」，原作「忘」，據上下文改。

文始真經注卷之九

神峰逍遥子牛道淳直解

九藥篇 藥者，雜治也。凡三十一章。

關尹子曰：勿輕小事，小隙沈舟；勿輕小物，小蟲毒身；勿輕小人，小人賊國。

學道之人，微善必積，小過必除，不可輕易。事雖微小，不可輕易而忽之，如萬斛之舟，雖筋頭小竅，若不塞之，以至於沈没大舟也，故云「勿輕小事，小隙沈舟」也。勿者，禁止之辭也。隙者，竅也。勿得輕易於小物，如蝎子、七寸蛇，雖微小，若覷小可而近之，則被螫囓而毒傷人身也，故云「勿輕小物，小蟲毒身〔一〕」也。勿得輕易於小人，如黄巢、赤眉、黄巾等，雖是小人，而能賊漢唐天下，而況於國乎！故云「勿輕小人，小

〔一〕「身」，原無，據經文補。

人賊國〔一〕」也。

能周小事，然後能成大事；能積小物，然後能成大物；能善小人，然後能契大人。

事者，用也，施之於用也。平等普利，不遺細行，然後能成上德不德之至德。至德者，大德也。大德者，乃道之大用也，故云「能周小事，然後能成大事」也。小物者，細行微功也。草木昆蟲，亦救護而不害，妙有普利，如同時雨，不擇荆棘田苗浄穢，平等普濟也；又如大海，不擇清濁，包容不辯也，所以能爲百谷王也。及其功行，積之大也，爲賢爲聖，豈不是爲大人物哉？故云「能積小物，然後能成大物」也。善以仁德普利，不擇君子小人，平等仁慈，如此則不失人心，人皆推尊而敬之，然後能契大人之道也，故云「能善小人，然後能契大人」也。

天既無可必者人，人又無能必者事。惟去事離人，則我在我，惟可即可。

人之貴賤貧富，壽夭窮通，在乎天命。善惡迷悟，爲小人、君子、賢聖，天命豈可必然定之哉？故云「天既無可必者人」也。事者，用也。用之於惡爲小人，用之於善爲君子，用之於德爲賢人，用之於道爲聖人。人之於用，豈可必然一定之哉？故云「人又無

〔一〕「國」，原作「國家」，據經文改。

能必者事」也。若放捨諸緣，外離人相，藏諸妙用，而無爲清静，則我不知有我，存亡自在，無可無不可，自由自在，逍遥無拘也，故云「惟去事離人，則我在我，惟可即可」也。

未有當繁簡可，當戒忍可，當勤惰可。

未有正當建立方便之門，衆行齊修，不捨一法，而却掃蕩復本而行簡易，則不可也，故云「未有當繁簡可」也。未有當合戒慎，而忍行之而不戒，則不可也，故云「當戒忍可」也。未有當精進善行之時，而却懶惰不精進，則不可也，故云「當勤惰可」也。此章明防微杜漸，不遺細行，可以爲賢，可以爲聖也。

右第一章

關尹子曰：智之極者，知智果不足以周物，故愚；辯之極者，知辯果不足以喻物，故訥；勇之極者，知勇果不足以勝物，故怯。

極有智者，可以燭理通法，而智果實不足以周濟萬物。既知如此，未若如愚韜晦契道也，故云「智之極者，知智果不足以周物，故愚」也。極能辯者，可以自明事理，以此知辯果不足以曉喻天下人物，不如若訥養氣神也，故云「辯之極者，知辯果不足以喻物，故訥」也。極勇有力者，可勝十人百人，以此知勇果不足以勝天下人物，未若如怯弱謙卑柔和而養德也，故云「勇之極者，知勇果不足以勝物，故怯」也。此章明治智辯勇之病也。

右第二章

關尹子曰：天地萬物，無有一物是吾之物。物非我物，不得不應；我非我我，不得不養。

一氣運陰陽，生天地萬物，而一氣之源本來無物。既是本來無物，即是真空，物來相感，不得不應，但應物常寂也，故云「天地萬物，無有一物是吾之物。物非我物，不得不應」也。吾者，本來也。一氣運陰陽，生四大假合之我，而一氣之源本來元無四大假合之我也。既寓假合，不得不資衣食而養之也，故云「我非我我，不得不養」也。非我者，本來也。

雖應物，未嘗有物；雖養我，未嘗有我。

真空妙有，雖應物如空谷傳聲，應變常寂，谷未嘗有聲也，真空應物亦復如是也，故云「雖應物，未嘗有物」也。了悟真空，則四大如賃舍，雖資衣食之養，十二時中，獨露真空，而真空無我也，故云「雖養我，未嘗有我」也。

勿曰外物，然後外我；勿曰外形，然後外心。道一而已，不可序進。

外者，忘也。四大假合之身既如賃舍，與物何異，俱是妄僞不真。既明俱是妄僞，一時頓忘，勿得言先忘萬物而後忘身也，故云「勿曰外物，然後外我」也。形者，四大之身也；心者，五蘊妄積之心也。不獨四大假合與物無異，而五蘊妄積之心亦與物無異，而物我形心均爲妄僞不真。既悟妄僞，一齊頓忘，勿得言先忘身而後忘五蘊妄積之心也，故云「勿曰外形，然後外心」也。道既不二，無内外物我之分也，豈容次序而進之哉？故云「道一而已，不可序進」也。心者，内也；形者，外也。此章明治迷著物我心形之病也。

右第三章

關尹子曰：諦毫末者，不見天地之大；審小音者，不聞雷霆之聲。

諦者，審察也。毫末者，秋兔毛之尖細也。詳審察視兔之秋毫之末，而心著微色相，故不覩天地之大色相也，故云「諦毫末者，不見天地之大」也。小音者，蠓蚋之聲也。雷聲之大者，爲霹靂震霆也。詳審察聽蠓蚋之微音聲，故不聞雷之震霆霹靂之大音聲也，故云「審小音者，不聞雷霆之聲」也。

見大者亦不見小，見邇者亦不見遠；聞大者亦不聞小，聞邇者亦不聞遠。

不獨審視秋毫之末，不見天地之大，若審視天地之大，亦不見秋毫之末也，故云「見大者亦不見小」也。邇者，近也。不獨見大者亦不見小，若見淺近，亦不見深遠，生前之實相也，故云「見邇者亦不見遠」也。不獨審聽蠓蚋之音聲，不聞雷霆之音聲，若審聽雷霆之音聲，亦不聞蠓蚋之音聲也，故云「聞大音者亦不聞小」也。不獨聞大者亦不聞小，若聞淺近之淫音，亦不聞深遠劫外之威音也，故云「聞邇者亦不聞遠」也。

聖人無所見，故能無不見；無所聞，故能無不聞。

所見者色也，所聞者聲也。故毫末天地，形雖小大不同，而色不異也。蠓蚋雷霆，音雖小大不同，而聲不異也。聖人無所見、無所聞者，不住著色聲也。不住著色聲者，真空明聰無所不見聞也，故云「聖人無所見，故能無不見；無所聞，故能無不聞」也。此章明治迷染色聲之病也。

右第四章

關尹子曰：目之所見，不知其幾何，或愛金，或愛玉，是執一色爲目也。耳之所聞，不知其幾何，或愛鍾，或愛鼓，是執一聲爲耳也。

眼之所觀，不知其幾何之色，大約或是愛金之黄色，或是愛玉之白色。若愛金之黄色者，則惡玉之白色；若愛玉之白色者，則惡金之黄色也。如此須是愛執一色，爲目之偏見也，故云「目之所見，不知其幾何，或愛金，或愛玉，是執一色爲目也」。耳之所聽，不知其幾何之聲，大約或愛鍾之清聲，或愛鼓之濁聲。若愛鍾之清聲者，則惡鼓之濁聲也；若愛鼓之濁聲者，則惡鍾之清聲也。如此須是愛執一聲，爲耳之偏聞也，故云「耳之所聞，不知其幾何，或愛鍾，或愛鼓，是執一聲爲耳也」。

惟聖人不慕之，不拒之，不處之。

了道聖人，洞徹真空，不慕愛色聲，亦無色聲可除掃去也，何謂也？爲色聲於真空不可得居止也，故云「惟聖人不慕之，不拒之，不處之」也。處者，居止也。此章明治迷執愛惡色聲之病也。

右第五章

關尹子曰：善今者可以行古，善末者可以立本。

今者，目前之人事也；古者，五太之先道理也。末者，五常百行也；本者，大本大宗之道也。善以目前人事及五常百行爲之妙用，可以應變無住，冥符五太之先，卓然獨立於大本大宗之道也，故云「善今者可以行古，善末者可以立本」也。行者，無住也。此章明治迷著事理本末，不悟體用之病也。

右第六章

關尹子曰：狡勝賊，能捕賊；勇勝虎，能捕虎。

人心機狡勝過於賊寇，可以能捕捉賊寇也，故云「狡勝賊，能捕賊」也。人力威勇勝過於虎豹，可以能捕擒虎豹也，故云「勇勝虎，能捕虎」也。此設喻也。

能克己，乃能成己；能勝物，乃能利物；能忘道，乃能有道。

克者，勝也。己者，私也。善能勝去己之私欲，乃能成己之至德也，故云「能克己，乃能成己」也。善能勝去迷貪物欲，乃能普利人物，以成萬億之妙行也，故云「能勝物，乃能利物」也。善能忘却悟道之智慧，則冥符真空，而不失妙有真空之道也，故云「能忘道，乃能有道」。能有者，不失妙有也。此章明治不能忘悟道智慧之病也。

右第七章

關尹子曰：函堅則物必毁之，剛斯折矣；刀利則物必摧之，鋭斯挫矣。

函者，鎧甲也。鎧甲雖堅硬，則必有硬弓强弩箭之物穿透而毁之也。以此則知凡物之太剛，必有物以折碎之也，故云「函堅則物必毁之，剛斯折矣」也。刀刃鋒利，則必有鋼石之物摧壞其鋒刃也。以此則知凡物銛鋭，則必有物以挫毁之也，故云「刀利則物必摧之，鋭斯挫矣」也。以此設喻也。

威鳳以難見爲神，是以聖人以深爲根；走麝以遺香不捕，是以聖人以約爲紀。

已上二譬喻。如威尊之鳳凰，以世人希罕難見爲神異也。若頻頻見世，則世人不爲希罕難見之神異也，故云「威鳳以難見爲神」也。因上譬喻，是以知聖人韜光，冥符幽深之道，以爲五太、二儀、五常、百行之根源也，故云「是以聖人以深爲根」也。香獐，人逐之急，自齧臍麝而遺棄之，人見之無麝，則不捕捉也，故云「走麝以遺香不捕」。因上譬喻，是以知聖人儉約，聖智神通，冥於真空，物來感之，不得已而後應，常應常寂，不離至道，如網之有紀有網，引之而衆目齊張也，故云「是以聖人以約爲紀」也。此合喻也。此章明治不能摧强挫鋭，及不能韜晦聖智神通之病也。

右第八章

關尹子曰：缾有二竅，水實之，倒瀉閉一，則水不下，蓋不升則不降；井雖千仞，汲之水上，蓋不降則不升。

實者，滿也。缾之兩頭有竅，先塞下竅，以水注於缾內，充實既滿，提起猛塞上竅，取去下竅先塞之物，瀉之，水不下流也。何爲也？爲猛塞一竅，氣不通也。蓋氣不升通，則水不降也，故云「缾有二竅，水實之，倒瀉閉一，則水不下，蓋不升則不下降」也。一仞七尺。又如井雖七千尺之深，以繩引桶而汲之，則水亦從之而上出也，故云「井雖千仞，汲之水上」也。若不以繩引桶下汲之，而水亦無由上出也，故云「蓋不降則不升」也。此設喻也。

是以聖人不先物。

已上所説譬喻，不升則不降，不降則不升，以此則知是以聖人不先物，則物不先聖人也。不先者，聖人不先自尊大傲人，人亦不敢傲聖人也，故云「是以聖人不先物」也。物者，人物也。此章明治不能持後之病也。

右第九章

關尹子曰：人之有失，雖已受害於已失之後，久之，竊議於未失之前。

世之迷人，或用之於不善，則於善行而有失。雖然因失善行，而自已受凶禍之害於已失善行之後，久之，自省悔過，私自暗議所用所行之善惡、吉凶、利害於未失之前，再謹用之而行善行也。故云「人之有失，雖已受害於已失之後，久之，竊議於未失之前」也。竊者，私也。

惟其不恃己聰明，而兼人之聰明，自然無我，而兼天下之我，終身行之，可以不失。

惟達士了悟妙道，亦不恃賴了悟妙道之聰明，藏諸妙用，兼衆人聰明之用，隨所便利，衆人之用亦從而用之，普利自然無我也，故云「惟其不恃己聰明，而兼人之聰明，自然無我」也。真空無我，應物見形，如一月普見一切水也。一切水月光明，皆因天上一月光明之統攝也。天下之人聰明，皆是一真空道之威光統攝也。以真空道之威光，應變常寂，則終身無住於中邊，可爲妙用普利，不失於道德也，故云「而兼天下之我，終身行之，可以不失[一]也。行者，無住也。以者，用也。此章明治不能無我普利之病也。

右第十章

關尹子曰：古今之俗不同，東西南北之俗又不同，至於一家一身之善又不同，吾豈執一豫格後世哉？

往古來今，風俗淳澆之各異也，故云「古今之俗不同」也。東夷、西戎、南蠻、北狄風俗之各異也，故云「東西南北之俗又不同」也。處處各一家，家家各一身，好惡善惡之各異也，故云「至於一家一身之善又不同」也。天下人之心情隨時改化，所向不同，吾豈可執定一法，豫先爲後世之格式哉！故云「吾豈執一豫格後世哉」。

惟隨時同俗，先機後事，捐忿塞慾，簡物恕人，權其輕重而爲之，自然合神不測，契道無方。

大達之士，惟能隨時達變而無我，和光同塵而無心，先了真空妙有之活機，事感而後應，應變而常寂也，故云「惟隨時同俗，先機後事」也。如上所説，既了真空妙有之活機，物來逐之，而心無嗔怒，美色魔之，而心無染著也，故云「捐忿塞慾」也。心無嗔怒，是捐去其忿怒，心無染著，是塞斷其色慾也，故云「懲忿窒慾」，源於此也。大達之士，

〔一〕「失」，原作「夫」，據明刊本改。

不多貪外物，但資生之具，不得已而用之，不由義而不取也，故云「簡物」也。大達之士，虛緣而葆真，清而容物，又如巨海處下，清濁皆容納也，故云「恕人」也。既能容物恕人，其應物也，如懸鏡以鑑形，不遺妍醜；其用事也，如權衡以等物，不失輕重，無爲而無不爲也，故云「權其輕重而爲之」也。既無爲而無不爲，以不神之神爲用，而陰陽莫能測，以不可思議之道爲體，應變無方也，故云「自然合神不測，契道無方」也。此章明治不能以活機應變隨時之病也。

右第十一章

關尹子曰：有道交者，有德交者，有事交者。道交者，父子也，出於是非賢愚之外，故久；德交者，則有是非賢愚矣，故或合或離；事交者，合則離。

大達之士，了悟妙道，同契相求，爲莫逆之交也，故云「有道交者」也。同行衆善之君子，相爲忘年之交也，故云「有德交」也。同經營公私之事，遂有相得以爲交也，故云「有事交者」也。

同了道之人，相爲莫逆之交，猶如父子之親，相忘是非賢愚，以游物境之外，永無絶交也，故云「道交者，父子也，出於是非賢愚之外，故久」也。同爲善人君子，以德行爲務，相與爲交，不能無心，所以分別是非賢愚，而有合有離也，故云「德交者，則有是非賢愚矣，或合或離」也。不以道德爲心，同經營公私之事，以俗禮爲交，雖事合而情離，稍有相違而絶交也，故云「事交者，合則離」也。莊子云「君子結交淡若水，小人結交甘若醴，君子淡以親，小人甘以絶」是也。此章明治不能道交之病也。

右第十二章

關尹子曰：勿以拙陋曰道之質，當樂敏捷；勿以愚暗曰道之晦，當樂輕明；勿以傲易曰道之高，當樂和同；勿以汗漫曰道之廣，當樂要急；勿以幽憂曰道之寂，當樂悦豫。古人之言，學之多弊，不可不救。

勿得言鈍拙鄙陋以爲道之質樸，當以聰敏捷利了悟爲樂也，故云「勿以拙陋曰道之質，當樂敏捷」也。勿得言愚癡無明黑暗爲學道之韜晦，當以輕清明了爲樂也，故云「勿以愚暗曰道之晦，當樂輕明」也。勿得言傲慢輕易於人爲道德之高，當以謙遜和光同塵不染爲樂也，故云「勿以傲易曰道之高，當樂和同」也。勿得言汗漫漭蕩頑空以爲道之廣大，當以了悟真空爲要妙，以妙有爲應變急切之用以爲樂也，故云「勿以汗漫曰道之廣，當樂要急」也。勿得言身處幽静、心懷憂愁以成學道之寂静，當以逍遥悦豫不染爲清静之樂也，故云「勿以幽憂曰道之寂，當樂悦豫」也。如拙陋、愚暗、傲易、汗漫、幽憂之五者，皆是古人了達佯狂混世之言，後學不悟，便爲真實，依而行之，以爲學道之弊病，不可不以藥石之言救療也，故云「古人之言，學之多弊，不可不救」也。此章明治不能悟古人言之病也。

右第十三章

關尹子曰：不可非世是己，不可卑人尊己，不可以輕忽道己，不可以訕謗德己，不可以鄙猥才己。

學道之人，不可見他人之過惡，專開病眼，舉世之人以爲非，以恃所能勝心自專自是也，故云「不可非世是己」也。學道之人，不可小覷衆人，以爲卑賤，而自尊自大也，故云「不可卑人尊己」也。學道之人，不可輕忽傲慢衆人，以爲不悟妙道，而自專以爲有道也，故云「不可以輕忽道己」也。學道之人，不可專一訕謗他人，以爲無德，自專己有德也，故云「不可以訕謗德己」也。學道之人，不可小覷衆人爲鄙猥愚陋無才，而自專己有才學也，故云「不可以鄙猥才己」也。此章明治不能忘人我能所之病也。

右第十四章

關尹子曰：困天下之智者，不在智而在愚；窮天下之辯者，不在辯而在訥；伏天下之勇者，不在勇而在怯。

真空窈冥，不可以智知而識識，故能困天下大智之人也。了道之士，默默韜晦如愚，世有智者，不可得而知也，故云「困天下之智者，不在智而在愚」也。道本無名，不可得而言辯，而天下言辯者，於此窮而無辯也。了悟道者，難以告人，未若如訥不辯言也，故云「窮天下之辯者，不在辯而在訥」也。了悟妙道，以無爲清静保内，以謙卑柔弱不與物争保外。天下有好争者，莫能與不争者争，如此則天下無敵也。以不争之德，能伏天下勇力之人，不在於争也，故云「伏天下之勇者，不在勇而在怯」也。怯者，柔弱也。此章明治不能忘智辯勇力之病也。

右第十五章

關尹子曰：天不能冬蓮春菊，是以聖人不違時；地〔一〕不能洛橘汶貉，是以聖人不違俗。

蓮花夏開，菊花秋開，天不能使蓮花冬開而菊花春開也，是以聖人不逆天之四季，不違時之通塞也，故云「天不能冬蓮春菊，是以聖人不違時」也。洛者，嵩洛之地也。橘者，柑子也，多生江南暖處，移來嵩山洛水之畔栽種之，而變爲枳也。汶山所出之水爲之汶江，在吴越之地也，狐貉生於江北高原山野，將到江南下濕之地則死也，此二者

〔一〕「地」，原作「也」，據明刊本改。

地氣使然也。既地不能洛地生橘，江南生貉，以此聖人不違夷狄蠻戎中夏之風俗也，故云「地不能洛橘汶貉，是以聖人不違俗」也。

聖人不能使手步足握，是以聖人不違我所長；聖人不能使魚飛禽馳，是以聖人不違人所長。

以握爲手所長，以步爲足所長，雖聖人豈能使手步足握，易手足之用哉？以此聖人不違拒我之六用所長也，故云「聖人不能使手步足握，是以聖人不違我所長」也。長者以能爲爲長，以不能爲爲短也。魚以水中能游爲長也，禽以空中能飛騰爲長也。馳者，馬走速也。雖聖人豈能易魚禽游馳飛騰哉？以此聖人不違拒衆人所長之用也，故云「聖人不能使魚飛禽馳，是以聖人不違人所長」也。

夫如是者，可動可止，可晦可明。惟不可拘，所以爲道。

如是者，已上所説聖人不違時、不違俗、不違我所長、不違人所長之四者也。如此不違四者，可動時，亦不違時之動；可止時，亦不違時之止；可晦時，亦不違時之晦；可明時，亦不違時之明。惟能不違拒造物之變化，不拘泥於死法，所以應變無窮而爲妙道也。故云「夫如是者，可動可止，可晦可明。惟不可拘，所以爲道」也。此章明治不能隨時達變之病也。

右第十六章

關尹子曰：少言者，不爲人所忌；少行者，不爲人所短；少智者，不爲人所勞；少能者，不爲人所役。

學道之人，慎言儉語則寡過，不爲衆人之所忌憚也，故云「少言者，不爲人所忌」也。於利名場上，慎多貪進行履，則不爲衆人所嫉妬短遏也，故云「少行者，不爲人所短」也。智慧收藏，儉於使用，則不爲衆人之所勞苦也，故云「少智者，不爲人所勞」也。大巧若拙，儉施其能，則不爲衆人所役使也，故云「少能者，不爲人所役」也。此章明治不能忘言行智能之病也。

右第十七章

關尹子曰：操之以誠，行之以簡，待之以恕，應之以默，吾道不窮。

操者，持也。誠者，真實也。簡者，不繁也。行者，無住也。待者，應也。恕者，寬裕包容也。了悟真空實有，保任護持，無住種種之邊，如此簡當不繁也，故云「操之以誠，行之以簡」也。與衆同處，或御群下，但應之以寬裕包容，不見人之過失，曲全己德也，故云「待之以恕」也。或有人來叩問，但動容密示，不假言教，利根頓悟，與吾所悟之道俱無窮極也，故云「應之以默，吾道不窮」也。此章明治不達誠簡恕默之病也。

右第十八章

關尹子曰：謀之於事，斷之於理；作之於人，成之於天。事師於今，理師於古；事同於人，道獨於己。

圖謀人事，以理裁斷而合其宜也，故云「謀之於事，斷之於理」也。所作之事，力與不力在人爲，而成與不成在天命也，故云「作之於人，成之於天」也。事以今人爲師，理以古人爲師也，故云「事師於今，理師於古」也。事者，用也。用雖與衆人同，而了悟妙道，應變常寂，無染清静，不與衆人同也，故云「事同於人，道獨於己」也。此章明治不能事理圓通之病者也。

右第十九章

關尹子曰：金玉難捐，土石易捨。學道之士，遇微言妙行，慎勿執之，是可爲而不可執。若執之者，腹心之疾，無藥可療。

金玉者，喻聖人之言行也。土石者，喻凡人之言行也。金玉雖貴，入眼爲塵。大道無名跡，故言行不可及也。學人於聖人之言行難忘，如世人難捨金玉也，故云「金玉難捐」也。學人於凡人之言行容易忘之，如世人易捨土石也，故云「土石易捨」也。學道之士，若遇聖人微言妙行，慎勿執著不忘也，故云「學道之士，遇微言妙行，慎勿執之」也。聖人之妙行，可爲之而成德，而不可執著聖人妙行之跡也，故云「是可爲不可執」也。若執著之者，如人皮膚有病，容易治療，若人病在心腹，雖盧醫扁鵲，亦不能療治。迷人執著聖人妙行之跡，亦復如是也，故云「執著之者，腹心之疾，無藥可療」也。此章明治不能忘言行之病也。

右第二十章

關尹子曰：人不明於急務，而從事於多務、他務、奇務者，窮困災厄及之。

急務者，道德也。多務者，萬法也。他務者，傍門伎藝也。奇務者，異世之術也。學人不明了道德爲簡要急切之務，而務泥萬法，或學傍門小法，或學醫卜工伎之藝，或學異世奇怪之術，學雖不同，失於道德者一也。失於道德而墮輪迴，動經塵劫，無有出期，此窮困災厄莫大於是也。故云「人不明於急務，而從事於多務、他務、奇務者，窮困災厄及之」也。從事者，務泥也。及之者，墮輪迴也。

殊不知道無不在，不可捨此就彼。

此者，身心道德急切之務也。彼者，多務、他務、奇務也。學人殊不知道無不在，即此身心是道也。既道無不在，何獨身心道不在哉？身心從道生，如漚從水生，即漚是水也。即此身心是道，亦復如是也。既悟即此身心是道，「不可捨此身心，就彼多務、他務、奇務求道德也，故云「殊不知道無不在，不可捨此就彼」也。此章明治不能以道德爲務之病也。

右第二十一章

關尹子曰：天下之理，捨親就疎，捨本就末，捨賢就愚，捨近就遠，可暫而已，久則生害。

親者，性命也。疎者，財色也。本者，道也。末者，五常百行萬法也。賢者，智慧之德也。愚者，癡迷也。近者，慈善也。遠者，衆惡也。天下之道理，學人迷之，捨性命道德慈善，而就泥財色萬法癡迷之衆惡，可暫樂安情，而久泥不悟，墮輪迴生死，胎卵濕化，無有了期，害莫大於此也。故云「天下之理，捨親就疎，捨本就末，捨賢就愚，捨近就遠，可暫而已，久則生害」也。此章明治不悟道之病也。

右第二十二章

關尹子曰：昔之論道者，或曰凝寂，或曰邃深，或曰澄徹，或曰空同，或曰晦冥，慎勿遇此而生怖退。

凝者，定也。寂者，静也。邃者，幽也。昔之古人論道者，或言泰定安静者，或言道幽深難窮者，或言道如水之澄徹淵奥者，或言道如虚空廣大者，或言道隱晦杳冥莫測者，學人若遇此，或言凝寂、邃深、澄徹、空同、晦冥之五者，慎勿生怕怖之心，以爲道之難學而退怠也。故云「昔之論道者，或曰凝寂，或曰邃深，或曰澄徹，或曰空同，或曰晦冥，慎勿遇此而生怖退」也。

天下至理，竟非言意。苟知非言非意，在彼微言妙意之上，乃契吾説。

天下至理者，道也。竟者，終也。向來所論之言，凝寂、邃深、澄徹、空同、晦冥之五者，總屬名相妄情之意識也。道本無名無情，窮究到徹盡之處，終非言意之可及也，故云「天下至理，竟非言意」也。誠知非言意之可及，在彼古人微言妙意未萌之前薦悟，了然洞徹，本來見成之道，元自清净具足，不假修爲外求也。如此了悟，乃契合所説之義也。故云「苟知非言非意，在彼微言妙意之上，乃契吾説」也。上者，前也。苟者，誠也。此章明治末了根塵之病也。

右第二十三章

關尹子曰：聖人大言金玉，小言桔梗芣苢。用之當，桔梗芣苢生之；不當，金玉斃之。

聖人大言者，如道德、陰符二經，如金玉之貴也，故云「聖人大言金玉」也。桔梗者，草藥之名也，能治風濕之疾也。芣苢者，亦草藥之名也，一名車前草，能治赤白瀉痢之疾也。小言者，如後聖詩詞直言語録也。或因詩詞直言語録悟之而了道，如桔梗芣苢之草藥治痊風濕痢疾，而人復安樂得活也。故云「小言桔梗芣苢。用之當，桔梗芣苢生之」也。用之當者，治痊疾也。生者，活也。或人背誦道德、陰符二經如同流水，而不能開悟了道者，如服金玉貴細之藥，不能痊愈風濕瀉痢之疾，以至於喪生也。故云「不當，金玉斃之」也。斃者，喪生也。不當者，不能痊疾也。此章明治分別經言精麤之病也。

右第二十四章

關尹子曰：言某事者，甲言利，乙言害，丙言或利或害，丁言俱利俱害，必居一於此矣。

某者，代稱之辭也。世人言論事理，所見不同。一人名甲，言論此事有利益於世也；一人名乙，言論彼事有損害於世也，故云「言某事者，甲言利，乙言害」也。一人名丙，言論彼此之事，或有利益於世，或亦有害損於世也，故云「丙言或利或害」也。一人名丁，言論彼此之事，行之正俱利益於世，彼此之事，行之不正俱害損於世也，故云「丁言俱利俱害」也。甲乙丙丁四人，各論利害不同，然必有一人言之當，安於理也，故云「必居一於此」矣。居者，安也。道本無名，不可以言比喻，在人心了悟而已，非如事有利害之比喻也，故云「喻道者不言」也。此章明治未忘利害之病也。

喻道者不言。

右第二十五章

關尹子曰：事有在，事言有理；道無在，道言無理。知言無理，則言言皆道；不知言無也。世間萬事，所用各有下落，言論一事，自有一理所在也，故云「事有在，事言有理」也。道無處所下落，亦不屬名言事理，聖人之言皆無言之言，以薦言外之旨。若了悟無言之言，不屬事理，則終日言而未嘗言，言言無非道也。知者，悟也。若不悟無言之言不屬事理，雖執至人之言，於道眼上如人咽喉有物梗塞，又如人眼内有塵眯障也，故云「不知言無理，雖執至言，爲梗爲翳」也。「醫」，當作「翳」。此章明治未忘事理之病也。

理，雖執至言，爲梗爲醫。

右第二十六章

關尹子曰：不信愚人易，不信賢人難；不信賢人易，不信聖人難；不信一聖人易，不信千聖人難。

不信者，不執泥而染著也。凡愚人之言行，不執泥染著則容易，至於賢人之言行則難忘也，故云「不信愚人易，不信賢人難」也。不執泥染著賢人之言行亦容易，至於聖人之言行又難忘也，故云「不信賢人易，不信聖人難」也。不執泥染著一聖人之言行又亦容易，至於千聖人之言行尤難忘也，故云「不信一聖人易，不信千聖人難」也。

夫不信千聖人者，外不見人，内不見我；上不見道，下不見事。

若夫學人不執泥染著千萬聖人之言行，則心忘名跡，冥然契道，而迥超凡聖、人我、事理之名跡也，故云「不慕諸聖，不重己靈」，正謂此也。故云「夫不信千聖人者，外不見人，内不見我；上不見道，下不見事」也。道者，理也。此章明治未忘凡聖之病也。

右第二十七章

關尹子曰：聖人言蒙蒙，所以使人聾；聖人言冥冥，所以使人盲；聖人言沉沉，所以使人瘖。

聖人之言，盡是無言之言，令人於無言之言薦悟言外之旨。言外之旨不屬聲，故學人蒙蒙然，迷情障蔽，不可得而聞之，如患聾一般也，故云「聖人言蒙蒙，所以使人聾」也。言外之旨不屬於色，杳杳冥冥，視之不見，令人如患盲病一般也，故云「聖人言冥冥，所以使人盲」也。言外之旨不屬於名，沉沉静静，言之難議，令人如患瘖瘂之病也，故云「聖人言沉沉，所以使人瘖」也。

惟聾則不聞聲，惟盲則不見色，惟瘖則不音言。

惟患耳聾之病者，則於聲無所聞也，故云「惟聾則不聞聲」也。惟患目盲之病者，則於色無所見也，故云「惟盲則不見色」也。惟患瘖瘂之病者，則於聲無所言也，故云「惟瘖則不音言」也。

不聞聲者，不聞道，不聞事，不聞我；不見色者，不見道，不見事，不見我；不音言者，不言道，不言事，不言我。

言外之旨既聽之不聞其聲，未若如患耳聾，亦不聞道、事、我三者之聲也，故云「不聞聲者，不聞道，不聞事，不聞我」也。言外之旨既視之不見其色，未若如患眼盲，亦不見道、事、我三者之色也，亦不生此見解也，故云「不見色者，不見道，不見事，不見我」也。言外之旨既議之無名，未若患瘖瘂不能言者，亦不言道、事、我三者之名也，故云「不音言者，不言道，不言事，不言我」也。此章明治未忘色聲、名道、事我之病也。

右第二十八章

關尹子曰：人徒知僞得之中有真失，殊不知真得之中有真失；徒知僞是之中有真非，殊不知真是之中有真非。

學人謾知認著妄得以爲誠失於至道，殊不知真得之見亦誠失於至道也。如金屑雖實，入眼則爲塵翳也，故云「人徒知僞得之中有真失，殊不知真得之中有真失」也。僞者，妄也。真者，誠也。徒者，謾也。學人謾知認著妄是以爲誠非，殊不知認著真是亦爲誠非也，故云「徒知僞是之中有真非，殊不知真是之中有真非」也。此章明治未忘真假之病也。

右第二十九章

關尹子曰：言道者如言夢。夫言夢者曰：「如此金玉，如此器皿，如此禽獸。」言者能言之，不能取而與之；聽者能聞之，不能受而得之。惟善聽者不泥不辯。

大悟大徹之士，如人睡夢覺來，方知夢中所見之境，皆是妄想顛倒識見之所成也。未能大悟大徹之士，以識見能通萬法，爲人談演妙道，皆是夢中説夢也，故云「言道者如言夢」也。夢中説夢曰：夢見如此金寶大山，巍峨無量，如此玉洞，廣闊幽深難測。此二者喻以道德爲靈寶洞玄，廣大幽深，無量難測也，故云「夫言夢者曰：『如此金玉』」也。又夢中説夢曰：夢見如此玉器金皿，使用無數，此喻建立妙用，普利衆善萬行也，故云「如此器皿」也。又夢中説夢曰：如此烏兔龜鳳龍虎，此喻金烏玉兔，烏龜赤鳳，白虎青龍，陰陽造化也，故云「如此禽獸」也。夢中説夢見此金玉、器皿、禽獸，説者但能説之，不能取金玉、器皿、禽獸與聽説之人也，此喻聖人不能出道以示與學人也，故云「言者能言之，不能取而與之」也。夢中聽説夢境之人，但聞説如此金玉、器皿、禽獸，不能承受取得之也，此喻學道者因師方便點化，言下自悟，不從外得也，故云「聽者能聞之，不能受而得之」也。惟有利根者善聞道德玄妙，不執泥筌蹄，不辯論聖人無言之言，但因聖人無言之言，薦悟言外之旨，了悟不可思議之道也，故云「惟善聽者不泥不辯」也。此章明治未悟談道之病也。

右第三十章

關尹子曰：圓爾道，方爾德，平爾行，鋭爾事。

爾者，學道之人也。天下學道之人，但能詳讀審誦九篇，精之研之，究之徹之，自然了悟不可思議之至道，人人具足，箇箇圓成，不假修爲，位齊諸聖也，故云「圓爾道」也。方者，正也。德者，道之用也。天下學道之人，若因經了悟不可思議之至道，仍要護持保任也。如何護持保任？但能以無爲清浄、逍遥自在、不染不著護其内，以謙卑柔弱、不與物争護其外，次又正其妙用，用之於衆，善利物安人，不求報恩，皆爲用之正，而成上德也，故云「方爾德」也。天下學人，若因經了悟不可思議之至道，護持保任，要成上德，須是自利利他，平等普惠，不擇貴賤貧富，男女妍醜，仁慈等利，無偏無黨，以成萬德之妙行也，故云「平爾行」也。鋭者，利也。事者，用也。天下學人，因經了悟不可思議真空妙有之道，以爲真心之體，以至德妙行爲真心之用，自利利他，於事無往不利也，故云「鋭爾事」也。此章尹君自述一經之旨趣也。

右第三十一章

文始真經注卷之九

文始真經後序

晉葛仙翁撰

洪體存蒿艾之質，偶好喬松之壽。知道之士，雖微賤必親也，雖夷狄必貴也。後遇鄭君思遠，鄭君多玉笈瓊笥之書，服餌開我以至道之良藥，呼吸洗我以紫清之上味。後屬洪以尹真人文始經九篇，洪愛之誦之，藏之拜之。宇者道也，柱者建天地也，極者尊聖人也，符者精神魂魄也，鑑者心也，匕者食也，釜者化也，籌者物也，藥者雜治也。洪每味之，泠泠然若躡飛葉，而游乎天地之混溟；茫茫乎若履橫杖，而浮乎大海之渺漠。超若處金碧琳琅之居，森若握鬼魅神姦之印。倏若飄鸞鶴，怒若鬭虎兕。清若浴碧，慘若夢紅。擒縱大道，渾淪至理。方士不能到，先儒未嘗言。可仰而不可攀，可玩而不可執，可鑒而不可思，可符而不可言。其忘物遺世者之所言乎？其絶跡去智者之所言乎？其同陰陽而冥彼此者之所言乎？何如此之尊高，何如此之廣大，又何如此之簡易也！洪親受之。

咸和二年五月朔丹陽葛洪稚川序。

文始經釋辭

〔明〕王一清 撰

目録

題注解文始經序

道家典籍，予嘗遍觀其梗概，惟讀文始經「能忘精神而超生」之句，則恍然若有得焉。夫太上能忘，其次能見，忘則無，無則虚，虚則静。老氏所謂「致虚極，守静篤」，一言足以蔽之。易稱艮「不獲其身，不見其人」，正此義也。苟不能忘，而憧憧往來中多藴結，則將迎色相，祇足以摇我精而秏我神矣，奚攝生之足云？關尹書九篇，曰宇曰極，人猶可揣而知之，至於鑑、匕、釜、籌，則茫乎不知所謂矣。岫雲王真人獨能詮次其詞，發揮其義，使數千年之微言奥旨，一旦揭日月而重明之，其有功於關尹也大矣。季弟無聘氏從之遊，得以是書見寄。予佩服不能忘，又惜其有志而未逮也，乃爲叙諸簡端。

萬曆丁酉秋七月翼雲吴之鵬書於濟南公署。

文始經釋辭叙

一清自幼儒業，潛心玄學，始壯離俗，徧詣名山，足跡半天下。求同志，多艱苦。萬曆庚寅，入武當，閱道藏，搜玄於諸家經注之下，其言多支離，不合經旨，深不滿吾意，常隱心痛之。辛卯，翩然上京師，奏皇太后，請道藏經。癸巳，隨經南還，棲三公巖。圜居静觀心原載餘，奮然願爲諸注，似有欲罷不能之意。於是研精覃思，竭志慮，殫心力，晝勞夕役，手不停披，對歲注成，目之曰道德釋辭、文始釋辭、西昇釋辭、陰符集注、化書新聲、悟真篇注、金丹四百字注。乙未，西遊關中，過蒲坂，遇山陰王譚，論多不合，遂著静餘十集四百八十篇，發明三教一乘之義。王信弗及。丙申，復來京師，棲白雲觀，三復删定，帙成，向隱囊中，未敢輕以示人。丁酉春，上命大高玄殿掌壇内官監太監望湖劉公建皇壇，預脩水陸道場四十九晝夜，延羽士三百衆，以周澹然爲講，主説北斗經禮斗，命一清充副講，安鉢誦經，齋衆度孤，大會天下，以彰道化。一朝盛典，古所希有。於時門人段虚玄、陶止水者，請刊諸經注以廣其傳，余謝曰：「肉身住世，何可爲？」復請之力，余曰：「胡爲乎深吾罪爾？」荷蒙提督御藥房尚膳監太監敬菴孫公捐貲倡率，命工鋟梓。月餘，文始釋辭刊成，故叙其始末於簡端，懇求當世名公縉紳先生爲文冠篇首，傳於不朽，以彰我明天子雍熙之化，而成一朝道典之羽翼也。

是爲叙。

叙文始真人本傳

真人姓尹氏，諱喜，字公文。其母夢天下絳霄，盤旋繞身，因感有孕。及誕，陸地生蓮，色鮮香噴之瑞。及長，目有日精，形長姿雅，垂手下膝，堂堂天人之表。少好墳易，精天文，通秘緯，大度恢傑，心存利濟，結草爲樓，精思至道，觀乾象，時人稱爲樓觀先生。不求聞達，逸響遐宣。周康王召爲大夫，復擢青宫賓僚。

忽一日，瞻見東方紫氣西邁，知中國有大聖人西遊，上表求出爲函關令，王從之。乃曰：「夫陽數極九，星宿值金，歲月並王，法應九十日内有大聖人度關。」乃敕關吏孫景曰：「若有形容異常、車服殊俗者，勿聽過。」即預期齋戒，掃逕四十里，夾道燒香，以俟天人入境。未期，有一老父，皓首聃耳，氣異形殊，乘白輿，駕青牛至關。關吏進曰：「明府有請，願少留。」遂白真人。真人喜曰：「使我獲見聖人。」即具朝服，俯伏道旁，邀留之。老父曰：「吾貧賤老耄，關西取薪爾，幸聽過。」真人稽首曰：「君姿殊異，真天人也。願少憩，慈愍爲我説經。」老父曰：「汝何見知吾真人？」曰：「去冬十月，天理星西行過昴，今月朔，融風三至，東方紫炁光浮，西行如龍蛇，此大聖人度關之徵也。」老父曰：「吾亦知子久矣。」遂偕往南山阜上，爲説道德五千言以授之，且曰：「此經千載一傳，子其勉之。」真人請益，復説西昇經除垢止念、静心守一之旨，真人於是屏絶人事，清齋三載，一旦心凝形釋，遂證道，著書九篇，述五千文言外之意，號關尹子云。

叙文始經九篇旨意

四方上下謂之宇也，宇大無不包，故曰「宇者，道也」。道生一，有一則有二，故曰「二柱」也。二必偶之，如陰陽也，非陰陽則不足以建天地，故曰「柱者，建天地也」。有天地然後有萬物，二生三也，聖人居天地之中，以立人極，與天地並立爲三才，故曰「三極」也。聖人者，人倫之極至，故曰「極者，尊聖人也」。符者，契也。天地人物皆道生化，莫不符契，故曰「符」也。在天爲日月星雲，在地爲水火金木，在人爲精神魂魄，而各有合，故曰「四符」也。鑑静而明，故物莫能隱其形；心静而明，故理不求而自得，故曰「鑑者，心也」。人之生也，有形氣焉，形必用養，養形莫先於飲食，食必以匕，匕者，食之用，故曰「匕者，食也」。食必以釜，釜者，化食之器，故曰「釜者，化也」，化食之道。金以釜之，木以薪之，水以滋之，火以燮之，土以竈之。籌之畫之，而食始成之，故知食者，必賴衆物，故曰「籌者，物也」。物物皆有用，如衆藥相濟，缺一則病不治，故曰「藥者，雜治也」。

萬曆丁酉仲春月吉旦體物道人岫雲王一清謹叙。

文始經釋辭卷之一

體物子岫雲王一清釋

一宇篇宇者，道也。凡二十八章。

非有道不可言，不可言即道。非有道不可思，不可思即道。天物怒流，人事錯錯然，若若乎回也，戛戛乎鬬也，勿勿乎似而非也。而争之，而介之，而哯之，而嘖之，而去之，而要之。言之如吹影，思之如鏤塵。聖智造迷，鬼神莫知。惟不可爲，不可致，不可測，不可分，故曰天，曰命，曰神，曰玄，合曰道。

道無形，雖聖人猶難言之；道無方，雖聖人猶難思之。然非不言，口欲言而詞喪；非不思，心欲思而意亡。唯不能以言語形容，不能以心思測度者，道也。主宰謂之天，流行謂之氣，人得之以爲性，謂之天物也。怒流謂妄動生心也，言人之性本寂，感物而動，以生其心，則人事紛紜交錯，故曰「天物怒流，人事錯錯然」也。若知得吾之性天本初無物，雖然人事紛紜交錯於前，但一切循乎自然，順以應之，雖爲無爲，事無事也。若吾無心於事，自然無事於心，則此心常定，而吾之性復矣，故曰「若若乎回也」。戛戛，玉之聲。鬬者，相擊也。聖人正恐學者着於無，以昧其心，而言虛静之中有至真焉，真空之内有妙有焉。其聞至真，其聲至清，戛戛然如玉之相擊，故曰「戛戛乎鬬也」。勿勿，猶惚惚也。聖人又恐學者着於有，以障其心，而言此道恍然似有，惚然似無，似是而非，妙微難擬，不可以定見尋求，不可以有無思度，故曰「勿勿乎似而非也」。其或有動而争之者，有介而守之者，有晛而言之者，有嘖而默之者，有失而去之者，有要而得之者。言天下之人事紛紜，雖然有動静、語默、得失之不同，但一切任其自然，而吾未嘗容心於其間也。夫道本無言也，本無思也，若以言論求道，如吹鏡中之影，其能吹去之乎？若以心思得道，如鏤空中之塵，其能雕刻之乎？極言不可以情求也。是以聖人冥心合道，無思無爲，澄然一念不萌，雖鬼神莫能測其機，故曰「聖智造迷，鬼神莫知」也。夫莫之爲而爲者，天也；莫之致而致者，命也。神無方，莫能測也；玄無體，莫能分也。唯其不可爲，不可致，不可測，不可分，所謂「有物混成」是也。分而言之，曰天、曰命、曰神、曰玄，所謂「同出而異名」也。合曰道者，所謂「同謂之玄，衆妙之門」也。

無一物非天，無一物非命，無一物非神，無一物非玄。物既如此，人豈不然？人皆可曰天，人皆可曰神，人皆可曰致命造玄。不可彼天此非天，彼神此非神，彼命此非命，彼玄此非玄。是以善吾道者，即一物中，知天盡神，致命造玄。學之，徇異名，析同實；得之，契同實，忘異名。

天者，主宰也；命者，元氣也；神者，性靈也；玄者，元妙也。然此四者，非但人人具足，而物物不無也。其意盖謂人與萬物並生於天地間，唯人得其秀爲萬物之靈，物尚得之，而人豈不能知天盡神、致命造玄哉？故知此理此心，人物同得，豈可是此而非彼哉？是以聖人云善吾道者，即一物中知有真常而不變者，爲吾身之主宰，以盡吾性分之正而至於命，一切循乎自然，以達夫天理本元之妙，然後始知吾與天地萬物自一體出，又何物我彼此之分哉？其若以物我爲二者，則是徇異名、析同實，學於外、求其末也。其若以物我爲一，内外爲一，性情爲一，有無爲一，契同實而忘異名者，學於内而得其本，故足以知天盡神、致命造玄矣。

觀道者如觀水，以觀沼爲未足，則之河、之江、之海，曰水至也。殊不知我之津液涎淚皆水。

此言學者不安小成，其必造於正大高明之域。果能真積力久，進之不休，自然精義入神而道可覬矣。譬觀諸水也，始見之沼，曰水豈止是哉？復見之河，曰水豈止是哉？再見之江，曰水豈止是哉？又見之海，曰水至矣。道在是也，不復求之。蓋海者，會也。天下之水，歸之於海；天下之理，歸於道也。易曰，如雲、如雨、如水，屯，言皆一氣所化。返而觀之吾身，津液涎淚，皆水之類，亦一氣所化，所以人身有元海而爲諸氣之會也。

道無人，聖人不見甲是道、乙非道；道無我，聖人不見己進道、己退道。以不有道，故不無道；以不得道，故不失道。

聖人忘物忘己，是以無人無我也。不擇賢愚，是以不見甲是道、乙非道也。不分得失，是以不見己進道、己退道也。是故聖人所謂得道者，其實無所得也。既無所得，何人何我哉？我尚不有，何道之有哉？道況非有，何得何失哉？故曰「以不有道，故不無道；以不得道，故不失道」也。

不知道，妄意卜者，如射覆盂。高之者，存金存玉；中之者，存角存羽；卑之者，存瓦存石。是乎？非乎？惟置物者知之。

此道盡性則明，至之自見，豈私智之所能測？若用心注意以求之，妄矣。蓋其未能盡性，所以知不明也。譬如置一物於覆盂之下，使人卜而猜之。或卜之曰其必高，非金即玉矣；或卜之曰其必中，非角即羽矣；或卜之曰其必卑，非瓦即石矣。斯皆妄意猜度，是乎非乎？盖其未嘗見，所以莫能真知，如若知之，明見之真，惟置物者也。

一陶能作萬器，終無有一器能作陶者、能害陶者；一道能作萬物，終無有一物能作道者、能害道者。

陶士埏土爲泥而成萬萬器，大道妙合陰陽而生萬萬物，終不能有一器能成陶者、能害陶者，亦不能有一物能成道者、能害道者，何也？曰既已爲器，既已爲物，則塊然爾，蠢然爾，欲復歸根，不亦難乎？其意盖謂器之與物也，雖不成道，亦不害道。惟人也禀天理之正，得二五之精，得其理而明其心、盡其性者，則超凡入聖而成道矣；悖其理而喪其心、昧其性者，則傷天敗倫而害道矣。

道茫茫而無知乎？心儻儻而無羈乎？物迭迭而無非乎？電之逸乎？沙之飛乎？聖人以知心一、物一、道一，三者又合爲一。不以一格不一，不以不一害一。

茫茫，無窮也。大道茫茫然，無窮無極，你若善感，渠能善應，不可謂之無知也。儻儻，豁達也。吾心儻儻然，豁豁達達，事至則應，事過則空，無有一事能羈之也。迭迭，生出也。萬物迭迭然，生出之多，物各有理，莫不契道，無有一物而非道也。譬如電之爲物，迅疾閃爍，而言静逸可乎？沙之爲物，静定安處，而言飛動可乎？是以聖人知道本無，而爲吾心之體，體主静也；知物本有，而爲吾心之用，用主動也。知心無心，故出入於動靜之間。此三者，雖然分殊，其本一也。既知得三者，本同一體，則天下之物，一切之不一者，豈可格而棄之哉？亦不可貪着不一之境物而害道也。

以盆爲沼，以石爲島，魚環遊之，不知幾千萬里而不窮乎！夫何故？水無源無歸。聖人之道，本無首，末無尾，所以應變不窮。

以水注盆中，以石爲島，其島玲瓏，小魚循環遊於中，不知其幾千萬里，而莫見其始、見其終。夫何故而其然乎？其水無源，所以無歸也。其意譬道如程子所論云「動靜無端，陰陽無始」，無端所以無緒，無始所以無終，終始相因，首尾相應，是以應物不窮，變化無方，斯聖人之業也。

無愛道，愛者水也；無觀道，觀者火也；無逐道，逐者木也；無言道，言者金也；無思道，思者土也。惟聖人不離本情而登大道。心既未萌，道亦假之。

愛、觀、逐、言、思五者，人之情也。愛出於精，精屬水也；觀出於神，神屬火也；逐出於魂，魂屬木也；言出於魄，魄屬金也；思出於意，意屬土也。夫道本無情也，而人或以愛，或以觀，或以逐，或以言，或以思，舉心動念以求之，於道遠矣。蓋以愛多則耗精，觀多則損神，逐多則傷魂，言多則害氣，思多則傷脾。五者皆出之於心，心生則五者皆生，心滅則五者皆滅。經云「天有五賊，見之者昌」是也。竊嘗思之，聖人非不愛，不癡愛也；非不觀，不見邪也；非不逐，不逐物也；非不言，不妄言也；非不思，無淫思也。即此用而離此用，故曰「惟聖人不離本情而登大道」也。咦！吾心不萌，五者俱泯，湛然常寂，道亦假之。

重雲蔽天，江湖黯然，游魚茫然，忽望波明食動，幸賜于天，即而就之，漁釣斃焉。不知我無我而逐道者亦然。

重雲蔽天，江湖黯然昏暗，游魚茫然無所見矣。忽然雲散天開，波明食動，游魚就而食之，以爲天之所賜，殊不知食餌吞鉤，以斃其身也。逐道者謂有心求道也，或於靜境中見種種靈異之物，或龍車鳳輦，或寶盖幢旛，或祥光瑞氣，或滿室通光，或仙人受道，或靈異呈祥，或隔牆見物，或噴鼻異香。若執此類爲得道，是猶魚望波明食動，即而就之，着魔以障其心也。盖其不知無我之妙，所以執着有相，隨情動意而逐道也。昔丘長春靜中三次撞入天門，猶言不可着之。金剛經云：「凡所有相，皆是虛妄。」經云「道在天地，天地不知」，學者致思之。

方術之在天下多矣，或尚晦，或尚明，或尚弱，或尚强。執之皆事，不執之皆道。

脩身之方，煉養之術，其在天下者亦衆矣。或有忘形去智、隱耀韜光、遯世無悶而尚晦者，或有調燮陰陽、濟人利物、叱咤風雷而尚明者，或有晝夜精專、神識不昧、剛健不息而尚强者，或有退怯無爲、柔弱不争、謙虚低下而尚弱者，皆可入道，還當圓機，應變無執，可也。若執之，則偏謂之事，不謂之道也。經云「執着之者，不名道德」是也。

道終不可得，彼可得者，名德不名道；道終不可行，彼可行者，名行不名道。聖人以可得可行者，所以善吾生；以不可得不可行者，所以善吾死。

士之於道，凡有所得於心者，謂之德，不謂之道也。凡有所行於身者，謂之行，不謂之道也。故知可得可行者，謂之德行也。有德有行者，而爲當世吉人君子，達則足以輔世，窮則足以立我，所以善吾生也。故知不可得不可行者，謂之道也。道也者，不生不滅，無得無行也。是以聖人在世而忘，形未死、心先死，求生於死，死化爲生，生尚不生，死地何有？所以善吾死也。

聞道之後，有所爲、有所執者，所以之人；無所爲、無所執者，所以之天。爲者必敗，執者必失。故聞道於朝，可死於夕。

而其所謂聞道者，聞之於心而不聞之於耳也；而其所謂得道者，得之於心而不得之於人也。蓋心者吾之天，所謂「盡其心者知其性，盡其性者知其天」是也。聞道之後，若有心於爲，有心於執，必以爲善然後可以明善，必以固執然後可以誠身，其心不化，所以之人；其若無心於爲則無敗，無心於執則無失，不思而得，不勉而中，其心化矣，所以之天。故曰「爲者必敗，執者必失」也。夫道本無生，又焉有死？如釋言涅槃是也。學者一朝頓悟我本不生死者，無有而其所謂生死者，特一氣往來耳，是以莊仙知生如天行，知死如物化，生與陽同德，死與陰同波是也。學者既識得生死是一氣往來，而吾未嘗與生死俱逝，則生何忻、死何慼也？聞道於朝者，夕死無懼，其言豈欺人哉！

一情冥，爲聖人；一情善，爲賢人；一情惡，爲小人。一情冥者，自有之無，不可得而示；一情善惡者，自無起有，不可得而祕。一情善惡爲有知，惟動物有之；一情冥爲無知，溥天之下，道無不在。

聖人得失雙忘，善惡俱泯，身無繫累，心無是非，不識不知，何思何慮，情常冥也。賢人好善執德，閑邪存誠，見利思義，見善則遷，濟物利人，而無所不公，情常善也。小人語言詭詐，動止陰險，狡猾多端，奸僞迭出，見利則趍，見善則嫉，利己損人，而無所不私，情常惡也。一情冥者，泯情復性，自有之無，心無形迹，故人不可得而見也。一情善惡者，隨境生情，自無起有，事迹昭著，人人得而見之，故不可得而秘也。萬物之中，惟有血氣者爲動物，而有善有惡，爲其有知有識，故也其若滅情還空，釋念歸虛，窈然冥然，莫知其所由，然則心同太虛，何所不至！故曰「溥天之下，道無不在」。

勿以聖人力行不怠，則曰道以勤成；勿以聖人堅守不易，則曰道以執得。聖人力行，猶之發矢，因彼而行，我不自行；聖人堅守，猶之握矢，因彼而守，我不自守。

聖人時行時止，可久可速，順時制宜，佐理萬物之自然也。或有謂聖人力行不怠，則曰道以勤成；或有謂聖人堅守不易，則曰道以執得，二者似是而非也。殊不知，聖人所謂力行者，如太極之用行，不得不行也；聖人所謂堅守者，如太極之體立，不得不守也。於此足見聖人時行則行，時止則止，何嘗有心於事物哉！程明道云「天地之常，以其心普萬物而無心；聖人之常，以其情順萬事而無情」是也。故知聖人行守法自然也。自然者，天之道也。學者但觀天道自然之妙，則知聖人之行與守也。

若以言行學識求道，互相展轉，無有得時。知言如泉鳴，知行如禽飛，知學如擷影，知識如計夢。一息不存，道將來契。

言行學識，君子用之以進德修業，而爲造道之階，舟航耳，筌蹄耳。若以言行學識爲道，盡心力以求之，則展轉疑慮，終不見道之源，故無得時也。故知聖人之求道，無所求而求也。聖人之得道，無所得而得也。竊嘗思之，聖人非不言，而言必中節，如泉之鳴，出於無心也。聖人非不行，而行必中理，如鳥飛於空，不存其迹也。聖人非不學，以學爲踐形，如擷衹之影而肖像也。聖人非不識，以識爲應世，如計夢中之事而非實也。故知聖人亦非不用言行學識，蓋其即用即離，所以得也。衆人所以不得者，爲其有情有識，應物有迹，是以離道也。咦！人能參透這箇虚假門頭，奮力一跳，躍出樊籠，割斷俗心，即到解脱之場，入希夷之域，馴至於大自在之鄉、無相之國，則言行學識，自然精絶。如其未能若是，但請暫學古賢，苦志琢磨，忘情絶念。若不如是脩行，則無常迅速老死，忽然一息不來，道在何處？不知來生又是甚麽頭面，學者寧不念之乎？

以事建物則難，以道棄物則易。天下之物，無有不成之難，壞之易。

事者，即塵而起。道者，捨物而得。事有爲也，而人易從，爲之雖易，而成之則難。道無爲也，人所難及，成之雖難，而得之甚易。經云「道可得之於一息」是也。以天下之事論之，無有不成之難而壞之易者；以天下之道論之，未有悟而不成也。歷觀古之得道之士，有一言之下而悟者，有一息之頃而得者。蓋其平日鍊己功純，有千周萬遍切磋琢磨之功，偶得先覺提挈，一撥便轉，頓然了悟真常，徹見本來妙相，撒手懸崖，立地得道。豈不易簡？豈是難行？而今之人所以難者，念慮不休，情妄不止，務黄白長生，以私其身故耳。

一灼之火，能燒萬萬物，物亡而火何存？一息之道，能冥萬萬物，物亡而道何在？

火鑽木擊石而生，待薪而成，故知火本無體，無體則無我矣。是以聖人以火喻道，譬如爍火一炬，能銷萬萬物，物化而火亦亡，火無我也。得道於一息之頃，則冥然亡物，物亡而道又安在哉？道亦無我也。經云「人之所以有大患者，爲吾有身」，言其有我也；「及吾無身，而有何患」，言無我也。噫！無我則能知其真我，而其四大假合，蠢然塊然者，生之與死，如蛇之蚹、如蟬之蜕，與我無干矣。

人生在世，有生一日死者，有生十年死者，有生百年死者。一日死者，如一息得道；十年百年死者，如歷久得道。彼未死者，雖動作昭智，止名爲生，不名爲死。彼未契道者，雖動作昭智，止名爲事，不名爲道。

易曰「原始反終，故知死生之説」，言人之生也，自無而有，道之所生；道本無也，人之死復歸於無，而返於道，故云得道也。觀夫人生等一夢耳，有生一日一年死者，其夢短；三十五十年死者，其夢稍長；百年死者，其夢歷久。人惟知以生爲有，死爲無，殊不知無者人之始，始即道也。人之死，反無復始，豈非得道乎？故知未得道者，身司動作而運爲，心司昭智而明察，此名爲事也。彼得道者，身雖動作而無私，心雖昭智而無妄，所以契道也。

不知吾道無言無行，而即有言有行者求道，忽遇異物，横執爲道。殊不知捨源求流，無時得源；捨本求末，無時得本。

大道無爲，自然何言何行？不知道者，必曰道必言傳，必曰道必勤行，盡心以求之，忽於静境中見有靈異，執以爲道，着相修真，陰魔得以乘之擾其心也。殊不知言行者，道之餘事，應世之具，聖人不得已假此以示天下後世耳。故知聖人亦非不言不行也，蓋其以道爲源爲本，以言行爲流爲末也，横執言行爲道者，豈非捨源求流、捨本逐末哉！

習射，習御，習琴，習奕，終無一事可以一息得者。惟道無形無方，故可得之一息。

射御琴棋，皆藝耳。不專意求之則不得，所以知終不能有一事一息之頃可以得者。惟道可以一息得之，何也？蓋藝有爲也，故必師之、習之、漸之、熟之，積以歲月然後成之，若不專心注意，猶不能得其精。道無爲也，無形、無名、無色、無方，順理自然，虚心而已，所以迴光便見，放下便了，故可一息得也。

兩人射相遇，則工拙見；兩人奕相遇，則勝負見；兩人道相遇，則無可示。無可示者，無工無拙，無勝無負。

兩人較射，則工者優，拙者劣。兩人博奕，則勝者精，負者粗。蓋其有爲有迹，而人所以見其工拙勝負也。惟道無爲，所以無迹，故人不能得而見之。蓋其無工拙之用，無勝負之分也。昔孔子見温伯雪子於魯，目擊而道存，則是兩人道相遇無可示之意也。

吾道如海，有億萬金投之不見，億萬石投之不見，有億萬污穢投之不見。能運小蝦小魚，能運大鯤大鯨。合衆水而受之，不爲有餘；散衆水而分之，不爲不足。

海之大，無物不容，無水不納，雖億萬金、億萬石投之而不見其滿，億萬穢、億萬污投之亦不見其臟。小蝦小魚遊於旁，大鯤大鯨躍於中。合天下之水注之而不見其溢，焦沃日夜洩之而不見其涸，此海之大也。其意謂聖人之量如滄海寬大能容，以爵禄與之，其亦不足貴；以金玉與之，其亦不足富；惡言穢行以污之，其亦不足耻；屢空窮苦以困之，其亦不爲貧；天下歸之而不驕，博施於民而不吝，此聖人之大也。

吾道如處暗。處明者，不見暗中一物；而處暗者，能見明中區事。

有道之士如處暗室之中，一切塵情物欲都不見矣。處暗者謂韜晦也，心常恬澹，無事無爲，而心恒定，定則明，明則一切事物瞞他不得。處明謂聰察也，蔽於私智，多事好謀，而心常亂，亂則昏，昏則一切事理都見不得。所以處明者不見暗中露形之物，處暗者能見明中藏匿之事，故知聰察者常散亂而心昧，韜晦者常静定而心明，所以聖人之心如明鏡止水者，静而明也。

小人之權歸於惡，君子之權歸於善，聖人之權歸於無所得。惟無所得，所以爲道。

小人之心昏蔽自私，行險僥倖，孜孜爲利，苟圖於己，不恤他人，所謂小人之爲惡，惟日不足，故曰「小人之權歸於惡」也。君子之心，中正光明，居易俟命，孜孜爲善，惟知修己，不見人非，所謂君子之爲善，亦惟日不足，故曰「君子之權歸於善」也。聖人之心，常清常静，等埒虛空，無念無欲，無思無爲，無忻無厭，無慕無求，無取無捨，何慮何謀，故曰「聖人之權歸於無所得」也。或問何謂無所得，曰：「此道無形無方，所以摸索不得；無色無聲，所以視聽不得；無始無終，所以隨迎不得；不增不減，所以損益不得；不生不滅，所以生死不得；非有非無，所以言之不得；非色非空，所以名之不得。由是知之，道終無所得也。」是以聖人於無所得中而求之，所以得也。

吾道如劍，如刃割物即利，以手握刃即傷。

劍刃鋼而利，在人爲剛決之心，謂之慧劍是也。而其一切貪嗔癡愛，無明業火，非此剛決之心不能斷也，故曰「割物即利」。然此慧智用以去惡可也，若恃此慧智逞聰察而照物方人，是猶以手握刃，反傷其手也。

籩不問豆，豆不問籩；瓦不問石，石不問瓦，道亦不失。問歟答歟，一氣往來，道何在？

道本無言，無言所以無問無答，譬如籩之與豆，瓦之與石，終日相隨，何嘗問答？竊嘗思之，籩豆相須而爲祭器，瓦石相濟而爲宫室，其道亦不失矣。此意蓋謂道本無問，我亦無答，而其所以問道答道以資談論者，乃一氣之往來，謂之言，不謂之道也。

仰道者跂，如道者駸。皆知道之事，不知道之道。是以聖人不望道而歉，不恃道而豐，不借道于聖，不賈道于愚。

跂者，起其足以增其高。駸者，策其馬以驟其進。二者皆躁進之意，蓋謂道可仰而不可攀，跂之而能及乎？可進而不可逐，駸之而能到乎？或以此爲力行亦固然耳，此皆道中之事，而非道中之道也。道中之道，不行而至，不疾而速，不求而得，無爲而成，是以聖人不以無道爲歉，不以有道而豐，求之於心而不求之於聖，足之於己而不售之於人，則無躁進欲速之病矣。

文始經釋辭卷之一

文始經釋辭卷之二

二柱篇

柱者，建天地也。凡十二章。

若椀若盂，若鉼若壺，若瓮若盎，皆能建天地。兆龜數蓍，破瓦文石，皆能告吉凶。是以天地萬物形理，一物包之，物物皆包之，各不相借。以我之精合彼之精，兩精相搏而神應之。一雌一雄，卵生；一牝一牡，胎生。形者彼之精，理者彼之神；愛者我之精，觀者我之神。愛爲水，觀爲火。愛執而觀，因之爲木；觀存而愛，攝之爲金。先存乎一元之氣，具乎一物，執愛之以合彼之形，冥觀之以合彼之理，則象存矣。一運之象，周乎太空。自中而升爲天，自中而降爲地。無有升而不降，無有降而不升。升者爲火，降者爲水。欲升而不能升者爲木，欲降而不能降者爲金。木之爲物，鑽之得火，絞之得水；金之爲物，擊之得火，鎔之得水。金木者，水火之交也。水爲精爲天，火爲神爲地，木爲魂爲人，金爲魄爲物。運之不已者爲時，包而有在者爲方。惟土終始之，有解之者，有示之者。

椀、盂、缾、壺、瓮、盎，形具象地，中虛象天，故曰「皆能建天地」。兆龜數蓍，破瓦文石，皆占具，可以通神明、知吉凶。言此二者無情之物尚能建天地、通神明、知吉凶，何況人之靈乎！故知天地萬物生於太虛中，形者，所受之正氣也；理者，所稟之正理也。此理此氣，不但人有，而物物咸具，所謂萬物各具一太極是也，故曰「各不相借」。由是知之，吾與天地萬物並生於太虛中，吾之精與天地萬物之精，一精也；吾之神與天地萬物之神，一神也。以我之誠而感彼，必神而應之，告人吉凶也。雌雄卵生，牝牡胎生，物有是形，則有是理。形者，陰之屬也；理者，陽之屬也。愛出於精，精屬水也；觀出於神，神屬火也。陽交於陰，因之爲魂，魂屬木也；陰交於陽，攝之爲魄，魄屬金也。想者存也，冥者忘也。先存乎一元之氣，磅礴於一物之中，所以合彼之形也，然後忘形，所以合彼之理也。理者，神妙也。此神妙有，此妙真空，煉神合空則大象存矣。此一元之運，無象之象，周流於太空之中，而爲形理之用。自中而升，運而爲天；自中而降，凝而爲地。無有升而不降，無有降而不升。升者爲火，火炎上也；降者爲水，水流下也。水自天而降，火自地而升。水火者，天地之交也。所謂乾坤本不交，而坎離交之是也。木植於上，欲升而不能升也；金重於下，欲降而不能降也。木之爲物也，鑽之得火，絞之得水。金之爲物也，擊之得火，鎔之得水。金木者，水火相根也。

精水爲天，天一生水也；神火爲地，地二生火也。魂木爲人，魄金爲物，天地交而生人生物也。木運於春，火運於夏，金運於秋，水運於冬，土運於四季，如環之轉，而終始之運而不已者爲時。天包於外，而地塊然於中，則有位有方矣。天地定位而形理成焉，有解其理而悟道者，有悖其理以喪心者，在乎人之迷與悟耳。

天下之人，蓋不可以億兆計。人人之夢各異，夜夜之夢各異。有天有地，有人有物，皆思成之，蓋不可以塵計。安知今之天地，非有思者乎？

十萬爲億，十億爲兆，言天下人之多如沙塵，不能以億兆計之。而人人夜夜之夢各自不同，有夢天者，有夢地者，有夢人者，有夢物者，斯皆目之所觸，情之所欲，憶思而成。然人人夜夜之夢亦不可以塵數計之，但不知今之天地亦是形氣，其有思乎？無思乎？曰無思也。

心應棗，肝應榆，我通天地。將陰夢水，將晴夢火，天地通我。我與天地似契似離，純純各歸。

榆棗春夏而茂，以應人之肝與心也。豈特榆棗哉？人之形氣以理推之，莫不與天地相通，故曰「我通天地」也。又如天之將陰夢水，將霽夢火，陽盛夢飛，陰盛夢墜，陰則精神沉困，晴則形氣清爽，故知吾與天地同一造化，故曰「天地通我」也。或謂之曰：「吾身與天地契乎、離乎？一乎、二乎？」曰：天地形氣大者也，吾身形氣小者也，若以元本論之則無殊，有何離契大小之分哉！豈不見我之形氣乎？頭圓象天，足方象地，毛髮如草木，骨節類山石，五臟配五行，腸胃似江海，形氣同天地，兩目象日月。吾之氣呼出吸入，應天地之闔闢；吾之骨三百六十，應周天之度數；吾之脉春弦夏洪、秋毛冬石，應四時之節候，以致肢分脉絡合天下之溝河，莫不純純全全與天地符契，形殊而理本同。

天地雖大，有形有色，有數有方。吾有非形非色，非數非方，而天天地地者存。

天地既是形色，便有成壞。既是有數，便有終盡。既是有方，便有窮際。如皇極經世所謂十二萬九千六百年而天地一闔闢是也。由是知之，天地所以不能逃乎數者，蓋其有形有色、有數有方也。返而觀之，吾之元本虛玄靈妙而無色，吾之妙有至真至顯而無形，吾之本來亘古亘今而無數，吾之法身至廣至大而無方，天地雖老而我常存，陰陽雖妙莫能我倫，所謂「天天地地者存」，此也。

死胎中者，死卵中者，亦人亦物。天地雖大，彼固不知。計天地者，皆我區識。譬如手不觸刃，刃不傷手。

人物死於胎卵之中，未見天地萬物，雖有天地，彼亦不知，雖有萬物，彼亦不識，爲其無有知識，雖死而無憂老病苦也。人之能計天地、知萬物者，蓋其有此識神耳。然人有此識神，所以生出許多欲念情妄而憂老病苦，以喪其淳樸，莫若死於胎卵之中，若無有也，所謂已生時不若未生時是也。識者，性之賊也。童年見物，白首不忘，識之纏縛於人其固若是，故學道必先於去情識。咦！噫！心不生識，情妄何有？故曰「手不觸刃，刃不傷手」。

夢中、鑑中、水中，皆有天地存焉。欲去夢天地者，寢不寐；欲去鑑天地者，形不照；欲去水天地者，盎不汲。彼之有無，在此不在彼。是以聖人不去天地，去識。

夢中，鑑中，水中皆有見，故曰「皆有天地存焉」。蓋人有是見，便有是識，識生心迷，是以聖人極言之，使人祛妄明心以復性也。吾人欲去夢中天地者，寢不寐，夢無有也；欲去鑑中天地者，形不照，見無有也；欲去水中天地者，盎不汲，水無有也。蓋人有是見，便有是識，吾識不生，雖有夢、有鑑、有水，其能寐我、照我、見我哉？故曰「彼之有無，在此不在彼」也。而人豈無見？若曰無見，豈非土木哉？但只見如不見，知如不知，冥然一念不起，識從何生？識既不生，見如無矣，是以聖人不去見，去識。

天非自天，有爲天者；地非自地，有爲地者。譬如屋宇舟車，待人而成，彼不自成。知彼有待，知此無待。上不見天，下不見地；內不見我，外不見人。

天積氣，地積塊，太空中一大物也。人惟知天之能覆，地之能載，殊不知有一大常不變者而主張之，否則天地毁而裂矣。故曰「有爲天爲地者」，此也。且以世之物情譬之，如屋宇舟車之類，其必待人匠而成之，不能自成之也，故知天地闔闢乃陰陽屈伸往來耳。如言太極動而生陽，天地萬物所以生；静而生陰，天地萬物所以息。故知天地必待陽動而始闢，陰静而復闔，故曰「知彼有待」也。而其大常不變主張之者，則未嘗動、未嘗静、未嘗生、未嘗息，如所謂太極者，不動之妙是也，故曰「知此無待」也。學士有能一日參透這箇大常不變的真人，則心等太無，萬物俱寂，上焉而不見其有天，下焉而不見其有地，内焉而不見其有我，外焉而不見其有人。

有時者氣，彼非氣者，未嘗有晝夜。有方者形，彼非形者，未嘗有南北。何謂非氣？氣之所自生者，如摇箑得風。彼未摇時，非風之氣；彼已摇時，即名爲氣。何謂非形？形之所自生者，如鑽木得火。彼未鑽時，非火之形；彼已鑽時，即名爲形。

天氣運動而有寒熱温涼，四時成焉。地形鎮静而有東西南北，四方定焉。而其中有一非氣非形者，則無寒暑晝夜，無南北東西，而爲形氣之主也。然氣之與形，自無而有，譬如摇箑得風，彼未摇時無風，而氣本有，摇動風生而氣成矣。又如鑽木取火，彼未鑽時無形，而火本有，鑽動火生而形著矣。

寒暑温涼之變，如瓦石之類。置之火即熱，置之水即寒；呵之即温，吹之即涼。特因外物而有去來，而彼瓦石無去無來。譬如水中之影，有去有來，所謂水者，無去無來。

天地之間，寒暑温涼之變皆漸也。自寒而漸温，温漸熱，熱極漸涼，涼漸寒，寒而暑，暑而寒，如環無端，特陰陽二氣變化於其間，而天地何嘗寒熱温涼也？譬如瓦石，置之火即熱，置之水即寒，乃水火之寒熱，而瓦石何嘗寒熱也？又如人身之氣，呵之即温，吹之即涼，呵出於心，心屬火也，吹出於腎，腎屬水也，乃心腎之温涼，而氣何嘗温涼？故曰「特因外物有去來」也。譬如水中之影，物至則有，物去則空，乃物之去來而水無去來也。

衣搖空得風，氣嘘物得水。水注水即鳴，石擊石即光。知此説者，風雨雷電皆緣氣而生，而氣緣心生。猶如内想大火，久之覺熱；内想大水，久之覺寒。知此説者，天地之德可以同之。

空，虚也，惟虚所以生氣搖動也。鼓動所以風生，升而爲雲，降而爲雨，在地爲水，皆一氣也。故知水者氣之化，以氣嘘物，所以水生也。水注水，衝激，所以有聲也。石擊石，剛摩，所以有火也。達斯理者，風雨雷電皆可爲之，蓋以風雨雷電亦一氣所化也。然吾之氣與天地之氣，一氣也。而氣生於心，心之所之，氣亦隨之，以氣會氣，故風雨可以我作，雷電可以我召也。竊以吾心驗之，如内想大水，久之覺寒，所以知寒熱不但天地有之，吾身亦可作也。由是知之，吾身之中自有天地，心氣之中自有風雨、雷電、寒熱，是知吾身與天地合其德，與神明同其功也。

五雲之變，可以卜當年之豐歉；八風之朝，可以卜當年之吉凶。是知休咎災祥，一氣之運耳。渾人我，同天地，而彼私智認而已之。

占家於八節之朝，觀五色之雲，則知其年之豐歉也；察八方之風，則知人民之吉凶也。天之有知於兹見矣。天時變於上，人事應於下，毫忽不爽，天之有德於兹見矣。咦！歲有豐歉，人有吉凶，休咎災祥，而天預知，垂象以警人，而人迷不知悟，猶不省躬悔過，以答天心，而反恣情縱欲，利己損人，宜乎災咎隨之矣。由是知之，而人之休咎災祥，特天地一氣之運而無私耳。如其妄情認之，分别人我者，乃自私無知之愚民，豈知天地大化之仁哉？

天地寓，萬物寓，我寓，道寓。苟離於寓，道亦不立。

寓者，暫寄而已，喻其不能久之意也。以道觀之，天地亦瞬息間耳，何況人物乎！然人與物暫寄於天地中，天地暫寄於太虚中，而道又暫寄之於人物也。或曰然則天地假、萬物假、人假，一切盡是虚假，道是强名而道亦假，然道又焉在？曰道無在而無所不在。然此道雖不可着在此寓，亦不可離於此寓，苟離于寓，道亦不立，白紫清云，似是而非，除却自身，安在何處是也。

文始經釋辭卷之二

文始經釋辭卷之三

三極篇 極者，尊聖人也。凡二十七章〔一〕。

聖人之治天下，不我賢愚，故因人之賢而賢之，因人之愚而愚之；不我是非，故因事之是而是之，因事之非而非之。知古今之大同，故或先古，或先今；知内外之大同，故或先内，或先外。天下之物，無得以累之，故本之以謙；天下之物，無得以外之，故含之以虚；天下之物，無得以難之，故行之以易；天下之物，無得以窒之，故變之以權。以此中天下，可以制禮；以此和天下，可以作樂；以此公天下，可以理財；以此周天下，可以禦侮；以此因天下，可以立法；以此觀天下，可以制器。聖人不以一己治天下，而以天下治天下，天下

〔一〕「凡二十七章」，實爲二十六章。與文始經言外旨、關尹子闡玄、文始真經注三本相較，缺經文「世之愚拙者，妄援聖人之愚拙自解」一條及其釋辭。

歸功於聖人，聖人任功於天下，所以堯舜禹湯之治天下，天下皆曰自然。

昔者聖王治天下，不擇賢愚，不見是非，因人之賢而賢之，因人之愚而愚之，因事之是而是之，因事之非而非之，聖人何嘗有心於賢愚、是非哉？聖人知古猶今也，後之視今亦猶今之視古，今古異而理同，故曰「大同」也。聖人知内猶外也，内以脩身，外以治國，内外異而心同，故曰「大同」也。天下之物，所以不能累聖人之心者，蓋其以謙卑爲本也。天下之物，所以不外聖人之意者，蓋其以虚静爲業也。天下之物，所以不難聖人之得者，蓋其以易簡爲行也。天下之物，所以不能窒聖人之情者，蓋其以變通爲權也。然聖人以大公至正之心，振謙虚易權之德，而通天下之志，應天下之變，此聖人之常道也。以此道而制禮，故天下得其中；以此道而作樂，故天下得其和；以此道而理財，故天下得其公；以此道而禦侮，故天下得其周；以此道而立法，故天下得其因；以此道而制器，故天下得其觀。故知聖王治天下，以天下之心爲心，而無一毫人欲私智損益於事物之間而加諸天下。蓋其以天下治天下，是以天下皆服聖王謙虚易權之德而從其化，故天下歸功於聖人，而聖人不自以爲功，不自以爲德，而反任功於天下，此二帝三王以道化民之術，功成事遂，天下皆曰自然也。

天無不覆，有生有殺，而天無愛惡；日無不照，有妍有醜，而日無厚薄。

天有普化之仁，無物不覆，而其有生有殺者，乃物數自然耳，而天何嘗有好生惡殺而加諸物哉？日有普照之德，而其有妍有醜者，乃物形自然耳，而日何嘗有厚妍薄醜以私其物哉？聖人之待天下亦若是矣。

聖人之道天命，非聖人能自道；聖人之德時符，非聖人能自德；聖人之事人爲，非聖人能自事。是以聖人不有道，不有德，不有事。

聖人無我，我尚非有，復有何道、何德、何事哉？是故聖人之於道也，當脩即脩，若天命之流行，有道無道，聖人所不知也。聖人之於德也，當行即行，若時序之符合，有德無德，聖人所不有也。聖人之於事也，當爲即爲，因人有爲而爲之，有事無事，聖人所不見也。是以聖人不有道，故不無道；不有德，故不無德；不有事，故不無事。

聖人知我無我，故同之以仁；知事無我，故權之以義；知心無我，故戒之以禮；知識無我，故照之以智；知言無我，故守之以信。

聖凡之分，公私而已矣。公則無我而忘物，私則有我而徇物也。聖人知我無我，則無所不愛，故同之以仁。仁，無私也。聖人知事無我，則無所不宜，故權之以義。義，無偏也。聖人知心無我，則無所不序，故戒之以禮。禮，無亂也。聖人知識無我，則無所不通，故照之以智。智，無昧也。聖人知言無我，則無所不實，故守之以信。

信，無僞也。凡人則反是矣。

聖人之道，或以仁爲仁，或以義爲仁，或以禮、以智、以信爲仁。仁義禮智信，各兼五者，聖人一之不膠，天下名之不得。

大哉！聖人之德化矣，而無所不仁。仁者，渾然與物同體，義禮智信皆仁也，故或以仁爲仁，或以義爲仁，或以禮、以智、以信爲仁者。然聖人因事制宜，其德自彰，何嘗容心於是哉？蓋仁者，五常之首，百行之原，程子所以教人必先識仁。學者若識得這箇仁字的真頭面，如陽春發生，和氣融融，則無所不愛、無所不慈矣。仁義禮智信，聖人順其自然，錯綜用之而無執，故曰「一之不膠」。當仁即仁，當義即義，當禮智信即禮智信，應變無方，何可得而名狀？故曰「名之不得」。

勿以行觀聖人，道無蹟；勿以言觀聖人，道無言；勿以能觀聖人，道無爲；勿以貌觀聖人，道無形。

道無蹟、無言、無爲、無形，何從而求之？曰當求於聖人。善求聖人者，不求之於行，不求之於言，不求之於能，不求之於貌，而求之於心。蓋以聖人之心無蹟、無言、無爲、無形故也。或曰然則聖人之行言能貌，豈非爲乎？曰聖人以當行者行之，當言者言之，當能者能之，當爲者爲之，一切出之於無心，以任其自然，聖人何嘗有行、有言、有能、有爲哉?

行雖至卓,不離高下;言雖至工,不離是非;能雖至神,不離巧拙;貌雖至殊,不離妍醜。聖人假此以示天下,天下冥此,乃見聖人。

人惟知聖人之道在夫言行能貌之間,盡心力以求之,而不知聖人之言行能貌乃應事接物之迹耳。故云「行雖至卓,不離高下;言雖至工,不離是非;能雖至神,不離巧拙;貌雖至殊,不離妍醜」。是以聖人順理忘情,故無高下,無是非,無巧拙,無妍醜,故知言行能貌非聖人之常,不得已假此以詔天下耳。善學聖人者,當於言行能貌之外冥心參求,以法其自然,庶幾入室登堂,覿見聖人真頭面矣。

聖人師蜂立君臣,師蜘蛛立網罟,師拱鼠制禮,師戰蟻制兵。衆人師賢人,賢人師聖人,聖人師萬物。惟聖人同物,所以無我。

聖人仰觀俯察,通照物情,取萬物之宜,師萬物之善,以立人極,而爲萬代大宗師也。師蜂蟻有尊卑而立君臣,師蜘蛛羅網而爲網罟,師鼠拱爪而制禮,師蟻戰陣以制兵,此聖人能師萬物之善也。是故衆人無知者也,師賢人之才德;賢人執德者也,師聖人之裁化;聖人無爲者也,師萬物之自然。故知聖人道參太極,與造化同斡旋,與萬物同其善,吾而今而後知聖人爲無我。

聖人曰道，觀天地人物皆吾道。倡和之，始終之，青黃之，翼卵之。不愛道，不棄物；不尊君子，不賤小人。賢人曰物，物物不同，旦旦去之，旦旦與之，長之短之，直之方之，是爲物易者也。殊不知聖人鄙雜厠、别分居，所以爲人，不以此爲己。

觀夫聖人待物，始知聖人之道法自然也。天地之間一切事物，聖人以情順之而無心。其事倡者倡之，聲和者和之，事始始之，事終終之，色青青之，色黃黃之，物翼翼之，物卵卵之，不以道爲貴而愛之，不以物爲賤而棄之，一切自然無所分别，此聖人道觀天地萬物也。若賢人則不然，一切人物皆執之，分别其善惡，所以物物不同，盡日之中，有不肖不善必去之，賢者善者必與之，而其短之長之，直之方之，未免於有心而格之，故爲物之所易也。殊不知聖人視一切塵事外物如雜穢，以厠貯之於别處，恐污吾之清静之堂矣。然後始知聖人應事接物皆出於不已而爲人，未嘗以此而爲己也。

聖人之於衆人，飲食衣服同也，屋宇舟車同也，貴賤貧富同也。衆人每同聖人，聖人每同衆人。彼仰其高，侈其大者，其然乎？其不然乎？

聖人飲食、衣服、屋宇、舟車既與人同，富貴貧賤不與人異，衆人妄以聖人爲高而仰慕之，以聖人爲大而富侈之，是乎非乎？曰聖人所以異於衆人者，不自貴而傲人，不自富而慢人，不自大而驕人，不自矜而誇人，不自大故能成其大，宜乎衆人仰其高、侈其大矣。

魚欲異群魚，捨水躍岸即死；虎欲異群虎，捨山入市即擒。聖人不異衆人，特物不能拘耳。

人當守常，不可詭異，其若詭異反常而爲不經之事者，必有喪身之禍矣。水者，魚之常也；山者，虎之常也；聖人者，人倫之常也。夫魚離水出陸即死，虎棄山入市即擒，失其常也。此譬人詭異反常，災必及身，是故聖人不異於衆人者，飲食衣服同也，動静語默同也，是非得失同也。或曰聖人豈有是非得失哉？曰聖人之於是非得失者，因人之是而是之，因人之非而非之，因人之得而得之，因人之失而失之，一切付之於自然，所以事物莫能拘之耳。

道無作，以道應世者，是事非道；道無方，以道寓物者，是物非道。聖人竟不能出道以示人。

人皆知聖人應世盡善爲道，殊不知道無作無爲也，然則聖人作爲應世者，是事非道也。人皆知聖人處物盡美爲道，殊不知道無形無方也，然則聖人體道方物者，是物非道也。或曰然則志道之士，何從而趍向之，何從而體認之？曰道甚微奥，至深難窮，恍惚杳冥，元無兆朕，何可趍向？何可體認？非惟吾不能示子以道，雖聖人亦不能出道以示人也。

如鍾鍾然，如鍾鼓然，聖人之言則然；如車車然，如車舟然，聖人之行則然。惟莫能名，所以退天下之言；惟莫能知，所以奪天下之智。

聖人之於言也，如鍾如鼓，扣之則鳴，而不自鳴也；聖人之於行也，如車如舟，駕之則行，而不自行也。盖以聖人知道無言無行，惟其無言，故天下莫能名，所以退天下之言；惟其無行，故天下莫能知，所以奪天下之智也。

蝍蛆食蛇，蛇食鼃，鼃食蝍蛆，互相食也。聖人之言亦然，言有無之弊，又言非有非無之弊，又言去非有非無之弊，言之如引鋸然。惟善聖者不留一言。

蝍蛆蛇鼃，互相吞食，喻聖人之言圓活之意也。或言此道如造化，萬物自無生有，自有歸無，聖人則言弊矣。不可着之於有，不可失之於無，則無有無之弊矣。或言此道非有非無，聖人則言弊矣。若以爲非有而無中有靈，若以爲非無而有中無象，如是則無非有非無之弊矣。或言此道無中有、有中無，聖人則言弊矣，猶未離其有無也，豈不聞同出而異名之言乎？悉去之，有無俱不立則去非有非無之弊矣。咦！聖人之言若是，圓活往來如引鋸，不滯於一邊。盖其知得道本無言，有何可說？故云「善聖者不留一言」，釋云「無法可說，是名真說法」。

若龍若蛟，若蛇若龜，若魚若蛤，龍皆能之。蛟，蛟而已，不能爲龍，亦不能爲蛇，爲龜，爲魚，爲蛤。聖人龍之，賢人蛟之。

聖人應變無方，如龍之靈，能大能小，能屈能伸，能隱能現，能潛能飛，變化莫測，故曰「聖人龍之」。蛟肖龍，無角，喻賢人雖似聖人，然其擇善固執，其德未化，故曰「賢人蛟之」。言蛟雖不能如龍之變化，其亦不如蛇、龜、魚、蛤之蠢然也。若蛇、若龜、若魚、若蛤之類，喻衆人又不能如賢人之希聖也。

在物無居，形物自著。其動若水，其靜若鏡，其應若響。芒乎若亡，寂乎若清。同焉者和，得焉者失。未嘗先人，而嘗隨人。

聖人情不逐物，心常清静，故曰「在物無居」。道理自静中出，故一切事物自然隱藏不得，故曰「形物自著」。聖人之心，動則如水之流，不舍晝夜；静則虛以待之，如鏡之明。其應物也，感之則通，如谷應響。芒芴兮若亡若有，岑寂兮常静常清，混濁世兮何嘗有我，心退怯兮不敢爲先，迫我兮隨人隨物，物過兮依舊青天。

渾兮洋兮？遊乎太初。時金己，時玉己，時糞己，時土己。時翔物，時逐物，時山物，時淵物。端乎權乎？狂乎愚乎？

道無定體，所以渾淪運轉；道無方所，所以浩蕩無涯。蓋言聖人之道渾厚寬大，純純樸樸，敦敦實實，而遊于世，誠哉大古之民也！聖人之在廊廟，則行廊廟之事。時金時玉，言富貴也。聖人之在畎畝，則行畎畝之事。時糞時土，言貧賤也。此言聖人之窮通也。時翔物，動其所當動也；時逐物，行其所當行也；時山物，止其所當止也；時淵物，静其所當静也。此言聖人行止動静也，於此足知聖人不以富貴貧賤二其心，動静有端，行止有權。時物不能拘，所以如狂也；時人莫能識，所以如愚也。

人有善琴者，有悲心，則聲悽悽然；有思心，則聲遲遲然；有怨心，則聲回回然；有慕心，則聲裴裴然。所以悲思怨慕者，非手非竹，非絲非桐。得之心，符之手；得之手，符之物。人有道者，莫不中道。

琴聲中有悲思怨慕之音，豈絲桐有哉？係人心感之耳。然人心有是情則有是應，神手俱運，物之所以符也。其心悲者，則其聲若悽悽然而愴也。其心思者，則其聲若遲遲然而憶也。其心怨者，則其聲若回回然而數也。其心慕者，則其聲若裴裴然而長也。故知悲思怨慕之音不在絲桐，在人之心中耳。心爲主，手爲用，物爲應，發之於心，自然應之於手，而物安得不契也？噫！以無情之絲桐尚能感發人之心意，何況學聖人之道？虚心無爲，豈有不感通者哉？故知有道之士，一舉心，一動念，如箭中的，自然感鬼神，動天地，調陰陽，利萬物，扶道教，澤生民，與道玄合也。

聖人有言、有爲、有思者，所以同乎人；以未嘗言、未嘗爲、未嘗思者，所以異乎人。

堯舜與人同耳，其亦有言而言必中節，其亦有爲而爲必中道，其亦有思而慮必中理。其迹雖與人同，其心則與人異。聖人所以異於人者，時然後言，雖終日言未嘗言；順理而爲，雖終日爲未嘗爲；動静思道，雖終日思未嘗思。

利害心愈明，則親不睦；賢愚心愈明，則友不交；是非心愈明，則事不成；好醜心愈明，則物不契。是以聖人皆渾之。

一切利害計較、賢愚分别、是非人我、好醜愛惡之心，皆妄心俗情也。聖人以道爲心，則無是情矣。六親所當愛也，若以利害而計較之，則六親怨而不睦矣。朋友所當信也，若以賢愚而分别之，則朋友疎而不交矣。人事所當爲也，若以是非而人我之，則人疑而事不成矣。萬物所當理也，若以好醜而愛惡之，則物去而不契矣。惟聖人以無心爲心，以輔萬物之自然，而其利者自利，害者自害，賢者自賢，愚者自愚，是者自是，非者自非，好者自好，醜者自醜。其來干我，仁義忠信以告之，大公至正以處之，一切而無所分别，則人自正，物自化，六親則無不和，朋友則無不信，事無有不成，物無有不契。此聖人與天下渾其心，故無利害、賢愚、是非、好醜之見也。

以聖師聖者賢人，以賢師聖者聖人。 蓋以聖師聖者，徇跡而忘道；以賢師聖者，反跡而合道。

聖人無爲自然，賢人才德出衆。 聖人無爲而無不爲，所以無跡；賢人爲之而有以爲，所以有跡。 若是聖則以聖師之，若是賢則以賢視之。 蓋其有所分別，執之不化，徇跡而忘道也。 聖人則不然，聖則不知其爲聖，賢亦不知其爲賢，不執着、不分別，大而化之，返跡以合道也。

賢人趍上而不見下，衆人趍下而不見上。 聖人通乎上下，惟其宜之。 豈曰離賢人衆人，別有聖人者哉！

賢人好德，樂善不倦，而日趍於高明，心無邪妄而不欺不詐，故曰「賢人趍上而不見下」。 衆人好利，貪得無厭，而日趍於昏昧，心不忠信而無德無仁，故曰「衆人趍下而不見上」。 聖人以無心爲心，故能通上下之情，有德德之，有善善之，好而好之，惡而惡之，當喜喜之，當怒怒之。 惟知有正，任物情之自然，故無所不宜也，由是而知聖人之情不繫於心，而繫於物矣。 咦！ 無衆人則不足以見賢人，無賢人則不足以知聖人，豈可離人道而別有一種聖人哉！

天下之理，夫者唱，婦者隨；牡者馳，牝者逐；雄者鳴，雌者應。 是以聖人制言行，而賢人抱之。

天下之理，先感而後應。夫唱於前而婦隨於後，牡馳於前而牝逐於後，雄鳴於上而雌應於下，感應之機，自然而然也。言行者，君子樞機榮辱之主，是以聖人教人於言必謹，於行必慎，故無淫詖險詐之辭、放僻邪侈之行。故知聖人制作通萬世而無弊，是以賢人懷而述之，以詔天下後世也。

聖人道雖虎變，事則鱉行；道雖絲棼，事則棊布。

聖人之於道也必敏，莊嚴如虎之威，精進如虎之捷，言行煥然如虎之文章，可剛可柔如虎之變動。聖人之於塵事也必懶，若跛鱉之行，遲留不進。聖人之於人道也必爲，雖然千頭萬緒，紛紛紜紜，如絲之棼，聖人以自然爲棊枰，通變爲棊子，而着着有法，井井不亂，則千頭萬緒者不解自散。

所謂聖人之道者，胡然孑孑爾，胡然徹徹爾，胡然堂堂爾，胡然臧臧爾。惟其能偏偶萬物，而無一物能偶之，故能貴萬物。

大哉聖人之道！孑孑然獨立而無匹，徹徹然虚明而通靈，堂堂然廣大而中正，臧臧然至善而盡美，有諸中而形諸外。盖以聖人之心平等無礙，故能遍偶萬物而通天下之情，利天下之物，終無有一物能契聖人之心，能偶聖人之志，成聖人之能，盡聖人之道，故知聖人不世出，所以爲天下貴。雲之卷舒，禽之飛翔，皆在虛空中，所以變化不窮。聖人之道則然。

聖人遊於世也，洒落優游，逍遥自得，釋然超脱塵垢之外，涣然解散是非之場，徜徉徉，磊磊落落。如雲霞在虛空中，舒之則徧滿六虛，卷之則寂滅無有，一切境物掛他不住，礙他不得。又如禽鳥飛騰於虛空中，四方上下，盡已翱翔，無能礙之之者。

文始經釋辭卷之三

文始經釋辭卷之四

四符篇

符者，精神魂魄也。凡十七章。

水可析可合，無人也；火因膏因薪，無我也。故耳蔽，前後皆可聞，無人；崇智，無人；一奇，無人；冬凋秋物，無人；黑不可變，無人；北壽，無人，皆精。舌即齒牙成言，無我；禮卑，無我；二偶，無我；夏因春物，無我；赤可變，無我；南夭，無我，皆神。以精無人，故米去殼則精存；以神無我，故鬼憑物則神見。全精者，忘是非，忘得失，在此非彼；抱神者，時晦明，時强弱，在彼非此。

一水可分爲萬水，萬水可合爲一水，故曰「可析可合」也。無人，一也。火本無體，必待膏待薪而後立，故曰「因膏因薪」也。無我，二也。耳蔽，前後皆可聞，耳者，腎之竅，腎屬水，水者，天一所生也；崇者，大也，智亦屬水，大而無匹，一也；奇陽之畫，一也；冬凋秋物歸根，一也；黑水之色，其色至黑則不變，一也；北坎之方，壽爲生，一也。「皆精」，言皆水之屬也。舌即齒牙成言，舌者，心之苗，心屬火，火者，地二所化也；禮亦屬火，卑小也，卑而尊人，二也；偶陰之畫，二也；夏因春物而長，二也；赤火之色，色赤可變，二也；南離之方，夭爲化，二也。「皆神」，言皆火之屬也。米有殼，二也，去殼則精存，一也。鬼無形，一也，其必附物，二也。全精者，所以忘是非，忘得失，以其在我而非彼，一也。抱神者，所以時晦則晦，時明則明，時强則强，時弱則弱，以其在物不在己，一也。

精神，水火也。五行互生滅之，其來無首，其去無尾。則吾之精，一滴無存亡爾；吾之神，一欻無起滅爾。惟無我無人，無首無尾，所以與天地冥。

在道爲陰陽，在天爲日月，在地爲水火，在人爲精神，其本一也。譬如五行互相生滅，而金生水，水生木，木生火，火生土，土生金，互生也；金剋木，木剋土，土剋水，水剋火，火剋金，互滅也。故知五行生剋之理，其來無首，其去無尾。類而推之，則吾之精神未嘗有一滴存亡，未嘗有一欻起滅。惟大人者，离四相，絶百非，無人無我，無起無滅，無去無來，無首無尾，故能與道玄合，則本性不移，超然於不生不滅之鄉，返還象帝之先矣。

精者水，魄者金，神者火，魂者木。精主水，魄主金，金生水，故精者魄藏之；神主火，

魂主木，木生火，故神者魂藏之。惟火之爲物，能鎔金而銷之，能燔木而燒之，所以冥魂魄。惟精在天爲寒，在地爲水，在人爲精；神在天爲熱，在地爲火，在人爲神；魄在天爲燥，在地爲金，在人爲魄；魂在天爲風，在地爲木，在人爲魂。惟以我之精，合天地萬物之精，譬如萬水可合爲一水；以我之神，合天地萬物之神，譬如萬火可合爲一火。以我之魄，合天地萬物之魄，譬如金之爲物，可合異金而鎔之爲一金；以我之魂，合天地萬物之魂，譬如木之爲物，可接異木而生之爲一木。則天地萬物皆吾精、吾神、吾魂、吾魄，何者生？何者死？

精水魄金，陰之屬也；神火魂木，陽之屬也。金本生水，而言魄藏於精者，母隱子胎也；木本生火，而言魂藏神者，母藏子胞也。魂魄東西，精神南北，木金間隔，水火相違，不能相濟。惟人之元神乃法身中真火，能化無形真土，在人謂之真意，其能陶鍊五行。故知火之爲物，能鎔金而銷之爲水，能燔木而燒之爲火。制魂鍊魄，聚氣凝神，會水火以相濟，合金木以交併者，實資神火真土之功。丹法始終全籍火候者，此也。故知天地之寒熱水火，皆吾精吾神也；天地之燥風金木，皆吾魂吾魄也。然以吾之精合天地萬物之精爲一精，譬如萬水可合爲一水而不間其清也；以我之神合天地萬物之神爲一神，譬如萬火可合爲一火而不間其明也；以我之魄合天地萬物之魄爲一魄，譬如萬金可鎔合爲一金而不問其堅也；以我之魂合天地萬物之魂爲一魂，譬如異木可接生爲一木而不問其森也。然則天地萬物之水火金木，皆吾身精神魂魄之屬，何者物？何者我？何者死？何者生？

五行之運，因精有魂，因魂有神，因神有意，因意有魄，因魄有精。五者回環不已，所以我之僞心流轉造化，幾億萬歲未有窮極。然根核相生，不知其幾萬株，天地雖大，不能芽空中之核；雌卵相生，不知其幾萬禽，陰陽雖妙，不能卵無雄之雌。惟其來干我者，皆攝之一息，則變物爲我，無物非我。所謂五行者，孰能變之？

五行之氣運而相生，人之五神亦然。因精有魂，水生木也；因魂有神，木生火也；因神有意，火生土也；因意有魄，土生金也；因魄有精，金生水也。五者循環，生生不已，此造化之妙，其來無始，其去無終也。僞心者，識也。人有此識，所以生出情想思憶，輾轉纏縛，六氣之邪得以乘之，而有衰老病苦，輪迴於四生六道之中，幾億萬載無有出期矣。譬如根核相生，不知其億萬株；雌卵相生，不知其幾萬禽。彼空中之核，無雄之卵，雖天地之大，陰陽之妙，胡爲乎而不芽不生哉？爲其無陽之故耳。由是知之，凡物之來干我，皆當以無心而接之，無心爲心者，真意恒存，變識爲智，變物爲我，故知太虛中無一物而非我，而其所謂五行之運者，其能變而化之哉！

衆人以魄攝魂者，金有餘則木不足也；聖人以魂運魄者，木有餘則金不足也。蓋魄之藏，魂俱之；魂之遊，魄因之。魂晝寓目，魄夜舍肝。寓目能見，舍肝能夢。見者魂，無分別，析之者分別。析之曰天地者，魂狃習也。夢者魄，無分別，析之者分別。析之曰彼我者，魄狃習也。火生土，故神生意；土生金，故意生魄。神之所動，不名神，名意；意之所動，不名意，名魄。惟聖人知我無我，知物無物，皆因思慮計之而有。是以萬物之來，我皆對之以性，而不對之以心。性者，心未萌也。無心則無意矣，蓋無火則無土；無意則無魄矣，蓋無土則無金。一者不存，五者皆廢。既能渾天地萬物以爲魂，斯能渾天地萬物以爲魄。凡造化所妙皆吾魂，凡造化所有皆吾魄，則無有一物可役吾者。

衆人以魄攝魂者，金有餘而木不足，縱情昧性也；聖人以魂運魄者，木有餘而金不足，以性制情也。魄之藏，魂俱之者，情滅而性現也；魂之遊，魄因之者，性昧而情熾也。魂爲陽，所以晝見於目；魄爲陰，所以夜舍於肝，各從其類也。人之見之夢，初無分別，蓋因有此識神則有此分別矣，故知其所以分別之者，皆識神狃習我之魂魄而成也。神生意，火生土也；意生魄，土生金也。故知神動爲意，意動爲情，情者魄之屬，是以聖人極言制情也。是故聖人知我無我，知物無物，特因妄意思慮計之而有，是以物我兩忘，一切處無心，無心則無意，無意則無魄，又何情妄之有也？是以萬物之來干我，皆對之以性，而不對之以心者，此也。性者，心未萌也。一念不生，萬緣俱寂，則二氣五行不知所在矣。既能渾其心，以無形無名、難見難聞者以爲陽而爲吾之魂，則此有形有名、可見可聞者以爲陰而爲吾之魄也。由是知之，凡造化所妙微不可見者皆吾陽，凡造化所有可見可聞者皆吾陰，吾皆以性而攝持之，則無一物能役之，陰陽豈能陶鑄我哉？

鬼云爲魂，鬼白爲魄，於文則然。鬼者，人死所變。云者風，風者木；白者氣，氣者金。風散故輕清，輕清者上天；金堅故重濁，重濁者入地。輕清者，魄從魂升；重濁者，魂從魄降。有以仁升者，爲木星佐；有以義升者，爲金星佐；有以禮升者，爲火星佐；有以智升者，爲水星佐；有以信升者，爲土星佐。有以不仁沉者，木賊之；不義沉者，金賊之；不禮沉者，火賊之；不智沉者，水賊之；不信沉者，土賊之。魂魄半之，則在人間。升魂爲貴，降魄爲賤；靈魂爲賢，厲鬼爲愚；輕魂爲明，重魄爲暗；揚魂爲羽，鈍魄爲毛；明魂爲神，幽魄爲鬼。其形其居，其識其好，皆以五行契之。惟五行之數，參差不一，所以萬物之多，盈天地間猶未已也。以五事歸五行，以五行作五蟲，可勝言哉？譬如兆龜蓍數，至誠自契，五行應之。誠苟不至，兆之數之，無一應者。聖人假物以遊世，五行不得不對。

云鬼爲魂，云爲風，風者木，木爲魂也。白鬼爲魄，白者氣，氣者金，金爲魄也。風以散之，其氣輕清，故上升於天；金以堅之，其氣重濁，故下降於地，以類相從也。輕清爲陽，陽盛者，陰魄隨化而升，所以仙也。重濁爲陰，陰勝者，陽魂亦隨化而降，所以爲鬼也。人有五常之德者，化而升之而爲五星之佐也。反五常而亂者，化而沉之而爲五賊之屬也，故知陰陽善惡皆由人心所自化耳。輕清氣也，重濁形也，清濁混，陰陽均，則在中界而爲人也。人道喜陽而惡陰，所以貴魂賤魄也。陽氣清明故爲賢人也，陰氣昏暗故爲愚人也。陽魂輕清故聰明，陰魄重濁故愚闇。類而推之，禽飛於上，其體輕揚，禽爲陽也；獸走於下，其體蠢重，獸爲陰也。升於明者爲神，反於幽者爲鬼。噫！其形、其居、其生、其化，五行之氣輒與暗合，雖然有胎卵濕化參差之不同，而繁生滋蔓盈於天地間，生生化化而無窮也。人有五識而生，五事各歸其五行，隨其想識而化爲其類，種種不同，可勝言哉！譬如兆龜蓍數，至誠應之，誠苟不至，彼亦不應。卜筮者，聖人假此有常，以誠感之，神明不得不對，從事於道而不悟者，誠之不至也。

三者具有魂。魂者識，目者精，色者神。見之者爲魂，耳口鼻心之類。在此生者，一爲父，故受氣於父，氣爲水；二爲母，故受血於母，血爲火。有父有母，彼生生矣。惟其愛之無識，如鑠之交；觀之無識，如燈之照。吾識不萠，吾生何有？

三者，根塵識也。眼耳鼻口心，謂之根也。色聲香味法，謂之塵也。觀聽嗅言思，謂之識也。目者精，精主根；色者神，神主塵；即物而知見者識。三者具而有魂，謂之魂識是也。耳鼻口心之根塵識皆然。故知父之愛生於精，母之觀生於神也。愛爲水，出於腎也；觀爲火，出於心也。水者，氣也；火者，血也。一者，陽數，人之氣得父之精也；二者，陰數，人之形得母之血也。父精母血交而識存於其中，所以生生不窮矣。惟其愛之無識如鎖之交，則精不耗而化氣矣；觀之無識如燈之照，則神不漏而還虛矣。故知識之害也甚大，學不去識可乎？識不萌則心不生，又何情妄之有也？

如桴扣鼓，鼓之形者，我之有也；鼓之聲者，我之感也。桴已往矣，餘聲尚存，終亦不存而已。鼓之形如我之精，鼓之聲如我之神。其餘聲者，猶之魂魄。知夫倏往倏來，則五行之氣我何有哉？

精爲陰，吾之形，精之爲也；神爲陽，吾之靈，神之爲也。譬如以桴扣鼓，鼓之形猶我之精也；鼓之聲，猶我之靈也。而其餘聲尚有者，猶我之魂魄也。鼓之形固有者也，鼓之聲必桴而後有也，故知鼓不扣則聲不生，精不養則神不靈。扣鼓必以桴，桴亡而餘聲雖有，其終不能存也。不保精而集神者亦然。而其一切貪愛之心，乃伐精之斧斤也；一切嗔忿之心，喪神之戈矛也。知夫操之則存，捨之則亡，倏往倏來者，則五行之氣於我何有？其所有者，正如以桴扣鼓而有聲，其聲之存，特瞬息間耳。

夫果之有核，必待水火土三者具矣，然後相生不窮。三者不具，如大旱、大潦、大塊，皆不足以生物。精水、神火、意土本不交，惟人以根合之，故能於其中橫見有事。猶如術呪，能於至無見多有事。

物非陽不生，生物者神；物非陰不養，養物者精；物非土不成，土者成萬物之終始也。三者缺一則不足以生物，如大旱、大潦、大塊，物皆不茂也。三者畢具，然後相濟以相生。三者本不交，惟人以根交之。這箇根，造化之根也，在人身天地之正中，是性命根宗，造化淵源，實天地交界之所，陰陽混合之處，水火交媾之鄉，凝結聖胎之地，精神魂魄皆聚於此，此即根也。根者，我之真也，元性也，元神也。虛無自然，道所從出，故曰根也。人能知得這箇根源，則金丹之能事畢矣。譬如術士，於至無中以符呪而精鍊之，而能生出許多神異之事，蓋其誠之所至，而神不得不應，事不得不有也。無中生有，與造化同功，然非有道之士，孰能識而爲之？

魂者，木也。木根於冬水，而華於夏火。故人魂藏於夜精，而見於晝神。合乎精，故所見者我獨，蓋精未嘗有人；合乎神，故所見者我同，蓋神未嘗有我。

魂屬木，根於冬者，木生於水也；華於夏者，木生火也。人之魂藏於夜者，陰盛而陽不得不伏也；見於晝者，陽從陽故見也。所謂人者，晝出而夜伏是也。合乎精，精有體，所以見我；合乎神，神無方，所以無我。

知夫此身如夢中身，隨情所見者，可以飛神作我而游太清；知夫此物如夢中物，隨情所見者，可以凝精作物而駕八荒。是道也，能見精神而久生，能忘精神而超生。吸氣以養精，如金生水；吸風以養神，如木生火，所以假外以延精神。漱水以養精，精之所以不窮；摩火以養神，神之所以不窮，所以假内以延精神。若夫忘精神而超生者，吾嘗言之矣。

夢中身，夢中物，皆虛假無實。若知得此身爲虛假，真身非形，故可飛神謁帝，遨遊於太赤天太清之境。若知得此物虛假，本初無物，故可凝精作物，而乘駕於八紘八荒之外。能見精神而久生之道，先明玄關，繼知踵息，以虛静爲本，火藥爲用，煉精化氣，煉氣化神，煉神還虛，還在那精氣上作活計，軀殼裏作工夫。精氣者，陰陽之氣耳。陰陽猶得而陶鑄之，只與天地齊壽，此乃以神馭氣，玉液還丹，神仙之道也。能忘精神而超生之道，頓悟之法，蓋其悟得自心真空，故在忘之一字做工夫。忘形以養氣，忘氣以養神，忘神以養虛，至虛真妙，澹然無爲，而神氣自然變化於其中，故能超出形氣之表，其壽無量。此乃虛心鍊神，金液還丹，天仙之道也。吸氣者，納氣也；吸風者，納息也。吸氣以養精，金生水也；吸風以養神，木生火也。吸氣納息，假外以養精神，故足以延齡也。漱水，咽津也；摩火，按捺也。咽氣以養精水，按摩以養神。火行之不休，亦足以延齡，假内以養精神也。斯皆二乘之法，無非培養精神而已，非至道也，是以聖人罕言之。若夫忘精神而超生者，徹見本際，頓悟真常，聖人言之以詔仙學者。

人勤於禮者，神不外馳，可以集神；人勤於智者，精不外移，可以攝精；仁則陽而明，可以輕魂；義則陰而冥，可以御魄。

人常以禮自守者，此心常敬，意不外馳，故能集神也。人常以智自明者，此心常通，而精不耗，故能保精也。人常以仁自愛者，此心常公，公能生明，故可安魂也。人常以義自斷者，此心常決，剛能去惡，故可御魄也。

蜣螂轉丸，丸成精思之，而有蠉白者存，俄去殼而蟬。彼蜣不思，彼蠉奚白？

觀彼蜣螂，精思之時，委志丸中，念念相襲，一意不散，萬境全消，神入丸中，蠉白生焉，既而棄殼化蟬而去。蜣螂不思，蠉不生矣。竊知蜣螂精思，有神化氣變之妙，何異神丹胎仙之術？學者有能日夕存誠，精專不昧，一心内鍊，法蜣螂之精思，思真集靈，如蠉白之變化，以致玄珠生產，金丹返還，如蟬蛻殼，豈不偉哉？

庖人羹蟹，遺一足几上。蟹已羹，而遺足尚動。是生死者，一氣聚散爾。不生不死，而人横計生死。

庖人以蟹作羹，羹已熟矣，遺足於几，動猶不息者，氣未散也。由是知之，生死者特一氣之聚散，聚之則生，散之則死。殊不知有一物出入於生死之中，彼雖不生，其亦不死，而其所謂生死者，亦人横執妄計之耳。有死立者，有死坐者，有死卧者，有死病者，有死藥者，等死，無甲乙之殊。若知道之士，不見生，故不見死。

有立死者，有坐死者，人皆以爲坐蜕立化而爲仙也。有卧死者，有病死者，有藥死者，人皆以爲老病苦死也。以道論之，均之爲死，有何差殊？蓋其不識本來真耳。如若知之，明見之真，則不見其有生，亦不見其有死。

人有厭生死、超生死，皆是大患。譬如化人，若有厭生死心、超生死心，止名爲妖，不名爲道。

志道之士，若厭生死、超生死，皆是妄心。殊不知生死者，物之常，又何必厭？不明此理，妄萌超生死之心，則生死不可超，而反爲心之大患，謂之妖妄之流，而非知道之士也。

計生死者，或曰死已有，或曰死已無，或曰死已亦有亦無；或曰當幸者，或曰當懼者，或曰當任者，或曰當超者。愈變情識，馳騖不已。殊不知我之生死，如馬之手，牛之翼，本無有，復無無。譬如水火，雖犯水火，不能燒之，不能溺之。

或有閑計生死者，曰死去復生，無必有。或曰死則神魂升於天，體魄歸於地，其必化而無也。或曰生死者人之常，以生爲有，以死爲無，故曰「亦有亦無」也。或曰生順死安，死猶歸，當幸也。或曰死者，人倫之大變，當懼也。或曰有生必有死，有晝必有夜，天理之常，何足懼？當任也。或曰吾能未死先死，弘無生之心，又何死之有？當超也。數者皆人之情識妄計之耳。殊不知真我無生，又焉有死？豈心思智識所能計度哉！若以心思智識論辯之者，則心馳神奔，情識愈變愈論而愈不明，不知我之生死如馬之手、牛之翼，而馬牛豈有手有翼哉？極言不可以有無計生死也。蓋生死者，本無有，復無無，有何生之可貪？有何死之可懼？譬如以火犯火，豈能燒之？以水犯水，豈能溺之？會得此意，則生死之情可知矣。

文始經釋辭卷之四

文始經釋辭卷之五

五鑑篇鑑者，心也。凡十九章。

心蔽吉凶者，靈鬼攝之；心蔽男女者，淫鬼攝之；心蔽幽憂者，沉鬼攝之；心蔽逐放者，狂鬼攝之；心蔽盟詛者，奇鬼攝之。如是之鬼，或以陰爲身，或以幽爲身，或以風爲身，或以氣爲身，或以土偶爲身，或以彩畫爲身，或以老畜爲身，或以敗器爲身。彼以其精，此以其精，兩精相搏，則神應之。爲鬼所攝者，或解奇事，或解瑞事。其人傲然，不曰鬼于躬，惟曰道于躬。久之，或死木，或死金，或死繩，或死井。惟聖人能神神而不神于神，役萬物而執其機，可以會之，可以散之，可以禦之。日應萬事，其心寂然。

聖人以不神爲神，心常虛静，雖然日應萬事，其心泰然。衆人以神爲神，心常惑妄，所以蔽於事物，故陰鬼得以乘之而攝引也。易曰：「憧憧往來，朋從爾思。」然氣之在彼，感之在我，故知一切皆由自心之所攝引也。以吉凶障其心者，持久必與靈鬼相通也；女色障其心者，持久必與婬鬼相通也；憂思障其心者，持久必與沉鬼相通也；逐放障其心者，持久必與狂鬼相通也；呪詛障其心者，持久必與奇鬼相通也。鬼無形，其必附物爲體，或以陰，或以幽，或以風，或以氣，或以土偶，或以彩畫，或以老畜，或以敗器爲身也。蓋鬼者陰之靈，惟以精而附物，故曰「彼以其精，此以其精」也。兩精相搏而神異生，所以能攝引人也。鬼乃知來者，逆渠能知未來事也。爲鬼所攝者，或解奇異之事，或解祥瑞之事，或言吉凶之事，傲然自矜，以爲得道而生智慧，不知被鬼所攝引也。既而死於木，死於金，死於繩，死於井，惑而迷之，弗自覺耳。惟聖人以虛寂不神爲神，與造化同游，蓋其不着相、不落空，一念不起，虛靈恒存，以執其機，但凡一舉心、一動念，則鬼神洋洋乎如在左右而驅役之，故可以會風雲而爲晴雨，可以散灾沴而福生民，可以禁妖妄而正王化。雖然日親萬事，其心寂然，順理而爲，在事無事也。

無一心，五識並馳，心不可一；無虛心，五行皆具，心不可虛；無靜心，萬化密移，心不可靜。借能一則二偶之，借能虛則實滿之，借能靜則動搖之。惟聖人能斂萬有於一息，無有一物可役吾之明徹；散一息於萬有，無有一物可間吾之云爲。

有一則有二，有虛則有實，有靜則有動，一有所有，則五者並馳，而萬化密移於其中矣。聖人之心，渾然天理，如造化流行，不期而自一，不欲虛而自虛，不求靜而自靜。苟用力於一者則不一矣，欲虛則不虛矣，求靜愈不靜矣。是故聖人所謂一者，不有二也。所謂虛者，絶情妄也；所謂靜者，無動亂也。聖人所以能斂萬有於一息者，蓋其知得萬法皆空，是以頭頭放下，故無一物能役之也。聖人所以能散一息於萬有者，蓋其知得事事當爲，是以物來則應，故無一物能間之也。雖曰能斂能散，但物至則應，物過則息，聖人何嘗有斂、有散、有爲哉？然而聖人天縱明徹，無爲而無不爲，獨立而不改，所以周行而不殆也。

火千年，俄可滅；識千年，俄可去。

物我交，不生心生識。童時見物，皓首不忘，識之纏縛於人其固如此。此言火本無體，必待薪待脂而後傳；識本無有，必待事待物而後得。火燒千年，須臾滅而復熾；識記百載，頃刻忘而復起。言去識易，不續難也。

流者舟也，所以流之者，是水非舟；運者車也，所以運之者，是牛非車；思者心也，所以思之者，是意非心。不知所以然而然。故其來無從，其往無在。其來無從，其往無在，故能與天地本原，不古不今。

任事任物是心，念想事物是思，記憶事物是意。譬如見其流者是舟，無水舟能流乎？而其所以流者，是水非舟。見其運行是車，非牛車能運乎？而其所以運者，是牛非車。人惟知思出於心，若無記憶，其能思乎？此言人之思皆由記憶而有，妄情分别，起諸邪見，而生愛憎忻厭，利害是非，去來取捨。一切煩惱因之而起，輾轉纏縛，流浪生死，與道隔矣。故知心無記憶則思無根，莫知其所以然。其來無從，其往無在。其來無從者，謂未來事而無思；其往無在者，則過去事盡忘之矣。過去不思，未來不想，見在如如，則一真獨露，妙相堂堂，與天地本原並立，而爲肉身三世佛矣。有何思？有何想？有何古？有何今？有何過去？有何未來？

知心無物，則知物無物；知物無物，則知道無物；故不尊卓絶之行，不驚微妙之言。

憶昔吾爲赤子時，亦有心、亦有性，有識乎？無識乎？有物乎？無物乎？故知心無物矣。既知得吾心本原清静，物皆虚假，則知物無物矣。物既非有，道亦强名，則知道無物矣。道也者，無形可見，無聲可聽，無臭可聞，又何物之有也？言行者，聖人應事接物之迹也。而人見人有卓絶之行，則敬而尊之；聞人有微妙之語，則驚而異之。蓋其不能忘蹟合道，是以聖人不取之。

物我交心生，兩木摩火生。不可謂之在我，不可謂之在彼；不可謂之非我，不可謂之非彼。執而彼我則愚。

心本無心，感物而有，故曰「物我交心生」。古人以木鑽木得火，故曰「兩木摩火生」。天地萬物本吾一體，何物而非我哉？故曰「不可謂之在我，不可謂之在彼」。故知物即我，我即物，故曰「不可謂之非我，不可謂之非彼」。如若執之分別人我者，無知愚民也。

無恃爾所謂利害是非。爾所謂利害是非，果得利害是非之乎？聖人方且不識不知，而況於爾？

毋恃爾之私智，能利人，能害人，能是人，能非人也。然爾之所用利害是非之心，果能利人，是人乎？果能害人，非人乎？殊不利害心愈明則親不睦，是非心愈明則事不成。莫若利害雙忘，則六親自睦，是非俱泯，則人事和遂。是故聖人之於人事尚且不識，而況我輩乎？

夜之所夢，或長於夜，心無時。生於齊者，心之所見皆齊國也，既而之宋、之楚、之晉、之梁，心之所存各異，心無方。

人生迷惑不悟者，何異一大夢！如邯鄲之夢，一寒士也，片時間歷五十寒暑，由科第入仕，歷臺諫，位至三公，一時榮耀無比，既而得罪典刑，嚇然驚覺，依然寒士，而黄粱炊猶未熟。一頃之間，濟遇如是，夜之所夢長於夜，故知人之心無有定時也。又如生於齊者，所見所存皆齊也，既而之宋、之楚、之晉、之粱，各有所見所存，各亦不同，故知人之心無有定方也。觀夫今之得志迷惑而不聞道者，何異邯鄲夢中之事乎？嗟夫！人生如白駒過隙，數十年瞬息間耳，況且百憂攻心，萬事役形，盡日而搬樂飲酒，徹夜而貪婪荒婬，精竭神昏，病苦畢集，歲時虚度，老死忽然，神識昏迷，散落諸趣，不知來生又是何身。如斯之人行尸走肉，豈不悲哉？豈不痛哉？大丈夫功成事遂，須當及時跳出樊籠，超然物外，窮理盡性，以全天之與我者，安乎自然，頤真保和，豈不大快其身心也哉！

善弓者，師弓不師羿；善舟者，師舟不師奡；善心者，師心不師聖。

羿，堯臣，古之善射者也。奡，夏臣，力能陸地行舟者也。夫天下之理一而已，學射、學舟、學心，雖各所學不同，而其理則無不同矣。善學者求之於心而不求於聖也。故學必知之明，然後習之熟，行之篤，三者缺一非學也。盖理從静中求、誠中來、熟裏得也。熟自神，神自化，唯天下至誠爲能化。邵子云「精神一到，何事不成」？學至於化之之地，左右逢源，則頭頭是道，物物見心。盖以吾心有自得之師，故曰「師心不師〔一〕

〔一〕「師」，原作「思」，據經文改。

聖」也。釋云「聖人求心不求佛，愚人求佛不求心」是也。

是非好醜，成敗盈虛，造物者運矣，皆因私識執之而有。於是以無遺之，猶存；以非有非無遺之，猶存；無曰莫莫爾，無曰渾渾爾，猶存。譬如昔游再到，記憶宛然。此不可忘，不可遺。善去識者，變識爲智。變識爲智之説，爾知之乎？曰：想如思鬼心慄，思盗心怖。曰：識如認黍爲稷，認玉爲石，皆浮游罔象，無所底止。譬覩奇物，生奇物想，生奇物識。此想此識，根不在我。譬如今日，今日而已，至於來日，想識殊未可卜。及至來日，紛紛想識，皆緣有生。曰想曰識，譬犀望月，月形入角，特因識生，始有月形，而彼月形，初不在角。胸中之天地萬物亦然。知此説者，外不見物，内不見心。

是非之私，好醜之事，成敗之數，盈虛之理，有造物者主之，密運推移於其中，皆自然而然。而人妄以私智識之，執以爲有，於是以無遺之不得，但見其無形無象之中，有至切至真之妙，而非無也。於是以非有遺之不得，但見其無中有靈有精。復以非無遺之，而有中無形無象，無中有，有中無，愈遺而愈不得。然則奈何曰，本無有，復無無，漠漠然無朕爾，渾渾然無倫爾，莫知其所以然爾。此言着有、着無、着非有非無者，皆妄意想識而爲之梗，所以遺之不得也。豈不聞先達之言乎，放下便了，又安用遺？其所以不能遺之之者，譬如昔游再到，記憶宛然，所謂熟境難忘故耳。是故善遺識者，變識爲智。智者，變通之謂也。蓋以想識緣心而生，變通用之，任其自然，以無心爲心，則想識者塵，不遺自遺矣。譬如見奇物則生奇物想、奇物識，故知此想此識根在於物，不在我矣。變識爲智者，外不着境，内不起心，復有何物、何我、何想、何識哉？

物生於土，終變於土；事生於意，終變於意。知夫惟意，則俄是之，俄非之，俄善之，俄惡之。意有變，心無變；意有覺，心無覺。惟一我心，則意者塵往來爾，事者欻起滅爾。吾心有大常者存。

寂然是性，任物者心，分別者意，意識生而事興焉。善解紛者，解其生事之母。心者，意之母也。譬如物生於土，終變於土，而事生於意，終變於意也。若知得事生於意而意生於心，心不妄起，則一切是非善惡之情，從何而有？則意者，塵往來爾。而其須臾之是，須臾之非，須臾之善，須臾之惡，欻然起滅者，付之自然，我何干爾？蓋以吾心自有個不起不滅、不往不來、無是無非、無善無惡、真常而不變者存焉爾。

情生於心，心生於性。情，波也；心，流也；性，水也。來干我者，如石火頃。以性受之，則心不生，物浮浮然。

喜怒哀樂愛惡欲，情也。虛寂不神者，性也。而其生情役性者，心也。反情復性者，亦心也。是以聖賢言心者一身之主，有言盡其心，則知其性也；有言明其心，則見其性也。故知心者，性情樞機也。而其一切事物之來干我之頃，紛紛然若火之爍。我若概以心應之，擾其神，昧其性矣。盖以事物無窮，精神有限，以有限對無窮，殆哉！是以聖人教人以性受之，其心不生，雖然事物紛紜，浮浮然若遊雲過太虛耳。

賢愚真僞，有識者，有不識者。彼雖有賢愚，彼雖有真僞，而謂之賢愚真僞者，繫我之識。知夫皆識所成，故雖真者亦僞之。

人有賢愚，物有真僞。彼人雖有賢愚，彼物雖有真僞，若吾識不萌，則不知其賢與愚，亦不知其真與僞，故繫我之識也。若知得賢愚真僞皆識所成，吾識妄矣，僞既不是，真又何真，故真亦僞之。

心感物，不生心，生情；物交心，不生物，生識。物尚非真，何況於識！識尚非真，何況於情！而彼妄人於至無中執以爲有，於至變中執以爲常。一情認之，積爲萬情；萬情認之，積爲萬物。物來無窮，我心有際。故我之良心受制於情，我之本情受制於物。可使之去，可使之來，而彼去來，初不在我，造化役之，固無休息。殊不知天地雖大，能役有形，而不能役無形；陰陽雖妙，能役有氣，而不能役無氣。心之所之，則氣從之；氣之所之，則形應之。猶如太虛，於一氣中變成萬物，而彼一氣不名太虛。我之一心能變爲氣爲形，而我之心無氣無形。知夫我之一心無氣無形，則天地陰陽不能役之。

合其心則喜，忤其心則怒，傷其心則悲，快其心則樂之類，此心感物而生情也。見利則知趍，見害則知避，見干戈則知鬬，見宫廟則知敬之類，此物交心生識也。一切萬物終期於壞，物毁而識何在？故曰「物尚非真，何況於識」也。識既滅矣，而情又安在哉？故曰「識尚非真，何況於情」也。故知情生於識，識生於心，心生於性也。性者，至虚至寂也。而彼妄人於虚寂至無之中妄執爲有，於流行變化之中妄執爲常，殊不知物之於心，倏往倏來，豈可以爲常哉？着一物而生一情，一情未竟又生一情，既而積之爲十情、百情，以至於萬情，即是着萬物也。既着萬物，便生貪求之情。然事物無窮而我心有際，以有際之心而貪無窮之欲，則無明業火煩惱憂苦畢集於心矣。是以我之良心受制於情也，其心雖是情瞞，而情實被物之所盜也。情識物欲，悟者可使之去，迷者可使之來，而其去來在意不在心也。情識有形，故造化得以役之，輪迴生死，無有息期。心不生情以復性。性者，心不動也，則造化不能役之矣。故曰「天地雖大，能役有形，不能役無形；陰陽雖妙，能役有氣，不能役無氣」也。盖心者，性情之中，静則是性，動則是情，神氣之主也，所以心之所之，則氣從之；氣之所之，則形應之。譬如太虚，渾淪一氣而能變化萬物，而彼一氣只名爲氣，不名太虚。我之真性湛然，無氣無形，而能變化有情有識者，不名性而名心也。知夫吾之本性，至虚至寂，至妙至靈，而無形無方，雖天地之大，陰陽之妙，其能役我、化我哉？

人之平日，目忽見非常之物，皆精有所結而使之然；人之病日，目忽見非常之物，皆心有所歉而使之然。苟知吾心能於無中示有，則知吾心能於有中示無。但不信之，自然不神。或曰厥識既昏，孰能不信哉？我應之曰：「如捕蛇師，心不怖蛇。彼雖夢蛇，無有怖畏。」黄帝曰：「道無鬼神，獨往獨來。」

心好邪妄者，陰魔得以乘之，故多見非常之物，皆陰精纍識使之然也。人病之日，陽氣衰弱，心神昏亂，故多見非常之物，陽衰心歉使之然也。苟知心本無心，皆因妄識而見，一切神頭鬼臉、怪異百端自無生有，則當返情還空，以滅其妄。自有歸無，但凡一切神頭鬼臉、怪異百端之類，見如不見，其怪自無，故曰「但不信之，自然不神」也。或曰厥識既昏，心有所歉，安得不懼？曰毋惑也，所見一切雖然神頭鬼臉、怪異百端，其必不能中傷於人，惑自解矣。所謂「見怪不怪，其怪自滅」是也。譬如蛇師捕蛇，心常習慣，雖夢蛇亦無怖畏。咦！妄識不生，邪見無有，故知好言神授聖傳、靈夢異境者，其人邪妄，所以着魔也。以此論之，鬼神本無，感之則有，故曰「道無鬼神」。

我之思慮日變，有使之者，非我也，命也。苟知惟命，外不見我，内不見心。譬如兩目，能見天地萬物，暫時迴光，一時不見。

人之所見所聞，日日不同，故思慮亦不同，孰使之然哉？非我也，命也。苟知天命有在，復有何思何慮哉？是以外焉而不見其有我，内焉而不見其有心。譬如兩目能見天地萬物，吾若一頃迴光，則天地萬物一時俱冥，無見無聞，思慮又焉在哉？

目視雕琢者，明愈傷；耳聞交響者，聰愈傷；心思玄妙者，心愈傷。

好視雕琢奇玩者，久必喪其神而明所以傷矣。好聆八音交響者，久必喪其精而聰所以傷矣。好思玄言妙法者，久必損其虚而心所以傷矣。

勿以我心揆彼，當以彼心揆我。知此説者，可以周事，可以行德，可以貫道，可以交人，可以忘我。

人之氣質，各各不同，識見亦異，若以我心而度人之心，輒有所不合矣，故曰「勿以我心揆彼也，當以彼心揆我」者。言交人接物之間，吾但以正而交之，以公而接之，其不正不公者，自然感化，蓋以公正同於人也。達斯理者，可謂智周萬事者矣，可謂善行德行者矣，可謂貫通道理者矣，可謂成己交人者矣，可謂成物忘我者矣。

天下之理，小不制而至於大，大而不制而至於不可制。故能制一情者，可以成德；能忘一情者，可以契道。

情者，陰趣也。陰盛害陽，情熾役性，是以聖人極言制情也。天下之理，皆漸也。

小而不制，其必至於大，大則爲難制矣，所以有不能制之之者，可勝言哉？是以聖人教人防微杜漸，謹始慮終，則不被外緣所累、情妄所牽也。有能制情復性者，可以成德而爲賢人；有能忘情盡性者，可以契道而爲聖人。

文始經釋辭卷之五

文始經釋辭卷之六

六匕篇 匕者，食也，形也。凡十六章〔一〕。

世之人以我思異彼思、彼思異我思分人、我者，殊不知夢中人亦我思異彼思、彼思異我思。孰爲我？孰爲人？世之人以我痛異彼痛、彼痛異我痛分人、我者，殊不知夢中人亦我痛異彼痛、彼痛異我痛。孰爲我？孰爲彼？爪髮不痛，手足不思，亦我也，豈可以思痛異之！世之人以獨見者爲夢、同見者爲覺，殊不知精之所結，亦有一人獨見于晝者；神之所合，亦有兩人同夢于夜者。二者皆我精神，孰爲夢？孰爲覺？世之人以暫見者爲夢、久見者爲覺，殊不知暫之所見者，陰陽之氣；久之所見者，亦陰陽之氣。二者皆我陰陽，孰爲夢？孰爲覺？

〔一〕「凡十六章」，實爲十三章。與文始經言外旨、關尹子闡玄、文始真經注三本相較，缺經文「無有一物不可見」「枯龜無我」「蜮射影能斃我」三條及其釋辭。

思者，妄染塵緣記憶而有也，人之見各不同，故其思亦不同，此固然矣。由其不知真我，有能知其真我，雖思無思、夢無夢矣。嗟哉！人生等一夢耳。世之人惟知我之思異彼思、彼思異我思，豈不見夢中亦各有思？既覺，則夢中之思無矣，故知夢中之思幻，而覺之思乃妄染塵緣記憶而成之耳。真我何嘗有思哉！知思無思，孰爲我思也？孰爲彼思也？痛者爲我有身，真身無痛，被血肉之軀爲我之累耳。世之人惟知我痛異彼痛、彼痛異我痛，豈不見夢中亦各有痛？既覺，則夢中之痛幻矣，故夢中之痛假，而覺之痛乃血肉之軀爲之累耳。真我何嘗有痛哉！知痛無痛，孰爲我痛也？孰爲彼痛也？譬如爪髮手足皆吾之身，而無思無痛，爪髮不痛者，榮衛所不至也；手足無思者，無心之故也，豈可以不思不痛而非吾之身哉？世之人以獨見者爲夢，同見者爲覺，殊不知精之所結者，而獨見非常之物於晝；神之所合者，亦有兩人同夢一事於夜，則覺亦有獨見、夢亦有同見，覺夢既同，孰爲夢？孰爲覺？世之人以夜之幻見爲夢，晝之常見爲覺，殊不知夢覺本無其所夢所覺，皆我識神。夢者，陰之爲也；覺者，陽之爲也。若知得二者皆陰陽狃習而成，則夢覺一如，孰爲夢、孰爲覺也？

好仁者，多夢松柏桃李；好義者，多夢兵刀金鐵；好禮者，多夢簠簋籩豆；好智者，多夢江湖川澤；好信者，多夢山岳原野。役於五行，未有不然者。然夢中或聞某事，或思某事，夢亦隨變，五行不可拘。聖人御物以心，攝心以性，則心同造化，五行亦不可拘。

松柏桃李，木也，好仁者夢之，仁屬木也；兵戈金鐵，金也，好義者夢之，義屬金也；簠簋籩笠，禮也，好禮者夢之，禮屬火也；江湖川澤，水也，好智者夢之，智屬水也；山嶽原野，土也，好信者夢之，信屬土也。然人有此五常之情，故五行得以役之，未有不然者矣。豈不見夢中乎？忽思別事、見他物，夢亦隨變，五行亦不可拘。知夫夢中隨事隨物而應變，五行不能拘，則覺之事、覺之物亦當順理應之而無執，則五行不能役我矣。是以聖人應事接物對之以性，故其心同造化，所以事物莫能累，五行不能拘之矣。

汝見蛇首人身者，牛臂魚鱗者，鬼形禽翼者，汝勿怪。此怪不及夢，夢怪不及覺。有耳有目，有手有臂，怪尤矣。大言不能言，大智不能思。

人以素見者爲常，乍見者爲怪，乍見其蛇首人身、牛臂魚鱗、鬼形禽翼之類，其必以爲怪。人之夢中亦有見神頭鬼面、怪飛惡走非常之物，又有甚於此者，故曰「此怪不及夢」也。倘有一物有知，未嘗見人，乍見其有耳、有目、有手、有足，能言能動，其必以爲怪，然人之靈過於物，故曰「怪尤矣」。大言不能言者，言聖人之於道，非不欲言，其實莫能言也；大智莫能思者，非其不思，其實莫能思也。

有人問於我曰：「爾族何氏？何名何字？何衣何食？何友何僕？何琴何書？何古何今？」我時默然不對一字。或人叩之不已，我不得已應之曰：「尚自不見我，將何爲我所？」

迷人運筆至此而有感焉，想見太古之民，慨爲言曰混沌初分，名曰太古，太古之民，有氏族乎？有姓字乎？有衣食乎？有友僕乎？有琴書乎？有古今乎？或有問之，其能對乎？或人叩之不已，不能對之一字。當斯時也，人雖有聲，有言語乎？言既非有，何能對乎？事尚非有，何所知乎？斯民也，純純樸樸，無思無爲，混混沌沌，無識無知，無氏無族，無食無衣，無名無字，無室無居，無友無僕，無琴無書，無善無惡，無詐無欺，無榮無辱，無是無非，無貴無賤，無尊無卑，迹如麋鹿，行類犢駒，志如赤子，心同太虛。想見這般形迹，堪爲學道之師。

形可分可合，可延可隱。一夫一婦，可生二子，形可分；一夫一婦，二人成一子，形可合。食苣勝則壽，形可延；夜無月火，人不見我，形可隱。以一氣生萬物，猶棄髮可換，所以分形；以一氣合萬物，猶破唇可補，所以合形。以神存氣，以氣存形，所以延形；合形於神，合神於無，所以隱形。汝欲知之乎？汝欲爲之乎？

跰趾一也，可剖爲二，形可分也；缺唇二也，可補而全，形可合也；服食丹藥，伏氣煉形，則能長生，形可延也；精通神韜，遁甲縮地潛身，形可隱也。一氣而生萬物，物各一太極，所以分形；以一氣合萬物，萬水可合爲一水，所以合形。以神存氣，神住則氣住也；以氣存形，氣住則形住，形可延也。學既得師，當懇心以求之；得理，當苦志而爲之。若是此生錯過，來生改頭換面，復能得師得理乎？

耕夫習牛則獷，獵夫習虎則勇，漁夫習水則沉，戰夫習馬則健，萬物可以爲我。我之一身，内變蟯蛔，外蒸蝨蚤，瘕則龜魚，瘻則鼠蟻，我可以爲萬物。

獷，犇力也，耕夫習牛，故多力；勇，善鬭也，獵夫習虎，故善鬭；沉，善水也，漁夫習水，故善水；健，善走也，戰夫習馬，故善走。習於物者，與物俱化，故曰「萬物可以爲我」也。而我一身之中，内焉變化蟯蛔，外焉蒸生蝨蚤，腹内癥瘕而生龜鱉，頷項瘻瘻而生蟲雀，病於氣者，與氣俱化，故曰「我可以爲萬物」也。昔華陀剖一瘻，有一雀飛去；吾族一老嫗腹痛載餘，穿之，有一小蛇出，送之水，遊而去。

我之爲我，如灰中金，而不若鑛砂之金。破鑛得金，淘砂得金。揚灰終身，無得金者。

世之人不知何者爲我，盡心力以求之不得，極智慮以求之不得，復求之於玄章又不得，再求之於陰陽終莫能得。殊不知真我無我，如灰中金，終日揚灰，求金無有。若求金者，當求之於鑛砂之中，則得之矣。盖鑛中砂中原自有金，同類相求，所以得也。

求於非類，如灰中求金，終身揚之，無有得時。

一蜂至微，亦能遊觀乎天地；一蝦至眇，亦能放肆乎大海。

以形觀萬物，則有小大之差；以理觀萬物，則無大小之分矣。物雖小也，均得是理，有是心，具是性。雖一蜂之至微，亦能上下游觀於天地之間；一蝦之至眇，亦能縱横跳躍放肆於大海之内。

土偶之成也，有貴有賤，有士有女，其質土，其壞土，人哉！

人惟知以人爲真，土偶爲假，見其士女貴賤之屬而分别之，則生愛惡敬慢之情，任之於識而不照於智也。變識爲智，則分别之情滅矣。觀夫土偶之相，亦有貴賤，亦有士女，而人見之不起愛惡敬慢之心者，知其質爲土也。咦！若人知得分别之者，皆吾識，雖真亦假之。

目自觀，無色；耳自聽，無聲；舌自嘗，無味；心自揆，無物。衆人逐於外，賢人執於内，聖人皆僞之。

以目觀目無所見，何色也？以耳聽耳無所聞，何聲也？以舌嘗舌無所嘗，何味也？以心度心無所有，何物也？衆人見色則貪視，聞聲則貪聽，見味則貪嘗，見物則貪得，故云「逐於外」也；賢人執德，注意操存，故云「執於内」也；聖人知其逐於外者不是，執於内者非真，是以不逐物，不執着，圓常揔攝，故云「聖人皆僞之」。

我身五行之氣，而五行之氣，其性一物。借如一所，可以取火，可以取水，可以生木，可以凝金，可以變土，其性含攝，元無差殊。故羽蟲盛者，毛蟲不育；毛蟲盛者，鱗蟲不育。知五行互用者，可以忘我。

二氣五行，假合而成。此身五行之氣，雖各不同，性一而已矣。知夫性一者，則五行之氣皆吾身之用耳。故可召水火爲雨暘，可以坐活枯木，可以點鐵成金，可以驅山塞海，皆吾性分中含攝之所固有，隨感隨應，元無差别，人之妙用，有如如此。至於物則不然，盖其得氣之偏，則不能互用五行，所以羽蟲偏棲於木，而毛蟲則不能居矣；毛蟲偏居於穴，而鱗蟲則不能居矣；鱗蟲偏居於水，而羽蟲則不能居矣。惟人也，可以巢木，可以穴處，可以舟居，而無所不能。故知陰陽五行假合以成此身，而能互用五行者，非身也，性也。是以忘形合真，以復其性，惟忘我者爲能之。

心憶者猶忘饑，心忿者猶忘寒，心養者猶忘病，心激者猶忘痛。苟吸氣以養其和，孰能飢之？存神以滋其煖，孰能寒之？養五臟以五行，則無傷也，孰能病之？歸五臟於五行，則無知也，孰能痛之？

人之飢寒病痛，爲有身也。苟能忘形，則飢寒無而病痛止矣。譬如心憶者尚忘飢，心忿者尚忘寒，養氣者尚忘病，憤激者尚忘痛，何況存誠守真、忘情忘境者而不能超生死哉？苟能凝神入氣，以氣合神，則形和氣聚而飢無矣。苟能寂默安神，神不外遊，則元鼎常温而寒無矣。五行，氣也，隨時生剋而補瀉之，以氣調氣，無損無傷，何病之有？五氣各有所屬，妄盡心虛，無知無識，則五行之氣各歸其臟，何痛之有？

人無以無知無爲者爲無我，雖有知有爲者，不害其爲無我。譬如火也，躁動不停，未嘗有我。

人惟知以無知無爲者爲無我，我本静也，雖有事有爲，亦不害其爲無我者，動中静也。程明道云「動亦定，静亦定」「情順萬事而無情」是也。聖人恐人以木石之無情爲無我，故云譬之火也，閃爍燦爛，躁動不停，膏薪灰矣，火安在哉？未嘗有我者，火無體也，學者知我無我，則一切處無心，心無而我何在？雖終日塵勞，亦不害其爲無我，如莊子云深知無心者，此也。

文始經釋辭六卷終

文始經釋辭卷之七

七釜篇 釜者，化也。凡十三章。

道本至無，以事歸道者，得之一息；事本至有，以道運事者，周之百爲。得道之尊者，可以輔世；得道之獨者，可以立我。知道非時之所能拘者，能以一日爲百年，能以百年爲一日；知道非方之所能礙者，能以一里爲百里，能以百里爲一里。知道無氣能運有氣者，可以召風雨；知道無形能變有形者，可以易禽獸。得道之清者，物莫能累，身輕矣，可以騎鳳鶴；得道之渾者，物莫能溺，身冥矣，可以席蛟龍。有即無，無即有，知此道者，可以制鬼神；實即虛，虛即實，知此道者，可以入金石；上即下，下即上，知此道者，可以侍星辰；古即今，今即古，知此道者，可以卜蓍龜。人即我，我即人，知此道者，可以窺他人之肺肝；物即我，我即物，知此道者，可以成腹中之龍虎。知象由心生，以此觀心，可以成女嬰；知氣由心生，以此吸神，可以成爐冶。以此勝物，虎豹可伏；以此同物，水火可入。惟有道之士能爲之，亦能能之而不爲之。

道本至無者，言道至虛至寂而無形也；以事歸道者，得之一息，有中示無，盡性則見，一息之頃，所以得也。事本至有者，言事至昭至著而有迹也；以道運事者，周之百爲，以無御有，順理自然，雖日親萬機，如無爲也。得道之尊可以輔世者，達則兼善天下也；得道之獨可以立我者，窮則獨善其身也。知道非時之所能拘者，爲其無有也；知道非方之所能礙者，爲其無形也。知道無氣能運有氣者，可以召風雨，無氣謂神也；風雨，氣也。以神運氣，如母召子，風雨不得不至也。知道無形能變有形者，可以易禽獸，無形，神也；有形，物也。以神變物，如母生子，鳥獸不得不化也。得道之清者，清陽上騰，故可騎鳳鶴；得道之渾者，水莫能溺，故可席蛟龍也。神本至無，感之即有，故可以制鬼神、弭禍福也；物有虛實，道無虛實，故可以入金石而無礙也。星辰見於上，其必從下而升，達斯理者，與天地同斡旋，故可以侍星辰也；世有今古，而道無今古，達斯理者，故可以知世道之吉凶。形有人我，而神無人我，達斯理者，故可以知他人之肺肝；陰陽之理，人物同得，達斯理者，故可使腹中龍虎之會合。知象由心生者，象本無形，心生象現，故知嬰姹而非相也；知氣由心生者，氣本浩然，心静氣和，故知爐鼎而非形也。以此神氣而勝物，浩然廣大，雖虎豹之猛可伏也；以此神氣而同物，虚靈無方，雖水火之險可入也。斯術也，惟有道之士能爲之，亦能能之，豈庸人曲士所能知之、能爲之、能成之哉？但有道之士韜光隱耀，不屑爲之耳。人之力，有可以奪天地造化者，如冬起雷、夏造冰，死屍能行、枯木能華，豆中攝鬼、杯中釣魚，畫門可開、土鬼可語，皆純氣所爲，故能化萬物。今之人情情不停，亦氣所爲，而氣之爲物，有合有散，我之所以行氣者，本未嘗合、未嘗散。有合者生，有散者死，彼未嘗合、未嘗散者，無生無死，客有去來，郵常自若。

孟子曰：「我善養吾浩然之氣，其爲氣也，至大至剛，以直養而無害，塞乎天地之間。」斯氣也，可以體乾坤斡旋造化，可以動天地制伏鬼神，可以沖形，可以化物，可以冬起雷、夏造冰，死屍可以起行、枯木可使復茂，豆中可以攝鬼、杯中可以取魚，可以探畫門取寶，可以命土偶人言。或曰斯術非道也，曰凡天地一切無者皆吾之神，一切有者皆吾之氣，故知吾之浩然廣大者，則無不周、無不偏也。然吾一舉心、一動念而物情自然隨念感化者，皆吾純氣所爲，而非術也，但患人所不能養之耳。而今之人情情相繼，念念不停，欲其浩然廣大，不亦難矣。故知一切情念亦吾神吾氣而爲之也。氣之爲物，神存則聚，神動則奔，而吾之性天澄湛虚靈而爲之主，則未嘗合、未嘗散也。故知神氣合則生、散則死，彼未嘗合、未嘗散者，亘古今而不壞，歷浩劫以常存，如郵亭之待客，生死自往來耳。

有誦呪者，有事神者，有墨字者，有變指者，皆可以役神御氣，變化萬物。惟不誠之人，難以自信，而易於信物，故假此爲之。苟知惟誠，有不待彼而然者。

善於道法者，其必善於誠也。誠苟不至，法亦不靈。躬行道法者，從誠而入，之誠之極，則造化在我，何患乎道不明、法不靈也？誦呪所以通其誠也，事神所以盡其誠也。墨字即今之鸞筆是也，誠之不至，其亦有不降也。變指即今掐訣是也，剛決常存，鬼神可以制伏也。數者皆誠之所爲。惟不誠之人，其心詐僞，所以難於自信也；貪癡，所以易於信物也。是以聖人垂教，假此數者，以爲招攝，誘人入道，乃法中之法也。苟知惟誠，何用法爲？豈待乎誦呪、事神、墨字、變指，然後爲能制伏鬼神、變化萬物哉！

人一呼一吸，日行四十萬里，化可謂速矣。惟聖人不存不變。

日一日周於天，行五千五億萬里，則人一息之中，而日行四十萬里有奇，可謂神速矣！造化密移，萬物密變，世人昧而不知，今之我已非昔之我，倘或蹉跎，老死隨至，豈不痛哉？豈不念哉？志士有感於吾言，即時收拾身心，存誠攝念，眼不妄視，耳不妄聽，口不妄〔一〕言，心不妄思，時時澄湛，刻刻如如，節飲食，省睡眠，戒貪嗔，除煩惱，絶笑談，息意念，鬧中取静，静裏分明，勤勤内煉，續續抽添，靈旗常運於規中，元火常温於鼎内，漸悟漸脩，漸凝漸結，忽然四大醺醺，便是有修行之信到矣。如是則不枉了出家一場，上不負師，下不欺己。是以聖人之心不存者，此法也；聖人之形不變者，亦此法也。

青鸞子千歲而千歲化，桃子五仕而心五化。聖人賓事去物，豈不欲建立於世哉？有形數者，懼化之不可知也。

青鸞子、桃子，古之得道者，世代、出處皆不可考。青鸞子住世千歲而千歲化，桃子仕途得道，五仕而心五化者，言其進道之序也，如曾子再仕而心再化之意。凡物有形則有數，數盡則化，自然之理也。蓋物之形數得之於天地，天地尚不能違其化，何況人物乎？是以聖人以事爲賓，以物爲累，遺世獨立，豈不欲建不世之功，立不拔之業，以貽厥孫謀？但念有數之形軀，懼時光之易换，倘或因循，空成潦倒，只恐此生錯過，來生换面改形，不可知也。

〔一〕「妄」，原作「忘」，據上下文改。

萬物變遷，雖互隱見，氣一而已。惟聖人知一而不化。

萬物生化，各隨其時，時至而生，不得不生；時至而化，不得不化。互相隱見而一氣周流於中，以任其化，乃物之形數自然耳。惟聖人知一之不化，故虛心抱元，是以無生滅也。

爪之生，髮之長，榮衛之行，無頃刻止。衆人能見之於著，不能見之於微。聖人任化，所以無化。

衆人惟見爪髮著而生之長之，而不知血氣循環於經絡之中，行陽二十五度，行陰二十五度，周於身五十度，一萬三千五百息之中，無頃刻停止，則人莫能見之矣。故知著而生者，皆賴此隱而微者生之化之也。是以聖人不著相、不落空、不知生、不知死，以任其生化，所以無化也。

室中有常見聞矣。既而之門、之鄰、之里、之黨，既而之郊、之山、之川，見聞各異，好惡隨之，和競從之，得失成之。是以聖人動止有戒。

有道之士，心不生好惡，意不起是非，口不言利害，雖有見聞，非禮不用，謹於目以静其心，制於外以安其内，意不散亂，志歸道中，所以易得成就。衆人之見聞，觸物生情，隨處變易，所以有好惡之心生焉，所以有和競之心生焉，所以有得失之心生焉。殊不知有好惡則善惡隨之，有和兢則是非隨之，有得失則利害隨之，若此殆矣。是以聖人制作盤盂几杖，有銘有戒。

譬如大海，變化億萬蛟魚，水一而已。我與萬物，蓊然蔚然，在大化中，性一而已。知夫性一者，無人無我，無死無生。

人在太虛中，如蛟魚在大海。大海之中，水一而已，而能變化億萬蛟魚。大化之中，性一而已，而能變化億萬人物。故知吾與萬物，蓊然蔚然，並生於大化中，其本一也。知夫人物爲一本，則人何人？我何我？知夫性一而不變，則死何死？生何生？

天下之理，是或化爲非，非或化爲是；恩或化爲讎，讎或化爲恩。是以聖人居常慮變。

天下之事，有箇是便有箇非，有箇恩便有箇讎，陰陽相因對待之義也。是或變爲非，非或變爲是；恩或變爲讎，讎或變爲恩者，何也？蓋其有是情所以有是變也，是以聖人不執是、不飾非，不私恩、不記讎，居安思危，居常慮變，專其心，一其志，而齊其道，是以無變也。

人之少也，當佩乎父兄之教；人之壯也，當達乎朋友之箴；人之老也，當警乎少壯之說。萬化雖移，不能厄我。

人之生也，進德脩業，亦有序矣。少之時，血氣未定，義理未明，當佩父兄先覺之所爲，則志有定向而不自專，行己有恭也。人之壯也，血氣方剛，正君子道明德立之時，當信朋友之規戒，則心有所守而意自誠，德業可大也。人之老也，血氣既衰，正君子退身進道之際，當止少壯之妄情，則心逸日休而意自定，萬緣自息也。若此則進德脩業有序，省躬知戒有方，心有所主而不爲行迹所遷，雖萬化密移，何能災我厄我哉？

天下之理，輕者易化，重者難化。譬如風雲，須臾變滅；金玉之性，歷久不渝。人之輕明者，能與造化俱化而不留，殆有未嘗化者存。

人之聰慧，禀性陽明，陽性輕清故聰明，所以一撥便轉也。人之愚鈍，禀性陰闇，陰性重濁故愚拙，雖聖人莫能化也。譬如天之風雲輕揚，所以須臾變滅也；地之金玉沉重，亦且歷久不渝也。然則人之聰明慧智陽有餘，所以學道易爲成就，蓋其占得地位已自便宜。禀性陽健，與造化同斡旋，而不滯於物，頓悟得有個不生不滅、不變不化大常者存焉耳。

二幼相好，及其壯也，相遇不相識；二壯相好，及其老也，相遇不相識。如雀蛤鷹鳩之化，無昔無今。

人亦天地間一物耳，既已爲物，則與時俱化，不自覺也。幼之顔貌，至壯則殊，壯之形容，至老更變，所以相見不相識也。譬如雀蛤鷹鳩，時至則化，不自知之。譬之壯也，欲爲昔之少，既不可得，及其老也，欲爲今之壯，其可得乎？

文始經釋辭七卷終

文始經釋辭卷之八

八籌篇 籌者，物也。凡六章。

古之善揲蓍灼龜者，能於今中示古，古中示今；高中示下，下中示高；小中示大，大中示小；一中示多，多中示一；人中示物，物中示人；我中示彼，彼中示我。是道也，其來無今，其往無古；其高無蓋，其低無載；其大無外，其小無内；其外無物，其内無人；其近無我，其遠無彼。不可析，不可合，不可喻，不可思，惟其渾淪，所以爲道。

易曰：「探賾索隱，鉤玄致遠，成天下之亹亹者，莫大乎蓍龜。」蓍之德圓而神，所以遂知來，故聖人假此以告吉凶，使人趍利避害，成天下之至美也。古之人善於蓍龜者，能於今中示古，知古猶今也；古中示今者，今猶古也。高中示下者，高者抑之也；下中示高者，下者舉之也。大中示小者，賤爲貴本也；小中示大者，下爲高基也。一中示多者，散之於萬物也；多中示一者，萬物一太極也。人中示物者，人亦物也；物中示人者，物亦人也。我中示彼者，人即我也；彼中示我者，我即人也。其來無今，其往無古，無終始也；其高無蓋，其低無載，無上下也。其大無外，無一物而不包也；其小無内，無一塵而能入也。其外無物，外境不入也；其内無人，内境不出也。其近無我，其遠無彼，無彼此也。盖言此道無有今古，無高低，無大小，無内外，無遠近，無彼此，分之不能，合之不得，不可曉，不可思，溟溟涬涬，渾渾淪淪，非有而有，自然而然，所以爲道也。

水潛，故蘊爲五精；火飛，故達爲五臭；木茂，故華爲五色；金堅，故沉爲五聲；土和，故滋爲五味。其常五，其變不可計；其物五，其雜不可計。然則萬物在天地間，不可執謂之萬，不可執謂之五，不可執謂之一；不可執謂之非萬，不可執謂之非五，不可執謂之非一。或合之，或離之，以此必形，以此必數，以此必氣，徒自勞耳。我不知物，物不知我。

水性沉，下蘊之則爲五精；火性炎，上達之則爲五臭；木性條，暢華之則爲五色；金性堅，利發之則爲五聲；土性和，柔滋之則爲五味。此物性五行之常也，其常者五，引而伸之，而其變化有不可以數計也。其物其色，雖然有五者之殊，觸類而長之，愈分愈繁，亦不可以數計也。然則萬物叢然，盈於天地之間，豈可以數目而能盡之哉？故曰「不可執謂之萬物」也。亦不可以五物必欲歸其五行而牽合附會，故曰「不可執謂之五行」也。萬物雖是一氣所生，而有主張之者存，故曰「不可執謂之一氣」也。雖然不可執於一氣五行而生萬物，而萬物亦不能外乎一氣五行也，故曰「不可執謂之非萬，不可執謂之非五，不可執謂之非一」也。或分而離之，或合而聚之，言皆不可定執之意。如其必欲分門析類，物有是形，必有是數，必有是氣，而執着之者，則派别流差，徒自勞耳。是以聖人知道非形所能見，非數所能推，非氣所能運，内焉而不見其有我，外焉而不見其有物，所以物不我知、我不知物也。

即吾心中，可作萬物。蓋心有所之則愛從之，愛從之則精從之。蓋心有所結，先凝爲水，心慕物涎出，心悲物淚出，心愧物汗出。無暫而不久，無久而不變。水生木，木生火，火生土，土生金，金生水，相攻相尅，不可勝數。嬰兒蘂女，寶樓絳宫，青蛟白虎，寶鼎紅爐，皆此物，有非此物存者。

十方三界中一切由心造，即吾心中可以造萬物是也。心者，生化之本，故可以沖舉，可以延年，可以趍死。蓋由意之所動而生情欲，情既愛之，精即從之而外涌矣。譬如心思梅者即津生，心慕物者即涎出，心悲淚出，心愧汗出，是故心之逐於物也，無有暫而不久，無有久不變，皆五塵五識相攻相尅，而變化於其中，不可以數計也。而其所謂嬰兒姹女之陰陽，寶殿瓊宫之聖境，青龍白虎之玄象，金鼎玉爐之法器，種種景象，皆自吾心而有，有豈常有？終必歸無，故非此物存也。

鳥獸俄呦呦，俄旬旬，俄逃逃；草木俄茁茁，俄亭亭，俄肅肅。天地不能留，聖人不能繫，有運者存焉耳。有之在彼，無之在此，鼓不桴則不鳴；偶之在彼，奇之在此，桴不手則不擊。

觀夫鳥獸之生，須臾呦呦然而鳴，須臾旬旬然而長，須臾逃逃然而走。觀夫草木之生，須臾茁茁然而芽，須臾亭亭然而林，須臾肅肅然而凋。其化也，以天地之力留之不能，以聖人之德繫之不住者，何也？蓋其有主張運之者存焉。譬如鼓不桴則不鳴，有之在彼，無之在此也；桴不手則不擊，偶之在彼，奇之在我也。

均一物也，衆人惑其名，見物不見道；賢人析其理，見道不見物；聖人合其天，不見道，不見物，一道皆道。不執之即道，執之即物。

萬物均得天理以生，本同一氣。物初無名，名之者妄。衆人惑名貪着，所以見物不見道；賢人格物至理，所以見道不見物；聖人德與天通，不知所以爲道，亦不知其所以爲物，不執着，不泥相，心與道合，無所往而非道，若執之以爲道者，物矣。

知物之僞者，不必去物。譬如見〔一〕土牛木馬，雖情存牛馬之名，而心忘牛馬之實。

〔一〕「見」，原無，據注文補。

知道之士，與物相忘，而其所謂真也僞也，則吾所不識也，焉用去爲？是以聖人物干則應，物過則空，未嘗去物也。譬見土牛木馬，以情見之，雖名牛馬，而其心則不以其爲牛馬者，知其僞也。聖人待物亦然。

文始經釋辭八卷終

文始經釋辭卷之九

九藥篇 藥者，雜治也。凡三十一章。

勿輕小事，小隙沉舟；勿輕小物，小蟲毒身；勿輕小人，小人賊國。能周小事，然後能成大事；能積小物，然後能成大物；能善小人，然後能契大人。天既無可必者人，人又無能畢者事。惟去事離人，則我在我，惟可即可。未有當繁簡可，當戒忍可，當勤惰可。

天下之難事，必起於易；天下之大事，必作於小。勿以小惡爲無傷，小穴小隙足以沉大舟。勿以小過爲無害，小蟲小毒足以災其身。勿以小人爲不足畏，一人足以亂邦家。事有巨細而爲無巨細，未有不能爲小事而能成天下之大事也。物少至多而生於漸，未有不積小物而能成天下之大物也。不善小人，其必進讒於大人，所以不能契也。天壽有數，地壽有限，人壽無定，故曰「天既無可必者人」也。天下之事，有常有變，或成而敗之，或失而得之，或安而危之，或利而害之，生於隱微之中，然非人之所能必，故曰「人又無能畢者事」也。惟以去塵事，離人欲，息幻緣，絶情妄，而見自性者，則我在我矣。是故聖人之於人事也，有可以爲者，爲之其不可者，則一切置之不顧也。噫！未有當繁難之際而簡易能爲之者，未有當戒慎之季而殘忍能爲之者，亦未能當勤勞之頃而怠惰能成之者，則吾所不知矣。

智之極者，知智果不足以周物，故愚；辯之極者，知辯果不足以喻物，故訥；勇之極者，知勇果不足以勝物，故怯。

天下之物無窮，而人之知有限，以有限對無窮，故知智之極者果不足以周物也，故君子終日如愚。天下之言無盡，而人之辯有定，以有定對無盡，故知辯之極者果不足以喻物也，故君子之言也訥。天下之事至多，而人之力有數，以有數對至多，故知勇之極者果不足以勝物也，故君子之行也怯。能愚則物莫能爲我累，能訥則人莫能與我辯，能怯則物莫能爲我敵。

天下萬物，無有一物是吾之物。物非我物，不得不應；我非我我，不得不養。雖應物，未嘗有物；雖養我，未嘗有我。勿曰外物，然後外我；勿曰外形，然後外心。道一而已，不可序進。

人亦萬物中一物，何者我？何者物？故曰「無有一物是吾之物」也。是故聖人恐人執我絕物，言物雖然非吾之物，但物至而吾安得不應之？故曰「物非我物，不得不應」也。聖人又恐人執心絕形，言形雖非真我，形其斃矣，道在何處？形生安得不養？故曰「我非我我，不得不養」也。故知善應物者，雖應物未嘗有物也；善養形者，雖養我未嘗有我也。聖人又恐人以物我爲二，故言「勿曰外物，然後外我」；聖人又恐人以身心爲二，故言「勿曰外形，然後外心」。直須物我雙忘，身心合一，故曰「道一而已」矣。何者物？何者我？何者形？何者心？元無差別，何用分爲？若以分別序而進之，則曰不可。

諦毫末也，不見天地之大；審小音者，不聞雷霆之聲。見大者亦不見小，見邇者亦不見遠；聞大者亦不聞小，聞邇者亦不聞遠。聖人無所見，故能無不見；無所聞，故能無不聞。

志於小者，其必不足以知大；志於大者，於小事或有所略而不見也。諦審也，好審小事、聆小音者，則知其人之志不足以見聞其大也；見聞遠大者，其必不較細事也。蓋以道無所見、無所聞，若有所見、有所聞，則有所不見、有所不聞矣，是以聖人無所見聞，故無所不見、無所不聞也。

目之所見，不知其幾何，或愛金，或愛玉，是執一色爲目也。耳之所聞，不知其幾何，或

愛鍾，或愛鼓，是執一聲爲耳也。惟聖人不慕之，不拒之，不處之。

人惟知見者是目、聞者是耳，殊不知尚在於我，我若一時迴光冥然，不視不聽，而其耳目能見聞乎？種種物色而人見之不知其幾，何則起情識而分别之？見金則愛金，見玉則愛玉，是執一色爲目也。種種聲音而人聞之不知其幾，何則起妄心而分别之？聞鍾則愛鍾，聞鼓則愛鼓，是執一聲爲耳也。惟聖人不慕物，雖有見聞，如無見聞也，物至則應，何嘗辭而拒之也？彼雖有聲色，彼雖有見聞，聖人視之一切皆空，何嘗有心處之也？

善今者可以行古，善末者可以立本。

古人澤流後世，億千萬載而不磨，爲其言行可法也。嗟夫！今之視古者如是，後之視今亦若是矣。是以君子行古之道，非先王之法言不敢語，非先王之德行不敢行，故曰「善今者可以行古」也。言行者，道之末也。言行盡善而至於道，故曰「善末者可以立本」也。

狡勝賊，能捕賊；勇勝虎，能捕虎。能克己，乃能成己；能勝物，乃能利物；能忘道，乃能有道。

賊善陰謀，狡過於賊者，然後可以捕賊也。虎性威猛，勇過於虎者，然後可以捕虎道自有也。

也。情妄去，則真心現，性自成也。人欲盡，則仁愛生，物自利也。無可忘，而心自虛、

函堅則物必毁之，剛則折矣；刀利則物必摧之，鋭則挫矣。威鳳以難見爲神，是以聖人以深爲根；走麝以遺香不捕，是以聖人以約爲紀。

函爲其堅，人必計而毁之。刀爲其利，物必摧而缺之。威鳳不世出，人所難見，見之必以爲祥瑞之靈，是以聖人韜光隱耀，使人莫能見其美也。爲麝有香，人故争而取之，走輒遺其香，使人莫能捕之也，是以聖人潜身守約，以免禍也。

瓶有二竅，水實之，倒瀉閉一竅，則水不下，蓋不升則不降；井雖千仞，汲之水上，蓋不降則不升。是以聖人不先物。

升必降之，降必升之；先必後之，後必先之，自然之理也。聖人居民上而言不先物者，後其身而身先也，蓋以聖人謙虚退怯，情常隨人而不敢爲大，是以天下服其德、感其化而推尊之，故在先也。

人之有失，雖已受害於已失之後，久之，竊議於未失之前。惟其不恃己之聰明，而兼人之聰明，自然無我，而兼天下之我，終身行之，可以不失。

人之失，由私智自任，不能兼人之善，所以有失，以致受害。嘗於受害之後，久之

竊議之曰，皆由私智自任之過歟？則知一人之見有限，惟不恃己之聰明而能用人之聰明，則天下之聰明何者非我？是能兼人之善也。以是行之，終身可以無失。

古今之俗不同，東西南北之俗又不同，至於一身一家之善又不同，吾豈執一豫格後世哉？惟隨時同俗，先機後事，捐忿窒欲，簡物恕人，權其輕重而爲之，自然合神不測，契道無方。

古今之俗不一，四方之俗亦不一，至於一身一家之善，各各不一，若用一法概而視之，則不能通民之情、合俗之宜，故曰「吾豈執一而豫格天下後世哉」。但隨俗而治，不逆民情，先機後事，以順其宜，可也。臨事之季，有忿必捐之，欲必塞之，物必簡之，人必恕之，如權之待物，以審其輕重，自然心與神合，契道圓通。

有道交者，有德交者，有事交者。道交者，父子也，出於是非賢愚之外，故久；德交者，則有賢愚是非矣，故或合或離；事交者，合則離。

道交者，志同道合，情若至親，出於賢愚是非之外，故久也。德交者，道義相加，言行相信，過失相規，患難相救，賢則親之，愚必棄之，是則合之，非必離之，爲其有賢愚是非之心存焉，是以有合有離也。事交者，世俗之交也，因事而合，事已則離，故不久也。孔子遇子華子於途，傾盖終日，歡如平日。孔子顧門弟子取束帛贈之，而子路疑焉。子華子，老子弟子程本也，邂逅途中，目擊道存。若二子者，可謂道交，宜乎子路疑而不識也。

勿以拙陋曰道之質，當樂敏捷；勿以愚暗曰道之晦，當樂輕明；勿以傲易曰道之高，當樂和同；勿以汗漫曰道之廣，當樂要急；勿以幽憂曰道之寂，當樂悦豫。古人之言，學之多弊，不可不救。

聖人立言設教，提挈天下，以救時世之偏，誠若藥石，隨病施之而無執。若執聖人之微言妙行而不變通，則成心腹之疾，無藥可治。如其敏捷博辯者當守之以拙，若拙者復守其拙則塊然矣。聰明輕俊者當守之以愚，若愚者復守其暗則塞矣。高尚傲物者當守之以和，和則同矣。汗漫不羈者當守之以急，急則要矣。幽閉憂思者當守之以豫，豫則樂矣。此聖人損過就中之語，救人之偏僻而爲進脩之方，切不可執，但圓其機而會其理，求於要以救其偏，療吾心中之疾。若執其言必欲學之，則膠柱鼓瑟，執一不通其言反成癖矣，經云「執着之者，不名道德」是也。

不可非世是己，不可卑人尊己，不可輕忽道己，不可訕謗德己，不可鄙猥才己。

非世者，世亦從而非之，則己不是矣；卑人者，人亦從而卑之，則己不尊矣；輕忽人者，人亦輕慢之，則己不重矣；訕謗人者，人亦詆謗之，則己不德矣；鄙猥人者，人亦鄙賤之，則已不才矣。此五者，藥石之語，療人心腹之患，所當盡心者也。苟有用力於此，德可成，道可覬矣。

困天下之智者，不在智而在愚；窮天下之辯者，不在辯而在訥。

聰明才智，守之以愚，則天下之才智莫能與我辯，故知困天下之智者，在愚不在智也。敏捷博辯者，守之以訥，則天下之辯者莫能與我争，故知窮天下之辯者，在訥不在辯也。是故逞才智、好辯博則是病，能愚能訥則是服藥以救其病矣。若以智攻智，如以火救火而火愈熾矣；以辯攻辯，如以水止水而水愈蕩矣，豈能困之窮之哉？

天不能冬蓮春菊，是以聖人不違時；地不能洛橘汶貉，是以聖人不違俗。聖人不能使手步足握，是以聖人不違我所長；聖人不能使魚飛禽馳，是以聖人不違人所長。夫如是者，可動可止，可晦可明。惟不可拘，所以爲道。

蓮夏茂，菊秋容，天尚不能冬蓮春菊，聖人所以不違時也。橘至洛不産，貉過河輒死，地尚不能洛橘汶貉，聖人所以不違俗也。手之握，足之步，理之然也。聖人尚不能使手步足握，故不違我之所長也。魚之潛遊，鳥之高飛，物之然也。聖人尚不能使魚飛禽馳，故不違人之所長也。由是知之，時動則動，外以治國也；時止則止，内以養心也；時晦則晦，逃名遯世也；時明則明，著書立言也。於是足見聖人時動時止，時晦時明，而無所拘。惟莫能拘，所以合道。少言者，不爲人所忌；少行者，不爲人所短；少智者，不爲人所勞；少能者，不爲人所役。

多言則多非，故爲人所忌也；多行則多辱，故爲人所短也；多智則多爲，故爲人所勞也；多能則多事，故爲人所役也。若夫言所當言，雖言無所忌也；行所當行，雖行無所短也；大智閑閑，雖智無所勞也；大能拙拙，雖能無所役也。操之以誠，行之以簡，待之以恕，應之以默，吾道不窮。

操之於心，必以誠意，誠則心正；行之於事，必以簡行，簡則事遂；待之於人，必以恕忠，恕則近道；應之於物，必以默静，默則契道，所以用之不窮。謀之於事，斷之於理；作之於人，成之於天。事師於今，理師於古；事同於人，道獨於己。

事出於人，故曰「謀之」；理出於心，故曰「斷之」。謀之斷之，雖作之〔一〕於人，及其成敗皆天也，故曰「作之於人，成之於天」。事必合時，故曰「師今」；而其理莫不從

〔一〕「之」，原作「於」，據經文改。

古，故曰「師古」。人之所好好之，人之所惡惡之，故曰「事同於人」。道者得之於心，故曰「道獨於己」。

金玉難捐，土石易捨。學道之士，遇微言妙行，慎勿執之，是可爲而不可執。若執之者，心腹之疾，無藥可療。

道者獨露堂堂，一物無有，有何言之可說？有何行之可行？學士若遇微言妙行，執之如金石之難捨，則成心腹之疾，無藥可治矣。竊嘗思之，學未悟時，須以經教印心。我輩既不獲遇真師親炙，若不以經教爲津梁，則愛河苦海不能得渡矣。有能勤心用力之久，或時於一言半句之下，磕着撞著，忽聰慧開明，如病者愈，得大自在。那時却將這微言妙行一刀割斷，不用一字，如土石之易棄，這便是脩行的老作家。如其未能如是，但請再去看經，亦不礙道。凡看經須用誠意，如與聖賢對談，不可輕易放過一字，須將自己日用常行、言行學識，體貼聖人之言行契與不契。或有不能踐履處，則奮志加勉，有不明處，以禮諮問於先覺，義理通明，久熟自然契道。若只模糊看過，只是不曾看的一般，多看亦不中用，學者當省斯言。

人不明於急務，而從事於多務、他務、奇務者，窮困災厄及之。殊不知道無不在，不可捨此就彼。

道德性命，人之急務也。九流六藝，人之多務也。物欲情妄，人之他務也。巍冠錦服，爵禄貨財，人之奇務也。性命者，人之要所當急也。不明此理，貪多好奇，僥倖名利，快於一時。殊不知名利有分，非能强求行險，逆天窮困，隨之災厄，及之迷惑終身而不悟者，亦甚愚矣。古之人以不聞道爲貧，以不安分爲窮，以道爲貴，以德爲富，以爵禄爲儻來，以財貨爲身累，不以貧富二其心，不以安危易其操，達則行志，窮則全身，惟知有正，隨寓而安，何所往而非道哉？故爲人之急務，豈可捨此急務而安心貪彼多奇之他務，以致災害其身？於理宜矣。

天下之理，捨親就疎，捨本就末，捨賢就愚，捨近就遠，可暫而已，久則害生。

天下之理，親親而務本，尊賢以就近，分也。如若捨親以就疎，則悖而無義矣。棄本以逐末，則昏而無得矣。捨賢以就愚，則昧而不明矣。捨近以謀遠，則勞而無功矣。雖或得之暫而已矣，久必害生，是以聖人貴本。

昔之論道者，或曰凝寂，或曰邃深，或曰澄徹，或曰空同，或曰晦冥，慎勿遇此而生怖退。天下之理，竟非言意。苟知非言非意，在彼微言妙意之上，乃契吾説。

古之論道者夥矣，有言凝真歸寂者，有言邃遠幽深者，有言澄湛明徹者，有言空洞玄同者，有言韜晦冥吾者。此皆古人微言妙意，學士慎勿以此爲高，爲不可企及，而生怖畏退惰之心，然而天下至理，竟非言意所能盡、所能得也。苟知此道非言意能得，則此微言妙意亦糟粕耳。學者仍須向上參求，自有不言之教、無意之意可以契吾之説矣。

聖人大言金玉，小言桔梗芣苢也。用之當，桔梗芣苢生之；不當，金玉斃之。

金玉、桔梗、芣苢，藥石也。聖人之言能救人，亦藥石耳。大言金玉，言之精也。小言桔梗芣苢，言之粗也。古之得道之士，有因精言悟入者，亦有因粗言悟入者，蓋以中其機而開其迷，是以悟入，豈在言語精粗之間哉？是故藥之療人也，用之當，雖桔梗芣苢之粗，病亦瘳矣；用之不當，雖金玉之美，厥疾弗瘳，豈在乎藥之貴賤哉？

言某事者，甲言利，乙言害，丙言或利或害，丁言俱利俱害，必居一於此矣。喻道者不言。

天下之事，非利則害，非害則利，勢也。利或變成害，害或化爲利，生於隱微之中，豈能預必哉？譬如一事，數人論之，或曰利，或曰害，或曰或利或害，或曰俱利俱害，紛論不一，其必有一居之。及其論之至極，則有不能言之之者，然後始知數者之論妄矣，是以喻道者不言。

事有在，事言有理；道無在，道言無理。知言無理，則言言皆道；不知言無理，雖執至

言，爲梗爲翳。

事本有，故可言，有事則有理。道本無，故不可言，無言理又焉在？知至理不能言，則言言皆道；不知道本無言，而執微言妙語以爲道，則爲道之梗，理之翳也，又奚言哉？

不信愚人易，不信賢人難；不信賢人易，不信聖人難；不信一聖人易，不信千聖人難。不信千聖人者，外不見人，內不見我；上不見道，下不見事。

愚人無知者也，所以不信易；賢人有德者也，所以不信難；聖人有道者也，其不信之尤難。故不信賢人易，不信聖人難；不信一聖人易，不信千聖人難。千聖人道之至矣，不信之者，則是不信道也。古之成仙作佛者，必從信門進步，信之不篤，則無門可入矣。信一聖人之道，其心空矣；信千聖人之道，空無所空。則此心湛然凝妄，歸真寂無寂矣，所以外不見人，內不見我，道尚不見，復有何事能累我哉？

聖人言蒙蒙，所以使人聾；聖人言冥冥，所以使人盲；聖人言沉沉，所以使人瘖。惟聾則不聞聲，惟盲則不見色，惟瘖則不音言。不聞聲者不聞道，不聞事者不聞我。不見色，不見道，不見事，不見我。不音言者不言道，不言事者不言我。

蒙蒙者，物之初生蒙昧而無所見也。冥冥者，幽深而不可測也。沉沉者，深靜而無響也。使人聾，教人不妄聽也；使人盲，教人不妄見也；使人瘖，教人不亂言也。聞、見、言三者出自耳、目、口也，故陰符經以耳、目、口爲三要，參同契爲三寶，學者寧不以此爲要而寶之乎？

人徒知僞得之中有真失，殊不知真得之中有真失；徒知僞是之中有真非，殊不知真是之中有真非。

有得則有失，有是則有非，有真則有僞。人徒知僞得、僞是之中有真失、真非，此謂之事之理則可，謂之道之理則不可也。而道無有得失，無有是非，無有真僞也，故知真得、真是之中亦是真失、真非也。

言道者如言夢。夫言夢者曰：「如此金玉，如此器皿，如此禽獸。」言者能言之，不能取而與之；聽者能聞之，不能受而得之。惟善聽者不泥不辯。

夢者，虛幻無實。豈但夢耳，人生亦是虛幻。夫道本無言，而言之者，如言夢也。譬如夢中所見金石有如是之多，器皿有如是之盛，珍禽異獸有如是之美，甚足以遂其所欲，快其心意。既覺，則能逐一言之而不能取以示人，聽之者能聞之欲得而不能有也。若知道之士，則善聽矣，然其不泥有、不泥無，亦不辯是、亦不辯非，一心澄湛，覺夢一如，又何虛幻之有！

圓爾道，方爾德，平爾行，鋭爾事。

道必圓而後神德必正，而後方行必平，而後實事必鋭而後成。是以聖人言事者，所當爲也，不爲事不了，所以用鋭也。行者所當實也，不實行不端，所以用平也。德者所當修也，不修德不正，所以用方也。道者所當志也，無志道不成，所以用圓也。於此足見吾道聖人不廢人事也，不遺德行也。吾見今之學道者必言棄事，必言遺世，惟以圜坐，希冀成仙，此真是小家子禪也，烏足以知其大修行哉？聖人正恐學者志道而遺德，立德而忘行，損行以廢事，故於終篇發之，如藥石之雜治，以足九藥之意也。

文始經釋辭九卷終

文始經字義音釋

一宇篇

錯，音撮，雜也。　戛，音甲，玉石聲也。　哯，音現，大言也。　嘖，音積，小語也。　鏤，音盧，刻也。　徇，音浚，順也。　儻，音倘，倜儻不羈。　迭，音牒，伐也。　羈，音幾。　逸，音益，安也。　皵，音彼，仆也。　逐，音燭，追也。　溥，音普，偏也。　怠，音代。　握，音岳，持也。　擷，音歇，扱拖也。　灼，音勺，熱也，明也。　冥，音名，夜也，窈也。　奕，音亦，棋也。　拙，音掇，不巧也。　污，音烏，濁水不流，汙穢也。　鯤，音昆，大魚也。　鯨，音擎，魚王也。　區，音驅，藏匿也。　籩，音邊，竹器。　跂，音器，足根不着地也。　駸，音津。　歉，音遺。　賈，音古，居賣曰賈。

二柱篇

椀，音宛，小盂也。　盂，音于，盤也。　鉼，音并，汲水器。　瓮，音翁，去聲。　盎，音奄，盆也。　蓍，音詩，草也。　搏，音博，手擊也。　牝牡，胎生，陰陽也。　攝，音歙，引也，持也。　鑽，音劗，穿也。　絞，音交，繞也。　鎔，音容，鑄也。　擊，音及，打也。　揄，音于，木名。　觸，音畜，抵也，據也。　寢，音浸，臥也。　寐，音媚，睡也。　鑑，音監，察也。　箑，音接，竹扇。　嘘，音虛，吹也。　咎，音舊。　渾，混魂二音。

三極篇

謙，音牽，遜讓也。　禦，音御，當也，禁也。　侮，音武，慢也。　窒，音執，塞也。　蹟，音積。　妍，音顏，好皃。　醜，音丑，惡皃。　罟，音古，取獸也。　螘，音渏，蚍蜉也。　厠，音差，去聲，溷也，雜也，側也。　鄙，音比，不慧也，又鄙遠小國也。　侈，音齒，泰也。　寓，音遇，寄也。　蝍蛆，音即苴，又即祖。　鼃，音蛙。　鋸，音句，解截也。　蛤，音閣，雀入水爲蛤也。　蛟，音交。渾，混魂二音。翔，音祥，布翅飛也。逐，音燭，競也，追也。孑，音結。臧，音贓，善也。棼，音墳。

四符篇

析，音習，分也。歘，音旭，暴起也。燔，音煩，燒也。燥，音造。核，音黑或。狃，音鈕，媚獸。萌，音蒙，始也，芽也。厲，音利，靂也，附也。鏁，音鎖，義同。桴，音浮。倏，音速。漱，音瘦。摩，音磨。鶩，音務，鴨屬。

五鑑篇

傲，音奧，漫也。奡，音傲。羿，音詣。慄，音栗。犀，音西。捕，音步，逐也。揆，音逵。

六匕篇

簠，音甫，黍稷圓器也。簋，音軌，黍稷方器也。臂，音避。獷，音鑛。　獵，音列，取獸也。　蝨，音瑟。　蚤，音早。　瘕，音□，腹中病也。
瘻，音漏，瘡也。　眇，音渺，一目小也。

七釜篇

郵，音由。　蓊，音翁，木茂。　蔚，音尉。　雠，音酬。　渝，音余，變也。

八籌篇

揲，音設。　蘊，音贇，積蓄也。　蕋，音蕊，花鬚。　絳，音降，赤色。　呦，音憂。　茁，音出。

九藥篇

隙，音吸。　諦，音帝，審也。　狡，音絞。　函，音含。　捷，音接，疾皃。　猥，音委。　訕，音釤，毀語也。　訥，音諾，言難也。　貉，音霍。　邃，音遂，深遠之意。　芣，音浮，車前草也。　苢，音以。　瘖，音因，不能言也。　鋭，音睿。